KB265568

朝鮮前期 社會福祉政策 研究

朝鮮前期 社會福祉政策 研究

李 玟 洙

혜안

책머리에

저자는 강단에서 30여 년 간 '한국사'를 강의해 오면서 특히, 한국 정치사에서 선정을 베푼 시대로 유명한 세종대의 賑恤制度·救恤制度·醫療政策·語文政策 등의 사회복지정책에 관하여 깊은 관심을 가지고 연구한 바 있다. 세종은 조선이 건국한 지 36년 후에 등극하여 32년간 재위에 있으면서 전반적인 문물제도를 정비함으로써 조선왕조의 기반을 확고히 하는 데 결정적인 역할을 하였다. 그는 고려시대부터 시행되어 오던 각종 진휼제도를 조직적으로 체계화하여 사회복지정책을 국가적인 사업으로 추진하였다.

본 책은 『朝鮮 世宗朝의 福祉政策 硏究』라는 제목의 박사학위 청구논문으로 제출된 단행본을 다시 정리한 것이다.

한국의 社會福祉政策은 단군조선으로부터 그 연원을 두고 있다. 삼국시대를 사회복지정책의 맹아기로 본다면 고려시대는 제도적인 정착기로, 조선시대는 발전기로 파악할 수 있다. 이러한 복지정책은 조건없는 구호정책으로 전개되어 왔고, 오늘날까지 전통이 이어져 大事時에 상호부조가 성행되고 있다.

고려시대 이래 제도적으로 정비되기 시작한 복지정책은 조선시대 들어와 본격적으로 국민들에게 다가섰다고 할 것이다. 세종대의 '진휼사업'은 주로 社倉·義倉·常平倉 등의 제도를 통하여 이루어졌다. 이 가운데 '사창'은 향촌의 실정에 맞게 춘궁기에 양곡을 대여하였다가 추수기에 수납하는 형태다. '의창'은 일반 서민 가운데서도 특히 생산에 종사할 수 없는 무능력자를 구호하기 위하여 국가에서 무상으로 관곡을 지급하거나 대여해 주는 제도였다. '상평창'은 물가조절을 통해 일반 민중에게 혜택을 주기 위하여 설립된 창고로서 무상으로 양곡을 배급하는 제도였다.

한편 세종은 보다 많은 백성에게 의료혜택을 주기 위하여 의료기관을 확대·개편하고, 약재의 수입으로 인한 막대한 국고 지출을 막고 백성의 체질에 맞는 약재를 얻기 위하여 향약의 채취와 개발에도 노력하였다. 이 밖에도 세종의 훈민정음 창제는 당시뿐만 아니라 시대를 초월하여 爲民政策의 결정체라 할 수 있다. 이것은 당시 중국과의 교역을 위한 정확한 발음기호 개발의 필요성, 왕조 개창 초기의 각종 제도 및 시책을 국민에게 숙지시킬 문자의 필요성에 따른 것이었다. 이러한 각종 정책은 모두 국민복지정신과 애민사상에서 비롯된 것이라 할 수 있다.

새 천년은 그 어느 때보다 정보의 다양화와 첨예화된 문명의 시대이며, 인류의 복지증진을 최대의 과제로 삼는 시대다. 이러한 시대적 요청에 따라 우리 나라의 복지정책도 공시적 측면에서, 근대사를 중심으로 분석 고찰해 봄으로로써 중세에서 근대로 변모하는 상황을 고찰하려고 한다.

이상과 같은 조선 전기의 국민복지정책의 수립과 운영에 대한 연구를 통하여 전근대사회에서는 백성들의 民福을 정치의 우선 과제로 삼았음을 확인할 수 있을 것이고, 이는 앞으로도 계승 발전시켜야 과제라 할 것이다. 본서가 내용이나 체제 면에서 아직 많이 부족함을 스스로 인정하면서 잘못된 부분에 대한 책임은 전적으로 필자의 몫임을 밝혀 둔다.

끝으로, 험한 학문의 길에서 오늘이 있기까지 늘 조언을 아끼지 않으신 종형 인수형에게 감사 드린다. 그리고 학문적으로 많은 가르침을 주

신 은사 차문섭 선생님과 남도영·이원순·정형우·이호영 교수님의
학은이 컸다. 이분들께 충심으로 감사를 드린다. 이 책이 이만한 내용으
로 다듬어지기까지 많은 분들에게서 도움을 받았다. 그분들에게 지면으
로나마 감사를 드리며, 특히 이 책을 내기까지 많은 도움을 준 국사편
찬위원회 이상태 실장님과 교정작업에 수고를 아끼지 않은 장희홍에게
고마움을 표한다. 아울러 상업성이 적은 이 책의 출간을 기꺼이 허락해
주신 도서출판 혜안의 오일주 사장님과 편집실 여러분께 마음속 깊이
고마움을 전한다.

2000년 6월
글쓴이 李玟洙

目 次

序 論

오늘을 사는 우리는 생활 속에서 '福祉'라는 단어를 자주 접하고 있다. 福祉制度, 福祉村, 福祉生活, 國民福祉, 福祉年金, 社會福祉, 福祉課, 福祉學, 人類福祉, 家政福祉, 福祉國家, 福祉團體 등이 그것이다. 그러나 '복지'라는 이 용어는 韓國史書에는 나오지 않는 근대적인 용어다. 중국의 경우 『詩經』에 "烈文辟公 錫慈祉福"이라 하여 '福'이 '多幸'이나 '幸福'이라는 뜻으로 사용되었고, 종교적으로는 '생명의 번영'이나 '위기에서의 생명 구출'이라는 의미로 쓰였다.

서구의 경우 '복지'를 뜻하는 'Welfare'는 'Satisfactory State Health and Prosperity, Well-being'(만족한 상태, 건강과 번영, 안녕)이라는 동의어로 표현되듯이 바람직한 상태를 의미하는 추상적이고 상식적인 용어로 보편적으로 사용하고 있다. 그러나 영국에서는 'Welfare'를 'Well-being'의 실현을 위한 '특정한 사회적·조직적 생활'을 지칭하는 'Social Service'라는 개념으로 표현한다. 미국에서는 'Social Walk'라는 개념을 사용하고 있다. 이러한 동·서양의 '복지'라는 개념에 비추어 볼 때, 전근대 한국사회에서 보이는 賑恤·救貧·賑荒·救濟·救護 政策, 즉 빈민이나 난민 구호정책이나 의료구제책 또는 예방책, 그리고 외침으로부터 국민생활을 안전하게 보호하는 행동, 원활한 上意下達과 下意上達을 꾀하는 語文政策 등이 모두 이 복지라는 개념에 포괄된다고 할 수 있다.

한민족의 역사를 돌아보건대, 전통적으로 '나'라는 인격체의 집합인 '우리'의 생활체를 중요시하는 사고가 강했다. 우리를 위한 규범은 정치, 경제, 사상, 제도, 문화, 사회 등 모든 분야에 상호부조의 정신과 물질적인 협조, 동족간의 굳건한 결합을 가져왔다. 농경을 주업으로 한 우리 역사에서 역대 통치자들은 민생 안정을 국가생산의 자원이고 납세의 원천이며 국력의 근본으로 자각하고 사회보장을 위한 여러 시책을 펼쳐 국민이 농토로부터 遊離되지 못하도록 하였다. 그러한 사회보장정책으로는 饑民에 대한 곡물 지급, 의복재료인 布의 지급, 환자에 대한 施療 행위, 국민이 안심하고 생업에 종사할 수 있도록 하는 국방정책 수립 등이 있었다. 또 제반 국가정책을 집행하는 데 上意下達과 下意上達을 쉽게 하기 위하여 쉬운 문자를 창제하여 일반 국민들에게 활용토록 한 것도 넓은 의미에서 복지정책의 일환이다.

한국사에서의 사회보장제, 즉 국민복지제는 서구의 중세에 이루어진 종교단체의 慈善이나 救災, 救難事業과는 비교도 안 될 만큼 광범위한 정책이었다. 서구에서는 이재민을 집단으로 수용할 수 있는 시설을 갖춘 修道院을 중심으로 해서 빈민숙박소를 두었다. 이를 'Hospital' 또는 'Spital', 'Maison-Dieu'나 'Domus-Deus'라 하였는데, 이 곳의 재원이나 재소자에게 종교적 규율이나 서약을 준수하게 하였다.[1] 그러나 전근대 한국의 복지사업은 특정한 종교 규범의 강요없이 행해진 것으로, 동족간 박애정신의 발로였다. 즉 강자가 약자에게, 治者가 被治者에게, 부자가 빈자에게 조건없이 베푸는 박애·자비·홍익·민본 정신이 결합된 것으로서 治民의 일환이었던 것이다.

한편 통치자에게는 王道라 하여 基民政治를 덕목으로서 요구하였는데, 그 같은 일환에서 취해진 복지정책 가운데 적극적인 측면을 보여주

---

1) 池潤, 『社會事業史』, 正信史, 1964.

는 것이 외침을 철저히 방어하기 위한 축성이다.[2] 세종대의 武將 崔潤德은 "城廓國之襟袍 所以捍外而衛內"[3]라고 했는데, 이는 축성을 국민복지의 관건으로 보고 심혈을 기울여 추진하고자 한 것을 보여준다. 혹자는 국방을 국민복지와는 무관한 것으로 보기도 하고 심지어는 국민복지정책에 오히려 장애가 된다고도 한다. 그러나 전쟁이라는 것이 생존에서 사멸로, 안정에서 불안으로, 정착에서 유리로 격변시키는 사회현상임을 감안할 때, 이 같은 요인을 제거하고자 한 것은 역시 국민복지정책이라 해야 할 것이다. 국민복지정책은 국민의 안녕과 생활 향상을 뜻하는 정책임을 음미할 필요가 있다.[4]

지금까지 이루어진 사회복지적 측면에서 연구한 성과를 살펴보면, 救貧, 賑恤, 孤兒收養, 施療行爲, 設粥所 運營, 문자 창제에 의한 문맹 퇴치, 국방 강화를 통한 국민생활의 향상 등 복지를 위한 단편적인 국가정책이나 한 시대의 君王이 베푼 善政에 관한 연구가 없지는 않다.[5] 그

---

2) 李玟洙, 「世宗朝의 國防政策과 國民福祉」, 『歷史敎育論集』 13·14, 1990, 562쪽.

3) 『世宗實錄』 卷13, 世宗 3年 8月 甲寅.

4) 李玟洙, 『朝鮮 世宗朝의 福祉政策硏究』, 단국대학교 박사학위논문, 1987, 100쪽.

5) 姜信沆, 『世宗朝 文化硏究(2)』, 韓國精神文化硏究院, 1984 ; 具滋憲, 『社會福祉論』, 韓國社會福祉硏究所, 1972 ; 琴章泰, 『世宗時代의 哲學思想』, 韓國精神文化硏究院, 1982 ; 金斗鍾, 『韓國醫學史』, 探求堂, 1979 ; 金雲泰, 『朝鮮王朝 行政史』, 博英社, 1987 ; 金宗權, 『國難史槪觀』, 明文堂, 1984 ; 白允基, 『漢方藥草解說』, 高文社, 1974 ; 서정수 외, 『신국어학 개론』, 螢雪出版社, 1982 ; 申鼎言, 『救恤國史』, 啓蒙俱樂部, 1946 ; 兪昌均, 『新稿國語學史』, 螢雪出版社, 1976 ; 池潤, 『社會事業史』, 正信史, 1974 ; 崔益翰, 『朝鮮社會政策史』, 博英社, 1947 ; 崔益翰, 『韓國社會福祉總攬』, 韓國社會福祉協議會, 1977 ; 韓永愚, 『朝鮮前期 社會經濟硏究』, 乙酉文化史, 1983 ; 洪以燮, 『訓民正音』, 세종대왕기념사업회, 1975 ; 洪以燮, 『世宗大王』, 세종대왕기념사업회, 1973 ; 浦邊史 外 3人, 『社會福祉要論』, ミネルヴァ書房, 1973 ; 三木榮, 『朝

러나 국민복지의 관점에서 이를 종합적으로 천착한 글은 별반 없다. 이러한 시각 하에 펴낸 이 책의 구성을 보면 다음과 같다.

제1장은 사회복지정책이 역사상으로 실시된 배경을 이해하기 위해 三國時代와 高麗時代를 살펴보았다. 귀족 중심으로 제한적으로 실시된 삼국시대의 복지정책이 유교와 불교의 도입 이후 정착해 가는 고려시대를 살펴봄으로써 복지정책을 어떻게 정착되어 가는지를 爲民政策,

鮮醫學史及疾病史』, 自家出版, 1927 ; 朝鮮總督府, 『朝鮮の社會事業』, 1933 ; 權在善, 「御製東國正韻과 申叔舟 等의 反切」, 『人文科學硏究』 3, 大邱大學校 人文科學硏究所, 1985 ; 金斗鍾, 「漢城府 創設期에 設置된 醫療制度와 그 任務」, 『鄕土서울』 4, 1958 ; 金鎭鳳, 「朝鮮前期의 賑恤制度」, 『서울 六百年史(1)』, 1977 ; 金鎭鳳, 「朝鮮世宗朝의 賑恤政策에 關한 硏究」, 『論文集』 17, 忠北大學校, 1979 ; 朴興秀, 「世宗朝의 科學思想 - 특히 科學思想과 그 成果를 중심하여 -」, 『世宗朝 文化硏究(1)』, 博英社, 1982 ; 宋炳基, 「世宗朝의 兩界行城 築造에 대하여」, 『史學硏究』 18, 1964 ; 李玟洙, 「社會保障制度에 對한 歷史的 一考察」, 『韓社大 社會福祉硏究』 7, 1978 ; 이성연, 「훈민정음 창제에 관한 몇가지 문제」, 『한국언어학 문화학술대회 발표문』, 1987 ; 李載龑, 「朝鮮初期의 士官에 對하여」, 『震壇學報』 29·30, 1966 ; 李崇寧, 「世宗大王의 個性의 考察」, 『大同文化硏究』 3, 성균관대학교, 1966 ; 車勇杰, 「世宗朝 下三道沿海邑城築造에 對하여」, 『史學硏究』 27, 1977 ; 崔根茂, 「災害小考(中)」, 『全州敎大 論文集』 4, 1969 ; 崔峻憲, 「李朝後期에 있어서 糶糴制度의 經濟的 位置」, 『靑丘大學論文集』 5, 1962 ; 河相洛, 「우리나라 救貧事業의 變遷과 그 社會的 背景 - 朝鮮時代를 中心으로-」, 『文敎部硏究報告』, 1970 ; 深谷敏鐵, 「朝鮮世宗における東北邊疆人の第一次の徒民入居について」, 『朝鮮學報』 14, 1968 ; 周藤吉之, 「高麗朝より朝鮮初期に至る田制の改革」, 『東亞學』 3, 1940 ; 朝鮮總督府, 『朝鮮の災害』(調査資料2), 中樞院, 1933 ; 大塚達雄·井垣章二·澤田健次郎, 『社會福祉』, ミネルヴァ書房, 1973 ; 木田徹郎, 『社會福祉事業』, 川島書店, 1975 ; 日本社會事業硏究會, 『社會福祉事業槪說』, ミネルヴァ書房, 1968 ;『社會福祉事業辭典』, ミネルヴァ書房, 1970 ; Friedlander, W.A. & Apte, R.Z. *Introduction to Social Welfare*, Englewood Cliffs, Prentice-Hall, Ins., 1974 ; *Social Work Yea look*, New York : National Association of Social Workes, 1954.

醫療政策, 敬老政策으로 나누어 살펴보았다.

조선 전기는 성리학을 국가이념으로 하여 민본주의를 주장하게 되면서 복지정책이 뿌리를 내리게 되는 시기다. 제2장에서는 국가가 사회복지정책을 실현하기 위한 제도적인 정치로서의 救恤制度와, 이 제도적인 정치를 통하여 흉년이 들었을 때 행한 구체책으로서의 救荒政策의 실태와 그 기능, 운영을 살펴보았다. 구휼제인 義倉·常平倉·社倉 등이 어떻게 정착되는가는 결국 조선이 국가이념으로 하는 성리학의 실현과 직접적으로 관련이 있다.

제3장에서는 복지적인 측면에서의 語文政策과 國防政策을 살펴보았다. 한글의 창제와 국방은 실제 복지와 상관없는 듯하지만 이 모든 것은 국민들의 실제 생활과 밀접한 관련을 갖고 있다. 그러한 정책의 실현 과정과 그것이 국민들에게 미친 영향을 살펴보았다.

제4장에서는 국민들의 건강과 직결된 것으로서, 병을 직접 치료하기 위한 醫療政策 및 병을 예방하기 위한 하나의 방침으로서 우리 주위에서 쉽게 구할 수 있는 鄕藥을 보급하는 鄕藥政策을 살펴보았다.

제5장에서는 농경사회인 조선의 사회복지정책에서 가장 중요한 것 중 하나인 연장자에 대한 존경, 즉 노인복지정책을 살펴보았다. 이는 매우 다양한 형태로 실시되었는데, 救恤的인 면, 法制的인 면, 耆老制의 설치와 운용으로 나누어 이를 구체적으로 검토해 보았다.

제1장 三國 및 高麗時代 社會福祉政策

단군조선 이래로 시행되어 온 사회복지정책은 국왕이 선정을 하기 위한 필수조건이라 할 것이다. 삼국시대의 복지정책은 노인을 구제하는 차원에서 음식물을 하사하는 단순한 형태로 나타나기는 하지만, 이러한 기사들이 고대국가의 성립 과정이나, 聖君의 집권 때 많이 나타나는 것을 보면 국민복지정책이 국가를 다스리는 데 매우 중요한 역할을 하였음을 알 수 있다. 이러한 사회복지정책은 삼국시대에는 일부 귀족이나 특수한 예로 한정되었지만 고려시대에 들면 불교의 정착과 유교의 도입으로 점차 안정화되고 있다. 특히 고려시대에는 다양한 의료기관과 구휼기관이 생겨났으며, 이에 따라 의료인들의 성명도 자주 등장하고 있다. 이는 이 시대에 사회복지정책이 본격화되기 시작하였음을 증거해 준다. 이는 결국 국가정책에서 국민을 가장 우선 순위에 두어야 한다는 의식을 반영한 것이고, 이하에서는 이러한 측면을 염두에 두고 삼국 및 고려 시대의 사회복지정책을 개괄하고자 한다.

단 사회복지정책의 기반이 되는 위민정책, 의료정책, 경로정책 등의 施惠記事는 고대사로 거슬러 올라갈수록 史書에 많이 누락되어 있으므로, 문헌을 통해 사회복지정책을 정리하는 것 자체가 한계를 내포할 수밖에 없음을 미리 밝혀 둔다. 본 장에서는 우리 역사의 正史에 나타나는 복지정책을 三國과 高麗로 나누어 우리 나라의 사회복지정책을 살펴보고자 한다.

제1절 三國의 社會福祉政策

1. 爲民政策

한민족이 역사를 일구어 온 이 땅은 토지가 척박하여 주민의 생활이 넉넉하지 못하였다. 거기에 천재지변이라도 들면 전 국민은 草根木皮로 餓死를 면하거나 정처 없이 流浪乞食해야 했다. 어느 시대 어떤 국가를 막론하고 국가의 기본 요소인 국민을 보호해야 국가를 유지할 수 있기 때문에 그 일환으로서 이러한 국민을 구제하기 위한 사회구호시설이 필요하였다.[1]

우리 역사에서 災害는 국가의 운영에 큰 영향을 미쳤고, 때로는 존망까지 결정짓는 중요한 것이었다. 따라서 재해를 예방하기 위한 노력은 절실한 것이었다. 삼국시대의 재해 기록들을 정리하면 다음과 같다.

<표 1-1> 三國時代 災害記錄

種 類	回 數	年 代	備 考
旱　　害	303	B.C. 15～1888	百　　濟：溫祚～朝鮮：高宗
暴風雨害	186	A.D. 49～1739	高句麗：慕本王～朝鮮：英祖
地 震 害	346	2～1896	高句麗：琉璃王～朝鮮：高宗
霜　　害	89	9～1754	百　　濟：溫祚～朝鮮：英祖
雹　　害	38	37～1874	百　　濟：溫祚～朝鮮：高宗
火 災 害	193	132～1904	新　　羅：祇摩王～朝鮮：高宗
洪 水 害	170	45～1892	高句麗：閔中王～朝鮮：高宗
被害合計	1,324	B.C. 15～1904	王　　朝：三國時代～朝鮮時代

＊ 朝鮮總督府,『朝鮮の災害』(調査資料2), 中樞院, 1933, 21～99쪽 참고.

위의 표와 같이 재해에 대한 기록은 1천여 건이 넘게 나타나고 있다.

---

1) 邊太燮,『韓國史要論』, 三英社, 1977, 266쪽.

이러한 재해의 발생시에 유리걸식하는 백성들이 나타나게 되고, 그 대책으로서 백성들에게 곡식을 하사하거나 기타 필수품을 제공하였다. 南解王 15년에 서울에서 旱災가 있고 7월에는 蝗災가 있어 민간에 기근이 발생하자 倉稟을 열어 국민을 救荒했다는 기록[2]은 그 대표적인 예라 할 것이다. 이 같은 상황은 삼국 모두 유사하였다.

먼저 고구려의 상황을 살펴보면, 고구려는 땅이 山谷에 위치하여 농산물의 생산이 거의 없고 힘들여 농사를 지어도 식량이 항상 부족하였다. 이에 인접국가에 침략하여 약탈경제에 의존하는 수밖에 없어, 인근의 富國인 夫餘와 비교적 비옥한 토지를 갖고 풍요로운 생활을 누리고 있던 漢四郡과 부단한 결전을 전개하지 않을 수 없었다. 따라서 고구려가 필사적으로 압록강 중류의 산간에서 광활한 농경지가 펼쳐진 요동지방으로 진출하려 한 것은 국민복지의 실현을 위한 당연한 욕구였다고 할 것이다.[3]

이처럼 극도로 열악한 환경 속에서 고구려의 역대 통치자들은 일반국민이 빈곤 때문에 유리하거나 노예화하는 것을 방지하기 위하여 애를 썼다. 그 결과 乙巴素(?~203)의 건의를 받아 故國川王 16년(194)에 우리 역사상 최초의 복지정책으로서 賑貸制度가 실시되었다.

16년 7월 서리가 내려 곡식을 해쳐 백성이 굶주리므로 倉稟을 열어 賑給하였다. 10월에 왕이 質陽에 田獵하다가 노상에서 어떤 사람이 앉아 우는 것을 보고 어째서 우느냐고 물으니 대답하기를, "臣은 가난하여 품팔이로 어미를 봉양하는데 금년에는 곡식이 되지 못하여 (흉년으로) 품팔이할 곳이 없어 한 되 한 말의 양식도 얻을 수 없어서 웁니다"라고 하였다. 왕이 말하기를, "아, 내가 백성의 부모가 되어 백성

---

2) 李玟洙, 『朝鮮 世宗朝의 福祉政策 硏究』, 단국대학교 박사학위논문, 1987, 45쪽.

3) 井上秀雄 著, 金東旭 외 1명 譯, 『古代 韓國史』, 1977, 42쪽.

에게 이러한 극한 지경에 이르게 하니 나의 죄라" 하며 衣食을 주어
慰撫하고, 이내 中外의 관리에게 명하여 鰥寡孤獨과 老病·貧乏으로
自存치 못하는 자를 널리 물어 救恤케 하였다. (또) 有司에게 말하기
를, "매년 3월부터 7월까지 官穀을 내어 백성 戶口의 다소에 따라 賑
貸하되 差等을 매기고, 10월에 이르러 官에 還納케 하라" 하고 이를
常例로 삼으니 中外가 크게 기뻐하였다.4)

    농경민족인 우리 한민족은 고국천왕 이전에도 隣保精神이 극진하여
그 사례가 많았으리라 추측되나 을파소의 건의에 따라 실시된 이 진대
제도가 기록상 확인되는, 絶糧國民에게 春貸秋納하여 救荒하는 국민복
지정책의 시초라 하겠다.

    고구려는 후기에 들면서 거듭된 전쟁과 빈곤의 증대로 사회불안이
급속도로 커지고 세습신분인 노예와 負債奴隸, 刑罰奴隸, 戰爭奴隸가
날로 증가하였다. 이들 隸民들은 주로 家奴로 사역되었고, 매매도 성행
하여 座食階級의 주요한 재산의 척도를 이루었다.5) 경제적 부가 좌식
계층과 그들이 살고 있는 도시로 집중되면서 離農集都 현상이 나타나
게 되었다. 이는 도시문화의 난숙과 상대적으로 농촌의 급격한 몰락을
가져왔다. 도시의 번영과 농촌의 몰락, 갈수록 심화되는 富益富 貧益貧
현상, 국민 대부분의 신분 하락 현상은 국가의 稅源 및 力役의 고갈을
가져와 국가존립을 크게 위협하게 되었다.

---

4)『三國史記』卷16, 高句麗本紀 故國川王, "十六年 秋七月 墮霜殺穀 民饑 開
　　倉賑給 冬十月 王畋于質陽 路見坐而哭者 問何以哭爲 對曰 臣貧窮常以傭
　　力養母 今歲不登 無所傭作 不能得升斗之食 是以哭耳 王曰 嗟呼孤爲民父
　　母 使民至於此極 孤之罪也 給以食以存撫之 仍命內外所司 博問鰥寡孤獨老
　　病貧乏不能自存者救恤之 命有司 每年自春三月至秋七月 出官穀 以百姓家
　　口多少 賑貸有差 至冬十月還納 以爲恒式 內外大悅."

5) 李玟洙,「社會保障制度에 對한 歷史的 一考察」,『韓社大 社會福祉研究』7,
　　1978, 53쪽.

고대로부터 최근세까지 농경민족에게는 敬老·崇老思想에 의해 효를 절대화하는 특징이 있다. 농업은 다른 산업보다 경험을 더 존중하는 업종이기 때문에 연장자에 대한 尊崇은 필연적이다. 崇老의 사회적 필요는 老人福祉政策의 수립을 가져왔다. 그 예는 일찍이 고구려에서도 볼 수 있는바, 태조왕 66년(118)에는 노인을 존경하는 賢良者를 관리로 천거하고, 鰥寡孤獨者나 年老하여 자립이 불가능한 자에게는 衣食物을 하사하였다.6) 이것은 노인복지를 위한 구호정책의 일환이다.

故國原王 2년(332)에도 국왕이 始祖 사당에 제사를 지내고 순행하면서 백성 가운데 늙고 병든 자를 불러 賑給한 기사가 보인다.7) 그 내용이 醫療인지 口糧 또는 衣服 및 家宅인지 알 수 없고 백성의 노병자 수나 賑給 물품과 수량 또한 명확하지 않으나, 이것이 국민복지정책 가운데 노인복지사업이었던 것은 분명하다. 한국사에서는 施惠政策이 제도화된 연대는 비교적 확실하지만 賑濟者(복지정책의 수혜자)의 수, 賑濟의 유형, 賑濟에 사용된 물량, 중단된 연대, 賑濟事業의 중단 이유 등은 잘 알 수 없다.

한편 신라에서는 후대 왕조의 還穀制와 유사한 春貸秋納의 '占察寶'가 名僧 圓光法師(?~630)에 의해 설치되었다. 이 제도는 嘉酒寺가 중심이 되어 存本取息하여 이자로 난민을 구제하는 爲民政策이었다. 『三國史記』나 『三國遺事』의 경우 국민복지에 관한 언급이 소략하여 그 기록을 거의 찾아볼 수는 없으나, 당시의 사회지배계층인 정치지배자나 승려들은 국가 존립을 위해 백성이 餓死하거나 高利를 감당할 수 없어 유리걸식 내지 노예화하는 현상을 방관하고만 있을 수는 없었을 것이다.

---

6) 『三國史記』卷15, 高句麗本紀 太祖大王 66年 8月, "命所司擧賢良孝順 問鰥寡孤獨及老不能自存者 給衣食."

7) 『三國史記』卷18, 高句麗本紀 故國原王 2年 2月, "王如卒本 祀始祖廟 巡問百姓老病賑給."

신라의 국민복지정책에 관한 기사로 먼저 『三國史記』 儒理王 5년 (28) 11월조를 보자.

국왕이 경내를 순행하다가 한 노인이 飢餓와 凍死 상태에 이른 것을 보고, "내가 미력하여 왕위에 있으면서 백성들을 수양하지 못하여 늙은이나 어린이로 하여금 이 같이 괴로운 지경에 이르게 하였으니 이는 나의 죄로다" 하고 옷을 벗어 그를 덮어 주고 음식을 마련하여 먹인 후 관리에게 명하여 홀아비, 홀어미, 의지할 곳 없는 노인, 병들어 자립할 수 없는 사람을 위문하여 먹을 것을 주라"고 하였다. 이에 이웃나라 백성이 듣고 오는 자가 많았다.[8]

순행중에 餓死 지경에 처한 노인을 구제하고, 백성들을 구제하라는 명령을 내렸다는 기사다. 婆娑尼師今 14년에는 국왕이 古所夫里郡을 순행하면서 직접 年晩한 高老에게 곡물을 하사했다.[9] 또한 味鄒王 3년 (264) 3월에는 黃山에 순행하면서 高老者를 친히 문안하고 빈곤하여 자립할 수 없는 자를 賑恤하였다.[10] 基臨王 3년(300)에도 比列忽州(현재의 安邊)를 순행하면서 친히 노인과 극빈자를 위문하고 곡물을 하사하였다.[11] 訥祗王 7년(423) 4월에는 국왕이 政廳인 南堂에서 노인들을

---

8) 『三國史記』卷1, 新羅本紀 儒理尼師今 5年 11月, "五年冬十一月 王巡行國內 見一老嫗飢凍將死曰 予以眇身居上 不能養民 使老幼至於此極 是予之罪也 解衣以覆之推食以食之 仍命有司 在處存問 鰥寡孤獨 老病不能自活者給養之 於是隣國百姓聞而來者衆矣."

9) 『三國史記』卷1, 新羅本紀 婆娑尼師今 14年 2月, "巡幸古所夫里郡 親問高年 賜穀."

10) 『三國史記』卷2, 新羅本紀 味鄒尼師今 3年 3月, "三年春三月 幸黃山 問高年及貧不能自存者 賑恤之."

11) 『三國史記』卷2, 新羅本紀 基臨尼師今 3年 2月, "巡幸比列忽 親問高年及貧窮者 賜穀 有差."

위하여 향연을 베풀고 친히 음식을 먹이고 곡물과 옷감인 천[帛]을 나
누어 주었다.12) 이러한 위민정책은 국가를 지탱하는 근본인 백성들을
굶주림에서 벗어나게 하고 그들을 위로하고자 하는 데서 나온 것이다.
이러한 것은 국왕이 백성들에게 취하는 당연한 조치라고 파악된다.

한편 통일신라 이후 유교문화가 발전하고 유교적 교육이 성행한 聖
德王·興德王代에 이르면 爲民政策의 일부인 노인복지정책은 보다 다
양해지고 구체화되게 된다. 성덕왕 4년(705) 8월 노인복지행사로서 노
인들에게 술과 음식을 하사하였고,13) 동왕 17년(718) 2월에는 국왕이
서쪽의 州와 郡을 순시하여 慰撫할 때 친히 高年者와 鰥寡孤獨者를
위하여 선물을 하사하였다.14) 동왕 30년(731) 4월에도 경로행사로서 노
인들에게 술과 음식을 하사하였다.15) 한편 憲德王 9년(817) 10월에는
餓死者가 많이 나자 교서를 내어 각 州郡에게 창고를 열어 진휼하게
하였다.16)

爲民政策은 고구려와 신라에만 국한된 것은 아니었다. 삼국 중에 비
교적 넓은 평야지방을 점유하고 부유한 생활을 하던 백제의 위민정책
사례도 드물기는 하지만 『三國史記』에 전하고 있다. 백제 多婁王 11년
(38) 10월 왕이 동부와 서부를 巡撫하면서 가난하여 자립이 불가능한
자에게 식량 2석을 하사하였다.17) 比流王 9년(312) 2월에는 왕이 使者

---

12) 『三國史記』卷3, 新羅本紀 訥祇麻立干 7年 4月, "七年夏四月 養老於南堂
　　王親執食 賜穀帛有差."
13) 『三國史記』卷8, 新羅本紀 聖德王 4年 8月, "秋八月 賜老人酒食."
14) 『三國史記』卷8, 新羅本紀 聖德王 17年 2月, "二月 王巡撫國西州郡 親問高
　　年及鰥寡孤獨 賜物有差."
15) 『三國史記』卷8, 新羅本紀 聖德王 30年 4月, "夏四月 赦 賜老人酒食."
16) 『三國史記』卷10, 新羅本紀 憲德王 9年 10月, "冬十月 人多飢死 敎州郡發
　　倉穀存恤."
17) 『三國史記』卷23, 百濟本紀 多婁王 11年 10月, "冬十月 王巡撫東西兩部 貧
　　不能自存者 給穀人二石."

를 파견하여 백성들의 병들고 고생스러운 춘궁기의 괴로움을 위문하고, 환과고독자 및 자립이 불가능한 자에게 곡물 3석씩을 하사했다.[18]

위민정책에 관련된 기록을 보면, 신라가 17회, 고구려가 3회, 백제는 2회다. 삼국 가운데 국민의 생존환경이 가장 열악한 나라는 고구려였음에도 위민정책을 실시한 빈도수는 신라가 최고를 기록한 것은, 역시 『三國史記』와『三國遺事』가 그 저자가 신라와 인연이 깊으며 신라 중심으로 편집된 사서임을 반증하는 예라 하겠다.[19]

삼국시대 위민정책은 내용적으로 경로를 위한 設宴, 王의 親問, 慰勞, 給食, 衣服 下賜, 口糧 支給, 藥 下賜, 特赦 등으로 대단히 단순하고 일회성의 한계를 벗어나지 못한 것이었다.

삼국은 연맹왕국에서 탈피하여 강력한 고대국가로 발돋움하는 과정에서 중국으로부터 불교문화와 유교문화를 받아들여 慈悲思想・應報思想・業報思想・輪回思想 등 불교사상과 유교의 王道政治, 仁과 德治思想에 대한 이해가 더욱 깊어지면서 國利民福의 복지적 善治가 증가하였다. 고금의 어느 국가의 통치자도 민심의 수렴이 국가를 유지하는 데 필요조건임을 인식하고 있었다. 복지의 善政은 饑民이나 爲民精神의 발로이며 민본사상의 요체로 여겨졌기 때문에 복지정책의 실현 빈도수에 따라 그 왕은 聖君, 賢君, 평범한 君主로 평가되었다.

2. 醫療政策

인류는 지구상에 출현한 이래 끊임없이 질병과 투쟁해 왔다. 한반도

---

18)『三國史記』卷24, 百濟本紀 比流王 9年 2月, "九年春二月 發使巡問百姓疾
　　苦 其鰥寡孤獨不能自存者 賜穀人三石."

19) 李玟洙,「朝鮮王朝 前期의 老人福祉政策」,『素軒南都泳敎授 古稀紀念歷史
　　學論叢』, 民族文化社, 1993, 284~285쪽.

역사에서는 三國時代 初期까지도 君長의 임무 가운데 중요한 부분이 질병의 치료와 천재지변 등 자연재해의 예방이나 퇴치였다. 점차 고대국가의 기틀이 갖추어지면서 의료기관이 제도화되고, 국가의 주요 자원인 인민의 안위를 배려하고 절대적인 보호를 주려는 정책이 국가적으로 수행되었다.

전염병의 유행은 일시에 국력에 막대한 손실을 초래하여 국가 존망에 위기를 가져오는 것이기 때문에 국가로서는 결코 좌시할 수 없는 문제였다. 한국의 역사서에 등장하는 최초의 疾病과 施藥은 『三國遺事』 紀異條의 檀君神話에서 찾을 수 있다.

천帝의 庶子인 桓雄이 太伯山 神壇樹 아래에 내려와서 나라를 열고 神市라 하였다. 이를 桓雄天王이라 하였고, 그는 바람·비·구름을 부려서 곡식과 목숨과 질병과 형벌을 주관하였고, …… 그 때 곰과 호랑이가 한 굴에 살고 있었는데 항상 桓雄에게 사람이 되기를 빌었다. 환웅은 그들에게 쑥 한 줌과 마늘 20쪽을 주면서 너희들이 이것을 먹고 100일 동안 일광을 보지 않으면 사람이 되리라.[20]

단군신화의 기록에서 '바람·비·구름을 다스리는 사람'이라는 표현을 통해 이 시대가 농경사회였으며, 君長이 主病의 중요한 책임을 지고, 被治者에게 쑥과 마늘로 施藥하였음을 추정할 수 있다. 뿐만 아니라 당시 治者들이 民意를 수렴하는 모습도 읽을 수 있다. 또한 곰이 여자가 되어 신단수 아래에서 잉태하기를 빌므로 환웅이 거짓으로 사람으로 화한 후 交婚하여 아들을 낳으니 그 이름을 檀君王儉이라 하였

---

20) 『三國遺事』卷1, 紀異2 古朝鮮, "降於太伯山頂 神壇樹下 謂大神市 是謂桓雄天王也 將風伯雨師雲師 而主穀主命主病主刑主善惡 …… 時有一熊一虎 同穴而居 常祈于神雄 願化爲人 時神遺靈艾一炷 蒜二十枚曰 爾輩食之 不見日光百日 便得人形 ……."

다[21]는 기사도 주목할 필요가 있다. 이 기록은 신화이기 때문에 신빙성이 의심되나 檀君王儉時代의 醫學이 自救的인 본능에 의한 치료 단계를 탈피하여 경험의학으로 진보된 상태였음을 알 수 있다.[22] 『三國遺事』가 전하는 이 기록은 한국 역사상 의학의 효시를 보여준다는 점에서 중요하다.

삼국시대에는 일정하게 제도적으로 정비된 의료기구가 있었다.『三國史記』職官志에 따르면, 신라 孝昭王 원년(692)에 처음으로 의학교육을 시작하여 博士 2명을 두고, 학생들에게 本草經·甲乙經·素問經·針經·脈經·明堂經·難經 등을 교육하였다고 한다.[23] 이러한 과목으로 미루어 보아 신라의 의학기술은 상당한 수준에 이르렀으며, 교육을 통해 그것이 전승되고 있었음을 알 수 있다.

질병의 발생은, 역사서에는 기록이 소략하지만 계절상 동절기에 빈도수가 높은 것을 보면, 기후의 변화가 가장 주된 원인의 하나였던 듯하다. 삼국시대의 질병 발생원인과 계절별 빈도를 보면 다음 표와 같다.

<표 1-2> 三國時代의 疾病

時別	春節	春夏節	夏節	冬節	節時不明	合計
回數	5	2	1	9	1	18
種別	時候	饑饉	戰役	關係不明	合計	
回數	11	4	2	1	18	

* 金斗鍾,『韓國醫學史』, 탐구당, 1979, 54쪽을 참고하여 작성.

---

21) 위와 같은 조, "…… 熊得女身 …… 故每於壇樹下 呪願有孕 雄乃假化而婚之孕生子 號曰檀君王儉."

22) 盧正祐,「韓國醫學史」,『韓國文化史大系(6)』, 1978, 749쪽.

23)『三國史記』卷39, 職官志8, "孝昭王元年初置 務授學生 以本草經 甲乙經 素問經 針經 脈經 明堂經 難經爲之業 博士二人."

삼국의 질병 발생은 원인별 통계가 18회, 계절별 발병 횟수도 18회로 기록되어 있어 매우 소략한데, 실제의 발병 횟수는 물론 이보다 훨씬 많았을 것이다.『三國史記』가 전하는 질병 발생의 연대를 백제, 신라, 고구려의 시대별로 살펴보면 다음 표와 같다.

<표 1-3> 三國의 疾病 發生

	年　代	內　容
百濟	溫祚王 4年	春夏旱饑疫(紀元前 15年)
	仇首王 16年 冬11月	大疫
	近仇首王 6年 大疫 夏5月	地裂深五丈 橫廣三丈 三日乃合
	東城王 21年 夏, 冬10月 大疫	大旱民饑相食 漢山人亡入高句麗者二千
	武寧王 2年 春	民饑且疫
	武寧王 6年 春大疫, 3月~5月	不雨 川澤渴 民饑 發倉賑救
新羅	南海次次雄 19年	大疫 人多死 冬十一月 無氷
	祇摩尼師今 9年 春2月	大星墜 月城西 聲如雷 三月 京都大疫
	逸聖尼師今 16年 冬11月	雷 京都大疫
	阿達羅尼師今 19年 春2月	京都大疫
	奈解尼師今 8年 冬10月	桃李華人大疫
	奈勿尼師今 34年 春正月	京桃大疫 二月 雨土 秋七月 蝗穀不登
	慈悲麻立干 14年 3月	京都地裂 廣裂二丈 濁水湧 冬十月 大疫
	炤知麻立干 5年 11月	雷 京都大疫(이상은 통일신라 이전 기록)
高句麗	中川王 9年 冬12月	無雪大疾(256年)
	小獸林王 7年 冬10月	無雪雷 民疫(百濟將兵三萬來侵平壤城)
	安原王 5年 冬10月	地震 十二月 雷 大疫
	嬰陽王 9年 夏6月	漢王諒軍出臨渝關 値水潦 餽轉不繼 軍中乏食復遇疾疫

  * 金斗鍾,『韓國醫學史』, 탐구당, 1979, 53쪽 ; 卞廷煥,『朝鮮時代의 疾病에 관련된 疾病觀과 救療施策에 관한 硏究』서울대학교 박사학위논문, 1984, 7쪽 ;『三國史記』卷1~26 참고.

　　삼국의 질병을 치료하는 관직에 대해서는 백제의 기록이 남아 있다. 백제의 관제는 外官이 9품이고 內官이 11부로 되어 있는데, 內官 11부가운데 藥部라는 명칭이 나온다. 우리 나라 고대 사료 중 어디에도 이 藥部의 역할을 보여주는 기록을 찾을 수는 없으나, 명칭으로 보건대 의술을 담당하고 施藥行爲를 관장하며 국가의 醫務政策을 구상·집행하는 국민 의료복지기관이었을 것으로 추측된다.

다음의 삼국정립기 국민에 대한 의료복지의 실제적인 사례를 보자. 신라의 儒理尼師今 5년(29)에 국왕이 巡幸중에 사망할 상태에 처한 노인을 보고 진휼하면서 有司에게 명하여 鰥寡孤獨老病者로 自活이 불가능한 자를 給養토록 하였다.24)

고구려도 大武神王代에 국왕이 친히 죽은 사람에게 조의를 표하고 병든 자를 위문하고 백성을 위로하니 국민들이 왕의 덕과 의로움에 감복하여 몸과 마음을 다하여 국가에 충성할 것을 맹서하였다고 한다.25) 뿐만 아니라 고국원왕 2년(332)에는 왕이 卒本으로 가서 始祖廟에 제사지내고 백성을 위문하고 늙고 병든 사람을 賑級하였다.26)

백제는 比流王 9년(312)에 使者를 내어 질병에 빠진 백성들의 고통을 위문하고 鰥寡孤獨者와 자립이 불가능한 사람에게 곡식 3石을 내려 주었다.27) 모두 병고에 시달리는 사람들을 국왕이 친히 위문한 사례들이다.

이것을 통하여 삼국시대에는 어느 정도 의학을 교육하거나 병을 치

---

24) 『三國史記』 卷1, 新羅本紀 儒理尼師今, "五年冬十一月 王巡幸國內 見一老
   嫗凍將死 曰予以眇身居上 不能養民 使老幼至於此極 是予之罪也 解衣以覆
   之 推食以食之 仍命有司 在處存問 鰥寡孤獨老病不能自活者 給養之."
25) 『三國史記』 卷14, 高句麗本紀 大武神王, "遂親弔死問疾 以存慰百姓 是以國
   人感王德義 皆許殺身於國事矣."
26) 『三國史記』 卷14, 高句麗本紀 故國原王, "二年 春二月 王如卒本 祀始祖廟
   巡問百姓老病賑給."
27) 『三國史記』 卷24, 百濟本紀 比流王, "九年春二月 發使巡問百姓疾苦 其鰥寡
   孤獨不能自存者 賜穀人三石."

료하는 관청이 있었다고 할 수 있다. 하지만 백성들은 치료를 제대로 받지 못하여 餓死하거나 凍死하는 경우가 대부분이었다고 볼 수 있다. 이들을 위한 대책 역시 물건을 하사하는 정도에 그치고 있다.

삼국의 의약술은 한반도에 漢四郡이 존재하던 시기에 한의 지배층이 유입함과 동시에 선진의학이 함께 들어오면서 발전의 전기를 맞이하였다. 전통적으로 承襲되어 온 경험의학과 중국에서 발달한 한의학의 융합으로 삼국시대의 의약술은 크게 발전하여 일본에도 많은 醫員이 초빙되어 가기도 하였다. 그 대표적인 예로 고구려의 德來·知聰·毛治·惠慈, 백제의 王有陵陀·潘量豊·丁有陀·觀勒·法藏·益田金鍾·法明·多常·小手尼·億仁·德自珍·木素丁武·沙宅萬首, 신라의 金波鎭漢紀武·法惕을 들 수 있다.[28] 특히 당시 신라의 名醫로 이름을 떨친 金波鎭漢紀武는 일본의 允恭王 3년(신라 實聖王 13, 414)에 일본에서 질병을 치유하고 환국한 인물로 그로 인해 일본 역사상 처음으로 '醫'자가 등장하게 되었다.[29]

통일신라기에는 의료기관과 의술·제약술의 발달로 국민 구료에 더욱 박차를 가하였다. 『三國史記』는 통일기인 文武王代 때부터 景文王代(661~874)까지 213년 간의 질병 발생 수를 총 12회로 기록하고 있는데, 이를 표로 나타내 보면 <표 1-4>와 같다.

통일신라시대의 대국민 救療 형태는 <표 1-5>로 알 수 있듯이 다양하였다.

통일신라시대에는 중국과 인적 왕래가 빈번해지면서 의술과 약재가 많이 수입되었는데 오늘날까지도 통용되고 있다. 이렇게 해서 토속의약과 중국의학이 종합된 통일기의 新羅醫學이 나오게 되고, 이 의술은 일

---

28) 金斗鍾, 『韓國醫學史』, 탐구당, 1979, 61~63쪽.
29) 盧正祐, 「韓國醫學史」, 『韓國文化史大系(6)』, 고려대학교 민족문화연구소, 1979, 767쪽.

<표 1-4> 統一新羅時代 文武王~景文王代 疾病發生數

文武王 11年(671)	新羅多有疫病
聖德王 13年(714)	夏旱 人多疾疫
景德王 6年(747)	秋旱冬無雪 民饑且疫
景德王 14年(755)	年荒民饑加之以疫癘(列傳 第八 向德)
宣德王 6年(785)	忽遘疾疹 不寢不興 至十三日薨
元聖王 12年(796)	春京都飢疫
興德王 8年(833)	春 國內大飢 冬十月逃李再華 民多疫死
文聖王 3年(841)	春 京都疾疫
文聖王 19年(857)	秋九月王不豫 忽染疾疹 越七日王薨
景文王 7年(867)	夏五月京都疫 秋八月大水 穀不登
景文王 10年(870)	秋七月大水 冬無雪 國人多疫
景文王 13年(872)	春 民饑且疫

* 『三國史記』 卷7~11을 참조하여 작성.

<표 1-5> 統一新羅時代의 救療事例

年　　代	救療의 事例
景德王 6年(747)	三月 …… 秋旱冬無雪 民饑且疫 出使十道安撫
景德王 14年(755)	秋七月 赦罪人 在問老疾鰥寡孤獨 賜穀有差
元聖王 12年(796)	春 京都饑疫 王發倉廩賑恤
憲德王 9年(817)	冬十月 人多飢死 敎州郡 發倉穀存恤
興德王 9年(834)	冬十月 巡幸國南州郡 存問耆老及鰥寡孤獨 賜穀布有差
文聖王 3年(841)	春 京都疾疫
景文王 7年(867)	夏五月 京都疫
景文王 10年(870)	冬 無雪 國人多疫
景文王 13年(873)	春 民饑且疫 王發使賑救

* 『三國史記』 卷9~11을 참조하여 작성.

본에서 전래되는 『新羅法師方』·『新羅法師秘密方』·『新羅法師流觀
秘密要術方』·『百濟新集方』 등으로서 동양의학에 주요한 처방전으로
활용되고 있다.

삼국시대나 통일신라시대의 의학·약학은 원초적인 本能治療에서 토속적인 경험을 바탕으로 숙지된 治病行爲에 漢·隨·唐의 발달된 한 의학을 吸收하는 형태로 이룩되었다. 이 救療事業은 당시 성행한 불교의 慈悲·業報·輪回思想과 한민족 특유의 隣保精神이 융합되어 국민 의료복지정책으로 전환하는 계기가 되었다.

3. 敬老政策

한민족은 고대로부터 일상 생활에서 풍부한 경험과 지식을 지니고 지도력을 갖춘 年長者를 尊崇하여 왔다. 이는 삼국시대의 교육기관인 고구려의 太學과 扃堂에서 三史五經을 중요 학습과목으로 삼았고, 신라의 화랑도가 연마한 世俗五戒에서도 그 근본 내용이 忠·孝였다는 사실을 통해 분명하다. 백제에도 중앙관제의 명칭 가운데 주로 儀禮를 관장하는 內法佐平이 있었다는 사실을 詳考한다면, 고대국가였던 삼국이 모두 敬老의 실천을 교육하고 권장하였음을 알 수 있다. 삼국을 통일한 신라는 神文王代에 설립된 교육기관인 國學의 필수과목에 『論語』와 『孝經』을 포함시켰다. 元聖王代의 인재 선발방법인 讀書出身科의 응시과목에도 『孝經』이 중요한 위치를 차지하고 있었다. 국가의 인재 등용시험에서 효행을 위주로 하는 『孝經』이 채택되었다는 사실은 孝行 관념이 사회에 정착해 갔음을 보여주는 것이라 하겠다.

『三國史記』와 『三國遺事』에서 敬老나 養老에 대한 사례는 자주 보인다. 太祖大王은 노인에게 효행을 하는 자를 천거하게 하거나, 노인 가운데 자립할 수 없는 자에게 물건을 하사하게 하였다.30) 故國原王 역시 시조묘에 순행시에 노인환자를 진휼한 기록이 있다.31) 신라도 자립

---

30) 『三國史記』 卷15, 高句麗本紀 太祖大王 66年 8月.
31) 『三國史記』 卷18, 高句麗本紀 故國原王 2年 2月.

이 불가능한 노인을 扶助하거나 국왕이 순행할 때 노인·환자를 위무한 기록이 보인다.32) 백제 역시 왕이 순행하는 도중에 불쌍한 사람들에게 곡식을 하사하거나, 노인을 위로하는 사례를 볼 수 있다. 이러한 위민정책의 가장 근본적인 모습은 경로사상에서 출발하는 것이라 할 것이다.

우리 역사상 경로나 양로와 관련된 기술은 賢君이나 聖君으로 칭해지는 군왕 때 그 빈도수가 보다 잦은데, 이는 경로·양로가 그만큼 사회에서 중요한 가치를 지녔음을 의미하는 것이다.

그런데 삼국의 기록에 보이는 敬老策은 경제적인 측면으로서 부양책을 특히 강조한 것으로, 노인에게 먹을 것과 입을 것을 지급했다던가 국왕의 宮殿이나 巡幸時 노인을 위해 잔치를 베풀었다던가 하는 수준을 넘어서지 못하고 있다.

통일신라기에 들면 유학이 장려되면서 聖德王과 興德王 때부터는 보다 다양한 형태의 경로가 모습을 보이기 시작한다. 聖德王代에 穀物은 물론이고 酒肉을 함께 나누어 주고 있다.33) 즉 이전의 곡식을 하사하거나 음식을 나누어 주는 형태에서 고기와 술을 같이 하사하는 형태로 변하였다.

당시는 전술한 바와 같이 국왕이 경내를 行幸하거나 巡駐할 때 高老를 親問하여 의류나 곡식을 하사함으로써 敬老·尊老 사상을 국민에게 고취시키고자 했다. 군주의 이러한 敬老政策은 고금의 어느 국가에서도 통치를 위한 필요조건으로서 민본사상의 구현이라고 보아야 할 것

---

32) 『三國史記』卷1, 新羅本紀 儒理尼師今 5年 11月 ; 『三國史記』卷1, 新羅本紀1 婆娑尼師今 14年 2月 ; 『三國史記』卷2, 新羅本紀 味鄒尼師今 3年 3月 ; 『三國史記』卷2, 新羅本紀 基臨尼師今 3年 2月 ; 『三國史記』卷3, 新羅本紀 訥祗王 7年 4月.

33) 『三國史記』卷8, 新羅本紀 聖德王 4年 8月.

이다.

여기에서 한 가지 짚고 넘어가야 할 것은 삼국시대의 경로와 관련된 제반 행위를 유교로부터의 일방적인 영향이라고만 보아서는 안 된다는 점이다. 이는 우리 한민족의 전통적인 隣保情神과 우리 역사에 일찍부터 유입된 불교의 業報·輪廻·因果應報사상에 순응한 사고방식에 뿌리를 두고 있고 여기에 유교가 융합됨으로써 경로사상이 보다 강화되었다고 보아야 할 것이다. 특히 삼국을 통일한 신라의 급선무는 왕권강화였고 효행은 그 일환으로서 더욱 강조되었다. 친족 중 首長權限의 확대는 국가가 추구하는 왕권신장과도 이해관계가 합치되었고 중앙귀족의 권력집중과도 직결되는 것이었다.

전통적인 한국 가족의 '孝'에 관한 관념에 따르면, 부모를 잘 섬기고 받들고 즐겁게 하는 것이 孝道[34]다. 한국적인 효행은 출생과 양육에 대한 보은이므로 그 행위는 무한하다. 즉 부모의 제반 행위는 평가의 대상이나 더욱이 비평의 대상이 될 수 없고 무조건 긍정적으로 수용해야 하고, 그것이 자식으로서의 지당한 도리고 無限無邊한 부모에 대한 보은의 기초라고 생각한다.

예컨대 『童蒙先習』에 "天下 無不是底父母 父母唯不慈 子不可以不孝"라 하여 부모의 행위 여하를 불문하고 무조건 효행을 실천하라고 강조한 것이 그 좋은 예라 하겠다. 『明心寶鑑』에서도 "父兮生我 母兮鞠我 哀哀父母 生我劬勞欲報之德 昊天罔極"[35]이라 하여, 부모의 은혜에 報恩하려면 효의 사상이 지극해야 하는데 그 효행은 이유나 변명이 불필요한 행위라고 하고 있다. 효는 부모가 생존해 있을 때나 사후에나 변함없이 연속되어야 한다. 이러한 사고 하에서는 자식은 부모에게 예속된 존재일 수밖에 없고 따라서 자식이 독립적인 존재라는 생각은 금

---

34) 崔在錫, 『韓國人의 社會的 性格』, 開文社, 1980, 140~141쪽 참조.
35) 『明心寶鑑』 孝子篇.

기였다.

이러한 효는 앞서도 지적하였듯이 불교사상이 유입되고 유교문화가 전입되면서 한민족의 생활의 基底가 되었다. 물론 유·불 2대 종교가 유입되기 전에도 그 바탕이 있었다. 예컨대 고대 부족사회에 三老·渠帥 등의 官職名稱이 보이고, 『三國遺事』에 자주 나타나는 "高老曰", "耆老曰" 등에서도 敬老의 의미를 읽을 수 있다. 이러한 老人敬老라는 사고는 현대적인 의미에서 복지의 개념과 통용되어도 무리가 없다.

제2절 高麗의 社會福祉政策

1. 爲民政策

고려시대는 국민복지제도가 본 궤도에 오른 시기다. 불교의 국교화로 전 국민은 불교신도라 해도 과언이 아니었고, 慈悲·報恩·因果·業報·輪回思想은 바로 국민사상이 되었다고 할 수 있다. 국가는 구호를 절실히 요하는 일반 국민을 위하여 救荒과 救療 등 복지행정을 주체적으로 실시하고, 막강한 재원과 인력을 소유하고 있던 사찰도 자발적으로 難民에게 施惠를 베풀기도 하였다.36)

복지정책의 내용을 보면, 이재민에 대한 숙박장소의 제공, 죄인 사면, 세금의 恩免·災免, 흉황시 賑貸穀의 방출, 飢民을 위한 賑濟給食, 設粥所의 설치운영, 綿布 지급, 鹽醬 지급, 納穀補官制 채택, 醫療制의 활용을 통한 환자의 치료 및 施藥 등이 있다. 불교를 국교로 한 고려사회에서는 對難民福祉가 상당히 생활화되었을 것으로 추측은 되지만

---

36) 李玟洙, 「世宗朝의 福祉政策에 關한 研究 - 賑恤問題를 중심으로 - 」, 『大丘史學』 26, 1984, 14쪽.

『高麗史』에 이에 관한 사료가 거의 없어 福祉遂行의 상태 등을 살피기에는 어려움이 있다. 우선 사료에 나오는 고려의 爲民政策 사례를 보면 다음과 같다.

<표 1-6> 高麗의 賑恤政策 事例

王名 및 年代	對象	備　　考
成宗 13年(994)	收養	10세 미만 孤兒, 官에서 收容養育
靖宗 2年(1036)	醫療	東西大悲院 修理·治病·無依托者 保護
文宗 18年(1064)	食事支給	3~5월 開國寺. 5.15~7.15 臨津普通院에서 飮食支給
忠烈王 34年(1307)	形輕減	70세 이상 부양자 자식 犯罪時 刑罰 감. 80세 이상자 본인 원하면(病者) 東西大悲院 수용
太祖 元年(918)	減稅	3년간
景宗 元年(975)	債務減少	
成宗 7年(988)	減稅	日氣不順으로 정도에 따라 免稅 또는 減稅
成宗 10年(991)	減稅	서부지방 유행병으로 失農 減稅
忠穆王 4年(1343)	補官	救濟를 위해 納穀補官制 채택
忠烈王 6年(1280)	賑濟	全羅 貧民을 위해 2만 석 방출, 元에서 2만 석 수입하여 경상·전라 이재민 구호
忠烈王 17年(1291)	賑濟	元으로부터 江南米 10만 석 구입하여 방출
忠烈王 18年(1292)	賑濟	元으로부터 강남미 10만 석 수송중 풍랑으로 유실, 도착한 420석 방출. 3,000석 추가 구입

*『高麗史』卷80, 食貨志3 ; 崔益翰, 『朝鮮社會 經濟史』, 博英社, 1947, 48~60쪽.

이는 국가가 제도적으로 국민의 생활을 보장하는 복지정책이 없었던 삼국과는 크게 대조되는 기록이다.

고려의 위민정책에 대한 사례를 살펴보면 다음과 같다. 고려를 개창한 太祖 王建은 통일신라 말부터 붕괴된 田制를 개혁하고 민생을 안정시키기 위하여 다음과 같은 賦稅 감면조치를 실시하였다.

조서를 내리기를, "태봉 군주는 민인을 따르게 하고자 오직 음식을 모으는 일을 하였다. 구제도를 따르지 않고 1頃의 밭에 6경의 租稅를 賦課하였고, 驛이 있는 戶에 賦絲 3束을 부과하여 백성을 다스리니 밭 가는 것을 폐하고 稷을 폐지하여 流亡하는 것이 줄을 이었습니다." 이에 지금부터는 租稅·丁役의 부과는 마땅히 하늘의 아는 通法을 사용하는 것을 恒例로 삼도록 하였다.[37]

동년 8월조에서도

바라건대 사민을 안도케 하는 것은 흙을 운반하고 도와서 집을 만들어 주고, 진실로 租稅를 蠲減하게 하고 農桑을 귀하게 하였다. 이에 모이는 가족과 인족에게 3년의 조세와 役을 면하게 하고, 사방에 유리한 자에 대하여 마을로 귀속하라는 영이 있었다.[38]

라 하여 국민의 부담을 경감시키는 데 진력하였다. 당시 천재지변으로 흉년이 들면 국민을 기근에서 구호하기 위하여 조세경감이나 면세를 실시하고, 평상시에는 물가를 안정시키기 위해 물가를 조절하는 역할을 담당하는 것은 지배자의 필수 요건이었다.[39] 태조 원년에

조서를 내리기를, 마땅히 국가를 위하여 節儉에 힘쓰고, 민은 부유하게 하고 창고에 곡식을 가득 차게 하여야만이 水災와 旱災, 饑饉의

---

37) 『高麗史節要』卷1, 太祖 元年 秋7月, "詔曰 泰封主 以民從欲 惟事聚飲 不遵舊制 一頃之田 租稅六頃 置驛之戶 賦絲三束 遂使百姓 輟耕廢織 流亡相繼 自今租稅征賦 宣用天人通法 以爲恒例."

38) 『高麗史節要』卷1, 太祖 元年 秋8月, "冀使黎元按堵 比屋可封然承圮運 苟不蠲租稅 勸農桑 何以臻家給人足 乎其免民 三年租役 流離四方者令歸田里."

39) 金庠基, 『高麗時代史』, 東國文化社, 1961, 40쪽.

재앙에 대한 환란이 없을 것이다. 소위 內莊과 東宮食邑의 곡식을 많이 모아 두었더니 썩어서 훼손되어 그것을 內奉郎中 能梵으로 하여금 곡식을 살피게 하였다.[40]

라 하여 근검과 절약에 힘쓰고 國庫를 滿載함으로써 天災로부터 민생을 보호할 것을 강조한 것은 이 같은 맥락에서 이해할 수 있다. 문종 원년(1047) 9월에는 毬庭에서 국왕이 친히 80세 이상의 관원과 남녀 백성 중 孝子·順孫·義夫·節婦·鰥寡孤獨·廢疾者들에게 饗宴을 베풀고 물품을 차등 있게 하사하였다.[41]

이러한 위민정책적 사고는 재난에 빠진 백성들을 체계적으로 돕는 제도를 만들게 되었다. 먼저 태조 2년에 黑倉을 설치하여 빈곤한 국민을 구제하고자 하였다. 黑倉은 成宗 5년(986)에 義倉으로 개명하고, 賑荒을 위하여 備蓄穀을 1만 석으로 늘려 지방행정 단위인 州와 府까지 확대 시행되었다.[42] 또한 태조 연간에 各 州府의 관리들에게 人戶와 稅目을 조사하게 하여 국민복지제도를 한층 더 정착시켰다.

顯宗 14년(1023)에는 진휼을 목적으로 한 義倉의 실시를 위해 모든 州와 縣에 다음과 같은 명령을 내렸다. 田丁의 수에 준하여 1科(大君부터 門下侍中까지)는 公田 1結에 組 3斗, 2科(府院君부터 檢校侍中까지)는 公田과 宮房田과 寺院田 및 兩班田 1結에 2斗, 3科(贊成事·其人·軍人·戶丁)는 1斗를 징수하여 이를 비축해 두었다가 흉년 때 救急하고, 추수기에 元穀을 官에 還納하게 하였다.[43]

―――――――――

40) 『高麗史節要』 卷1, 太祖 元年 6月, "詔曰 爲國當務節儉 民富倉實 雖有水旱飢饉之災 可無患也 所有內莊 及東宮食邑 積穀多致朽損 其以內奉郎中能梵 爲審穀使."

41) 『高麗史』 卷7, 文宗 元年 9月 己亥, "親饗年八十以上官員 及百姓男女孝子 順孫義夫節婦 鰥寡孤獨廢疾於毬庭 賜物有差."

42) 閔丙河, 『韓國史大系(4)』, 三珍社, 1978, 59쪽.

이 의창제도는 무신정권으로 바뀌는 毅宗 24년(1170)까지 활발히 전 개되어 난민구제에 지대한 역할을 했으나, 무신이 집권하여 정치를 전 횡하면서 쇠퇴하였다.44) 이처럼 고려 중기 이후 의창제도가 유명무실해 지게 된 것은 빈번한 외침으로 國庫가 비어 있어 복지를 위한 義倉穀 이 소진되어 버렸기 때문이다. 그 후 恭愍王과 昌王 때 부분적으로 施 惠한 기록이 보이고, 恭讓王 3년(1391)에는 왕도인 개경에 복설하여 빈 민을 구제하기 위한 거국적인 노력을 기울였다.

한편 물가의 조절과 안정을 위해 설치한 것이 常平倉이었다. 成宗 12 년(993) 西京과 開京에 처음 설치된 이 상평창은 풍·흉년 때 물가를 조절하는 기능을 갖는 것으로, 국민의 안녕과 생활증진에 큰 역할을 하 였다. 국가의 '饑不損民 豊不傷農' 정책에 점차 전국의 牧 단위 지역인 楊州·羅州·慶州·黃州·海州·忠州·全州·淸州·公州·昇州·尙 州·晉州 등 12개 소에 걸쳐 상평창이 설치되어 米 총 6만 4천 석을 布 33만 필로 교환(布 5匹에 米 1石)하여 그 중 5천 석을 개경의 京市署에 비축하였다. 이를 大府寺와 司憲臺로 하여금 시기를 보아 매매하고, 나 머지 5만 9천 석은 서경과 각 주·군의 창고 15개 소에 나누어 보관하 였다. 서경의 창고는 司憲臺가 담당하고, 각 지방관은 주·군의 창고를 관장하게 하였다.45) 이는 국민복지제도가 크게 발전한 실례를 보여주는 것으로서, 귀족 중심의 문화가 극치를 이루어 흔히 문벌귀족사회로 불 리는 고려에서 이 같은 위민정책이 적극 추진되었다는 것은 주목할 만 하다.

文宗代에 설립(연대는 미상)된 東·西大悲院은 병들고 외로운 백성

---

43) 金庠基, 앞의 책, 324쪽.
44) 李玟洙, 「社會保障制度에 對한 歷史的 一考察」, 『韓社大 社會福祉研究』7, 1978, 55쪽.
45) 金庠基, 앞의 책, 325쪽.

의 의식주를 해결해 주려 한 기구로서, 의료적 구난을 겸하는 복지사업을 전개하였다. 大悲院은 그 명칭으로 보아 알 수 있듯이 불교의 대자대비 사상을 구현한 기관이다. 대비원에는 東大悲院과 西大悲院이 있어 治療, 饑餓者 給食, 無依無托者 收用 등을 실시하였다. 기록을 통해 보건대 이 대비원 기구는 문종 때 使(院長) 1명, 副使(副院長) 1명, 錄事(事務官) 1명, 記事(事屬) 2명, 書者 2명으로 정비되었다.

睿宗 7년(1112)에는 일반 백성을 대상으로 무료치료와 시약을 제공하기 위한 惠民局이 신설되었다. 혜민국은 忠宣王代에 司醫署가 관장하다가 恭讓王代에 惠民典藥局으로 개명하고 의원과 직원을 배치하여 난민을 구호하였다.

睿宗 4년(1109)에는 빈민에게 급식과 의복을 지급하는 복지사업기관이자 환자 치료를 담당한 救濟都監이 설립되었다. 이는 忠穆王 4년(1348) 賑濟都監으로, 禑王 7년(1381)에는 賑濟色으로 이름을 바꾸고 많은 국민복지사업을 실시하였다.[46]

이 밖에 고정기금을 두고 本存取息制를 이용하여 그 이자로 국민을 賑濟하는 기관으로 濟危寶가 있었는데, 光宗 14년(963)부터 恭讓王 3년(1391)까지 지속되었다. 한편 지금의 복지재단과 유사한 기관이 있어서 빈민과 행려병자의 구호와 질병치료를 담당하였고 文宗代에 7품 이상의 副使와 丙科權務인 錄事 1명을 두었다. 아울러 開京의 開國寺와 臨津의 普通院 등 사찰에서도 상설급식소를 마련하여 유리걸식하는 饑民들에게 식사를 제공하였다.[47]

이상의 고려시대 진휼기관을 정리하면 다음과 같다.

---

46) 邊太燮, 앞의 책, 266쪽.
47) 李基白, 『韓國史新論』, 一潮閣, 1977, 150쪽.

<표 1-7> 高麗의 賑恤機關

王名 및 年代	救護機關	備　　考
太祖 2年(919)	黑　倉	貧民 救濟
成宗 5年(986)	義　倉	黑倉의 명칭 변화
光宗 14年(963)~ 恭讓王 3年(1391)	濟危寶	固定基金利子로 賑恤
睿宗 4年(1109)	救濟都監	給食·醫·衣類·鹽綿布 지급
忠穆王 4年(1348)	賑濟都監	〃
禑王 7年(1381)	賑濟色	〃
睿宗 7年(1112)	惠民局	醫療施藥
恭愍王 3年(1354)	惠民典藥局	惠民局 명칭 변화
忠宣王 2年(1310)	煙戶米法	凶年 대비, 평소에 국민이 出穀
成宗 12年(993)	常平倉	물가조절, 兩京 및 12개 지방
文宗	東西大悲院	病者治療

＊『高麗史』卷78, 百官志2 ; 卷80, 食貨志3 참고.

2. 醫療政策

고려는 광대한 영토를 통치한 고구려의 국호를 계승하여 '高麗'라는
이름으로 국호를 정하고 웅대한 한민족의 의지를 표방하는 한편,[48] 신
라와의 무혈통합으로 신라왕실의 承襲者로 자임하면서 신라의 의례와
제도를 襲用하였다.[49]

따라서 의학 분야에서도 신라가 盛唐文化를 받아들여 사용한 大醫
監, 尙藥局, 侍御醫, 醫博士, 卜博士, 醫政, 醫座, 食醫制度[50] 등의 이
름이 그대로 사용되었다. 고려 태조도 「訓要十條」에서 "우리 동방은 예
로부터 唐의 풍속을 사모하여 문물과 예악이 모두 그 제도를 따랐다"[51]

---

48) 『高麗史』卷94, 列傳11 徐熙傳에도 "我國卽高句麗之舊也 故號高麗"라 하였
　　다.
49) 金庠基, 앞의 책, 3쪽.
50) 『隋書』百官志 ;『唐書』百官志48.

라고 명확히 표현하고 있다. 고려 태조는 등극과 동시에 開京과 西京에 學校를 설립하고, 秀才·廷鶚을 西學博士로 삼아 6部의 생도를 모아 교육하게 하고 겸하여 醫科와 卜科를 두고 장학재단인 '寶'를 두어 학생을 육성하였다. 즉 태조 13년(930)에 학교의 유지재산으로 穀物 100石을 내려주고 그 이윤으로 장학사업을 계속하도록 하였다.[52]

고려에서 醫療官吏가 등용된 것은 光宗 9년(958) 인재등용법으로 과거제가 채택된 후 成宗 7년(988)과 8년에 각각 2명씩 醫業에 합격자가 나타난 것이 처음이다. 光宗 14년(963)에는 국가가 재난을 당해 위급한 백성을 구제하는 濟危寶가 설립되어 평상시에는 鰥寡孤獨者와 貧困者 및 疾苦者의 보호와 救療를 위한 사회복지 기능을 담당하였다.[53]

고려의 醫政制度는 成宗代(981~997)에 각종 制度名과 官名이 등장하고, 이어 顯宗 10년(1019) 4월에 醫療制가 대폭 정비되어 역대 諸王이 실시한 篤者(심히 늙은 자)·篤疾者(위급한 환자)·鰥寡孤獨한 불우한 백성을 대상으로 한 의복·식량·의약의 賑給이 이루어졌다. 그리고 거란족과 여진족의 침입으로 재해를 입은 피해자와 전몰장병 가족을 구호하고, 외침을 당한 지역은 조세를 감면해 주며, 移穀政策으로 甲地方에서 기근이 발생할 때에는 乙地方의 糧穀을 옮겨 그 백성을 구휼하게 하였다.

현종 17년(1026) 7월에는 濟危寶를 개수하고, 靖宗 3년(1037) 11월에는 東·西大悲院에서 貧窮民의 질병을 救療하였다.『高麗史』나『高麗史節要』는 고려 34대 475년 동안 疾病의 유행 상황을 약 28회로 기록하고 있는데 다음 표와 같다.

---

51)『高麗史』卷2, 太祖 26年, "其四曰 惟我東方 舊慕唐風 文物禮樂 悉遵其制."
52)『高麗史節要』卷1, 太祖 13年, "又賜穀百碩 爲學寶 寶者 方言也 以錢穀施納 存本取息 利於久遠 故謂之寶."
53) 金庠基, 앞의 책, 50쪽.

<표 1-8> 高麗의 救療狀況

年　代	內　　容
成宗 10年(991) 2月	遣諸道安慰使 問民疾苦
成宗 10年(991) 10月	王幸西都 民戶有以疾疫 失農者 免其租稅
顯宗 9年(1018) 4月	黃霧四塞凡四月 京城多患瘴疫 王分遣醫療之
顯宗 9年(1018) 閏4月	門下侍中 劉瑨等奏 民庶疫癘 陰陽愆伏 皆刑政不 時所致也 謹按月令三月節 省囹圄去桎梏 無肆掠 止獄訴 四月中氣 挺重囚 出輕繫 七月中氣 繕囹圄 具桎梏 斷薄刑 決小罪 又按獄官令從立春至秋分 不得奏決死刑 若犯惡逆 不拘此令 然恐法吏 未盡審詳請 今後內外所司 皆依令施行 從之
顯宗 21年(1030) 12月	京城大疫 人多死
肅宗 6年(1101) 2月	祭瘟神于五部 以禳瘟疫
肅宗 6年(1101) 3月	祭五瘟神
睿宗 4年(1109) 4月	遣近臣 禱雨于朴淵 及諸神廟 祭瘟神于五部 仍設盤若道場 以禱疾疫
睿宗 4年(1109) 5月	京內人民 罹于疫厲死者多宜置救濟都監療
睿宗 4年(1110) 10月	命有司 分祭于松獄 及諸神祠 以禱疾疫
睿宗 5年(1110) 4月	司天臺奏 今年疫癘大興 尸骸載路 請令有司收瘞 從之
睿宗 15年(1120) 8月	自夏不雨 至于是月 五穀不登 疫癘大興 辛未幸外帝釋院 命五部 讀般若經三日 以禳疫癘
毅宗 6年(1152) 6月	饗飢饉疾疫人於開國寺 癸未 醮天皇大帝太一及十六神 以禳疾疫
毅宗 16年(1162) 3月	時旱荒 疫癘 中外道殣相望
毅宗 16年(1162) 5月	宣旨 人君之德 在於好生惡殺 勤恤民隱 近者囹圄不空 民多疫癘 朕甚憫焉 其赦殊死以下 蠲諸道郡縣逋租 發倉廩 以賑 貧窮失所者 兼擧淸白守節者
明宗 3年(1173) 4月	是時 自正月不雨 川井皆渴 禾麥枯槀疾疫並興人多餓死 至有市人肉者 又多炎災 人甚愁嘆
明宗 17年(1187) 5月	京都大疫 命五部 設道符神 醮以禳之
高宗 19年(1232) 4月	因飢饉疾疫 亦多物故
高宗 41年(1254) 6月	是月京城大疫

年　　代	內　　　　容
高宗 42年(1255) 12月	是歲冬無雪 京城大疫
高宗 43年(1256) 12月	冬無雪 飢疫相仍 僵屍蔽路 銀一斤 直米二斛
元宗 3年(1262) 10月	京城大疫
忠烈王 7年(1281) 6月	疫師者甚衆 金方慶金周鼎朴球之亮荊萬戶等 與日本兵力戰 斬首三百餘級 日本兵突進 官軍潰茶丘 棄馬走王 萬戶復橫擊之 斬五十餘級 日本兵乃退茶丘僅免 翼日復戰 敗績 軍中大疫 死于兵疫者凡三千餘人
忠烈王 7年(1281) 12月	是年 自春至冬 中外疫癘 大興 死者甚衆
忠穆王 4年(1348) 4月	雨雹大如梅 是月京城大飢疫
恭愍王 15年(1366) 5月	比來水旱 招癘 疫不息
恭愍王 23年(1374) 3月	京城大疫
恭讓王 3年(1391) 9月	諫官 許應等 上疏曰 …… 今年水旱霜雹之災 飢饉疾疫之患 幷起……

* 『高麗史』 및 『高麗史節要』를 참조하여 작성.

　　고려 건국 이전에는 의료혜택이 궁중을 중심으로 한 왕족이나 귀족 등 특수계층과 극소수의 일반 백성에게 국한되었다. 그것도 연속적인 救療라기보다는 일시적이고 국소적으로만 시행되었다. 그러나 고려시대에 들면서 대국민의료에 의한 복지정책이 제도적으로 정착되면서 瘟神祭와 佛敎行事인 般若道場이 개설되었다. 顯宗代의 遣醫治療制, 睿宗代의 救濟都監 설치, 毅宗代의 활발한 發倉賑恤 사업은 실제로 국가가 실시한 중요한 복지행정의 일환이었다. 고려시대 의료기관의 제도화나 다양화는 醫療受惠者의 증가를 의미하는 것이다. 국민 다수가 治癒와 시약의 수혜를 받게 되었다는 것은 바로 국민의 의료복지 확대를 뜻한다. 고려의 의료기구를 중앙과 지방으로 구분하여 살펴보면 다음과 같다.

<표 1-9> 中央 및 地方의 醫療機關

官　名		職　　名
中央機關	大醫監(典醫寺, 醫藥療治)	判事 종3품, 監 1인 정4품, 少監 2인 종5품, 博士 2인 종8품, 丞 2인 종8품, 醫正 2인 종9품, 助教 1인 종9품, 呪禁博士 2인 종9품, 醫針史 1인, 注藥 2인, 藥童 2인, 呪禁師 2인, 呪禁工 2인
	尚藥局(奉醫署, 御藥)	奉御 1인 정6품, 侍醫 2인 종6품, 直長 2인 정7품, 醫佐 2인 정9품, 醫針史 2인, 藥童 2인
	司膳署(供膳)	奉御 1인 정6품, 直長 2인 정7품. 이외에 醫事關係者로 '食醫' 2인 정9품을 둠
	東宮官	文宗 2년에 藥藏郎 1인 정6품, 藥藏丞 정8품을 둠
	諸司·都監各色·東西大悲院	正使 각1인, 副使 각1인, 錄事 각1인, 이외에 醫事關係의 '醫吏'로서 內科權務吏屬 記事 2인을 파견
	濟危寶	副使 1인 7품 이상, 錄事 1인 이외에 '醫吏'로서 內科權務吏屬을 둠(예종 11년)
地方機關	西京醫學院(分司大醫監)	判事, 知監을 둠. 員數를 限하지 않고 本職 高下로서 겸임
	東京留守官	醫師 1인 9품
	南京留守官	醫師 1인 9품
	大都護府	醫師 1인 9품
	防禦鎮	혹 醫學 1인을 더 둠

위의 직제는 시대에 따라 다소 加減은 있었으나 고려 말기 공민왕대까지 존속하였다.54) 부분적으로는 문종 31년에 정해진 문무 양반의 봉급에 적혀 있는 관계자의 직명과 이 직제가 일치되지 않는 것이 더러 있는데, 위의 직제 외에 다른 분야에 소속된 의료 관계 직원들일 것이다. 전국의 의무행정과 정책을 관장한 大醫監의 조직은 <표 1-10>과 같다.

---

54) 김두종, 앞의 책, 136쪽.

<표 1-10> 大醫監(典醫寺) 組織變遷

	穆宗	文宗	忠烈王 35年	恭愍王 4年	同10年	同17年	同20年
官名	大醫監	大醫監	司醫署－典醫寺	大醫監	典醫寺	大醫監	典醫寺
職名	大醫監	判事 1인 종3품	提點 2인 정3품	大醫監			大醫監	典醫寺
	監	監 1인 정4품	令 1인 정3품				
	少監	少監 2인 종5품	正1인 종3품	監	正	監	正
	丞	丞 2인 종8품	副正 1인 종4품	少監	副正	少監	副正
	博士	博士 2인 종8품	丞 1인 종5품				
	醫正	醫正 2인 종9품	郞 1인 종6품				
		助敎 1인 종9품	直長 1인 종7품				
		呪禁博士 2인 종9품	博士 2인 종8품				
		醫針史 1인	檢藥 2인 정9품	革罷	置		
		注藥 2인	助敎 2인 종9품				
		藥童 2인					
		呪禁師 2인					
		呪禁工 2인					

위의 표에 따르면 穆宗代부터 文宗代(998~1082)까지 大醫監으로 칭
하였다가 忠烈王과 忠宣王代의 관제개혁을 거치면서 그 명칭과 조직에
변화가 일어나 司醫署에서 典醫寺로 바뀌었다. 다시 공민왕 4년(1355)
에 大醫監으로 개명하였다가 동왕 10년(1361)에 典醫寺, 동왕 17년
(1368)에 大醫監, 동왕 20년에 다시 典醫寺로 바뀌는 등 그 조직원의
加滅과 명칭의 改名을 거듭하면서 왕실이나 왕족의 주치의로 그 임무
를 담당하였다.

그 외에 국왕의 명에 의하여 衆療하는 翰林醫官 翰林院, 學士承旨,
侍讀學士, 侍講學士 및 權務醫官 2명을 두었다. 목종대에는 尙藥局이
설치되었는데, 충렬왕 2년(1275)에 그 명칭이 掌醫署로 바뀌고 곧 奉醫

署로 개명되었다가 奉御署로 변경되었으며, 同王 말엽에 尚醫局이 되었다. 공민왕 5년(1356)에 典醫寺와 병합하여 국왕이나 관료의 治病과 製藥을 전담하였다. 그 변화와 조직은 다음 표와 같다.

<표 1-11> 尚藥局(奉醫署) 組織變遷

	穆宗	文宗	忠宣王	恭愍王 4年	恭愍王 10年	恭愍王 17年	恭愍王 20年	恭愍王 23年
官職	尚藥局	左同	掌醫署→ 奉醫署	尚醫局	奉醫署	尚醫局	奉醫署	典醫寺 에 合
職名	奉　御	奉御 1인 정6품	令 정6품	奉　御	令	奉　御	令	
	侍御醫	侍醫 2인 종6품	直長 정7품	直　長				
	直　長	直長 2인 정7품	醫佐 정9품	醫　佐				
	醫　佐	醫佐 2인 정9품						
		醫針史 2인						
		藥童 2인						

이 밖에 국왕이나 왕족의 전용 의료기관으로 茶房이 있었다. 『東國李相國集』에는 "國朝有茶房所集藥方一部 文略效神 可濟萬病 以歲久脫漏 幾於廢失矣"[55]라 하여, 나라의 茶房에서 수집한 약방문 한 질이 있었는데 수집한 지가 오래 되어서 脫漏되어 거의 유실될 지경에 이르렀다고 되어 있다. 이 기사만으로는 다방이 설치된 확실한 연대와 그 조직 내용은 알 수 없으나 의료기구였던 것만은 분명하다.

일반 서민이 주로 이용한 관립 국민의료기관이라 할 수 있는 東·西大悲院은 언제 설치되었는지 분명하지 않으나 靖宗代에 東大悲院이 修理되었다는 기록이 남아 있다. 文宗 30년(1076)에 職制 중에 院長인 使, 副院長인 副使, 事務官인 錄事 1명, 記事 2명 그리고 吏屬으로 書事 2명이 東·西大悲院에 배속된 것으로 기록되어 있다. 이 의료기관

___

55) 『東國李相國集』 卷21, 新集御醫撮要方序.

은 대국민 구호시설로서 치료만 담당한 것이 아니었다. 靖宗 2년(1036) 11월의 기록에 따르면, 東大悲院에서 無依無托하여 歸所할 장소가 없는 자를 수용하여 의복과 음식을 주었다. 文宗 3년(1049) 6월에는 有司에게 명하여 기근과 질병으로 고생하는 자를 東大悲院에 수용하게 하였으며, 동왕 2년(1058) 12월에는 길에 해골이 노출된 시체를 東大悲院에서 지방 관할관과 함께 수합하여 매장하기도 하였다. 이러한 기록들로 보건대 당시 東·西大悲院은 국민종합 복지시설, 치료기구, 양로원, 고아원, 극빈자 구호상설기관으로서 재난구호의 임무와 역할을 담당했던 것으로 추정된다.

이 국민의료기구는 문벌귀족 중심의 고려사회에서 일시적으로 유명무실해졌으나 忠肅王 11년(1324) 東·西大悲院과 惠民局 및 濟危寶가 復設되어 국민의료를 담당하였다. 濟危寶는 고려의 마지막 왕인 恭讓王 2년에 停罷되었고, 惠民局은 忠宣王代에 司醫署에서 관장하다가 恭讓王 2년에 惠民典藥局으로 개칭 존속되었다.

고려의 군왕들은 일반 국민의 치료뿐만 아니라 仁宗 24년(1146) 기록에서도 알 수 있듯이 各軍에 醫務官員을 배치하여 군인의 건강을 돌보았다. 공양왕 4년(1392) 3월에는 司憲府에서 소를 올려 典獄에도 醫員을 두고 죄인의 구료를 담당하게 했다. 지방의 의료제도는 건국 초부터 말기까지 별다른 변동 없이 東西救急都監, 救濟都監, 賑濟色 등이 구휼과 전염병 예방책을 담당하였다.56)

이들 의료기관에 종사하는 관원의 녹봉은 성종대에 개정되었는데, 다른 관리들의 녹봉과 비교하면 상위에 속했다. 고려 의료관원의 녹봉은 다음 표와 같다.

---

56) 盧正祐, 「韓國醫學史」, 『韓國文化史大系(6)』, 고려대학교 민족문화연구소, 1979, 787쪽.

<표 1-12> 高麗의 醫療官員 祿俸

職　　名	祿俸石數
大醫事	200石
大醫監	153石　5斗
試大醫監	140石
大醫少監	86石　4斗
試大醫少監	73石　5斗
侍御醫	66石　10斗
翰林醫官・大醫博士	16石　10斗
尙藥・醫佐・食醫・呪禁博士・大醫・助敎・醫正	10石

* 『高麗史』食貨志를 참고하여 작성.

<표 1-13> 東宮官과 西京官, 權務官, 文班職 祿俸(文宗 30年)

官名	職　　名	祿俸石數
東宮官	藥藏郎, 藥藏丞	4石
西京官	藥店副使	16石　10斗
	大悲院副使	13石　5斗
	藥店判官, 大悲院判官, 醫學院博士	8石　10斗
權務官	東西大悲院使	26石　10斗
	東西大悲院副使, 濟危寶副使	16石　10斗
	東西大悲院直, 濟危寶直	8石　10斗
文班職	判大醫	200石
	大醫監	153石　5斗
	試大醫監	120石
	大醫少監	76石　10斗
	試大醫少監	66石　10斗
	尙藥, 侍御醫	53石　5斗
	侍御醫	40斗
	翰林醫官	20石
	大醫丞	16石　10斗
	大醫, 醫正, 呪禁博士, 食醫, 尙藥, 醫佐, 大醫, 助敎	10石

이 녹봉은 仁宗代에 文武班의 봉급이 다시 정해지면서 다소 차이가 생겼는데, 변경 내용은 <표 1-13>과 같다.

고려의 의료관원에 대한 田柴의 科結은 다음 표와 같다.

<표 1-14> 改正田柴科 및 更定田柴 醫療官員 田柴科

時　　期	職　　　名	科別(科)	田結(結)	柴結(結)
毅宗 2年 改正田柴科	大醫監	제9(혹 제10)	60(혹 55)	33(혹 30)
	大醫少監, 尙藥奉御	제11(혹 제12)	50(혹 45)	25(혹 22)
	侍御醫, 尙藥直長	제13(혹 제14)	40(혹 35)	20(혹 15)
	大醫丞, 博士	제15	30	10
	食醫, 醫正, 醫佐	제16	27	
	注藥, 藥童	제18	20	
文宗 30年 更定田柴科	大醫監	제6	70	27
	大醫	제8	60	21
	藥藏郎	제10	50	15
	侍御醫	제11	45	12
	大醫博士, 大醫丞	제14	30	5
	尙食, 食醫, 大醫, 醫正	제15	25	
	醫師, 卜師, 卜助教, 獸醫博士	제16	22	
	注藥, 藥童, 呪禁師	제17	20	

고려는 삼국으로부터 전승 또는 유입된 의술과 제약기술을 그대로 承襲하고, 宋·元의 발달된 선진의학을 수입하여 의무정책 분야에서 괄목할 정도의 발전을 보았다. 그 결정체가 毅宗代의 名醫 金永錫의 處方箋인 『濟衆立效方』이다. 이것은 조선 초기까지 일반 서민용 醫書로 사용되었다. 또한 崔宗峻(?~1246)이 高宗 13년(1226) 宮內茶房에 근무하면서 『新集御醫撮要方』을 저술하고, 鄕藥書로서 『三和子鄕藥方』·『鄕藥古方』·『東人經驗方』·『鄕藥惠民經驗方』·『鄕藥簡易戶』·『診脈圖訣』 등 중요 의학서적이 저술되었다. 이들 서적이 조선 태조

7년(1398)에 집대성된 醫書『鄕藥濟生集成方』에 인용되었다는 것은 權近의 서문에 비교적 상술되어 있다. 국가 차원의 의료복지정책이 양질의 의서와 유명한 의료인을 등장하게 하였던 것이다. 당시 이름이 알려진 의료인은 다음과 같다.

<표 1-15> 高麗의 醫療人

醫療人名	王名	備　考
李尙老	明宗	明宗 16年(1186) 12월 吏部尙書가 됨. 外科醫
薛景成	忠烈王	忠宣王 6年(1314) 2월 贊成事가 됨. 內科醫
奇貞業	穆宗	穆宗 12年(1009) 정월 大議員의 醫員
金光甫	穆宗	穆宗 12年(1009) 2월 尙藥直長이 됨
孫 簡	顯宗	顯宗 6年(1015)에 大醫丞이 됨
金得宏	顯宗	顯宗代 大醫監
金徵渥	文宗	文宗 2年(1049) 11월 茶房太醫少監이 됨
張 景	肅宗	肅宗 3年(1098)에 藥藏郎이 됨
李 鹽	文宗	文宗代 大醫監이 됨
愼 修	文宗	원래 宋人으로 守司徒右僕射參知政事가 됨
愼安之	睿宗·仁宗	兵部尙書 三司徒判閣門事
崔思全	睿宗	小府大監小監
李仲若	睿宗	醫術人
金永錫	睿宗	睿宗·仁宗·毅宗代 사람으로 中書侍郎平章事
郭 興	睿宗	禮部員外郎
金公鼎	仁宗	醫學博士
李坦之	毅宗	毅宗 7年(1153) 4월에 檢校大醫少監
王 沏	神宗	守司空上柱國廣陵候
鄭 晏	高宗	醫術에 능함. 鄕藥救急方 간행
權敬中	高宗	尙書禮部侍郎
李藏用	高宗	醫術에 능함, 諡號：文進·太子太傅
林靖의 妻	高宗	高宗 13년(1226)에 崔怡의 병치료
崔宗俊	高宗	親集御醫撮要方 2권 著
蔡洪哲	忠烈王	長興府守·密直副使·司醫副正
金允奇	元宗	元宗 11年(1270) 藥員

醫療人名	王名	備　考
僧 天英	元宗	醫學人
王三錫	忠肅王	원래 南蠻人(忠肅王 入國시 同行)
金 碩	忠肅王	忠肅王 15年(1328) 11월 典醫副正
福 山	忠肅王	忠惠王後 元年(1340) 5월 婦人科 醫員
僧 翯仙	忠惠王	忠惠王後 4年(1343) 大悲院醫員
許 悰	忠烈王	忠肅王이 그의 사후 定安府院君으로 봉함
李春英	恭愍王	恭愍王 13年(1364) 判典醫寺事
金君鼎	恭愍王	恭愍王 13年(1364) 典醫副令
禹 顯	恭愍王	典醫副正
石抹天英	恭愍王	判典醫寺事
崔英氣	恭愍王	判典醫寺事
楊宗眞	禑王	禑王 5年(1379) 5월 典醫
成石璘	恭愍王	典醫注簿
魚伯評	禑王	禑王 11年(1385) 12월 判昌德府事
李 行	禑王	禑王 12年(1386) 典醫監正, 耽羅 파견
景德實	禑王	禑王 13年(1387) 정월 典醫正
鄭道傳	恭讓王	恭讓王 元年(1389) 診脈圖訣을 찬함
房士良	恭讓王	恭讓王 3年(1391) 3월 兼典醫寺丞
金 瑛	恭讓王	恭讓王 4年(1392) 6월 典醫副正
權仲和	恭讓王	醫藥에 精通함

* 『高麗史』; 金斗鍾, 『韓國醫學史』, 탐구당, 1979, 183~188쪽 참조.

이상에서 제시한 의료인 외에도 毅宗代의 御醫官 朴景瑞, 御醫官 崔遇 및 仁祖代의 廣平公 王源, 高宗代의 尹鷹贍이 神宗·肅宗·高宗 연간을 거치면서 侍御醫, 尙藥奉御醫官, 知茶房事, 大醫監事兼知茶房事, 大醫少監으로 승진하였다.

이러한 의료인의 배출은 의약의 대중화를 가져왔다. 또한 국민의료 복지정책이 종전의 일시적이고 군왕의 즉흥적인 선정의 일부로 실시되는 형태에서 탈피하여 국가의 제도가 중심이 되어 체계적이고 본질적인 대국민 국가복지 접근책으로서 지속적이고 광범위하게 실시되게 되

었다. 국민의료복지정책이 이처럼 활발히 전개된 배경에는 국교로 공인
된 불교사상의 영향도 컸다고 할 수 있다.

3. 敬老政策

고려는 외형적으로는 그 제도나 국가의 형태가 일견 唐과 유사한 유
교국가의 면모를 보인다. 그러나 고려에서의 유교는 治國濟民의 정치
이념과 관인의 교양으로서 기능하고 관혼상제 등의 일상 생활은 거의
불교적 의식에 따르는, 유교와 불교의 이중적인 성격을 보유한 국가였
다고 할 수 있다. 이에 따라 국민복지정책도 다양한 형태로 구현되었다.
삼국시대에는 단편적으로만 문헌에 보이던 福祉政策은 고려시대에
들어 보다 구체화되고 제도화되어 경로행사 역시 빈도도 잦아지고 규
모도 대규모로 확대되었다. 이 시대에는 事親意識이 철저한 자만이 국
가에도 충성을 다할 수 있다고 생각하였다. 이에 光宗 9년부터 인재를
선발하기 위한 과거시험 과목에 효를 바탕으로 하는 유교경전을 포함
시켰다. 成宗代의 巨儒 崔承老는 時務28條를 올려 尊老와 事親의 정
치를 주장하여 孝思想의 절대성을 강조하였다. 이에 따라 成宗 9년 다
음과 같은 교서를 내렸다.

가을 9월 병자일에 다음과 같은 교서를 내렸다. "대체로 국가를 다
스리는 데는 반드시 먼저 근본에 힘써야 한다. 근본에 힘쓰는 데는 효
도가 제일이니 효도는 三皇五帝의 기본사업으로서 만사의 강령이요
모든 선의 주체다. 그러므로 漢皇은 楊引이 자기 부모를 소중하게 여
긴 것을 기특하게 여겨 그 집과 마을에 旌門을 세워 그의 효성을 표
창하였고, 晉帝는 王祥의 지극한 효성을 추장하여 역사에 그 이름을
기록하도록 명령하였다. …… 6도에 사절들을 파견하여 늙은이와 어
린이로서 굶주리고 유리하는 자를 구제하고 홀아비와 고아들로서 곤

궁한 처지에 있는 자들을 돌보아주며 효행 있는 아들, 기특한 손자, 의로운 남편, 절개를 지킨 부녀들을 조사하라."57)

이것은 『高麗史』에 처음 등재된 노인복지를 위한 敬老의 교지로, 이 교지에 의거하여 각 지방에 파견된 사신들은 다음과 같은 사례들을 보고하였다.

全州 求禮縣 백성 孫順興은 자기 어머니가 병사한 뒤 초상화를 그려 놓고 제사를 지내며 어머니가 살아 있는 것처럼 3일에 한 번씩 음식을 차려 가지고 묘에 간다고 한다. 雲悌縣 祗弗驛 백성 車達의 형제 3명이 늙은 어머니를 함께 봉양하는데, 車達이 자신의 처가 시어머니를 잘 봉양하지 못한다고 하여 즉시 이혼을 하자 두 동생 역시 장가를 가지 않고 형과 함께 한마음 한뜻으로 어머니를 극진히 봉양하고 있다. 西都 牡丹里에 사는 朴光廉은 자기 어머니가 죽은 지 7일 만에 갑자기 한 그루의 마른 나무가 어머니의 형상과 흡사한 것을 발견하고 집으로 업어다가 정성껏 섬기고 있다. 南海 狼山島 백성 能宣의 딸 咸富는 그 아버지가 독사에게 물려 죽자 침실에 빈소를 두고 5개월 동안이나 살아 있을 때와 다름없이 음식을 올리고 있다. 慶州 延日縣 백성 鄭康俊의 딸 字伊와 서울 宋興坊 崔氏의 딸 아무개는 일찍 과부가 되었으나 개가하지 않고 효성을 다하여 시부모를 섬기고 아이들을 기른다. 折衝府 별장 趙英은 어머니를 자기 집 후원에 장사지내고 조석으로 제사를 지내고 있다. 함부 등 남녀 7인에게는 다 旌門을 세우고 국가 부역을 면제해 주라! 車達의 형제 등 4인은 驛과 섬에서 해방시켜 그 소원에 따라 다른 주·현의 호적에 편입하도록 하라! 순흥 등 5인에게는 관직과 품계를 주어 그 효도를 천양하라.58)

---

57) 『高麗史』卷3, 世家 成宗 9年 9月 庚寅, "秋九月丙子 敎曰 凡理國家 必先務本 務本莫過於孝 三皇五帝之本務 而萬事之紀 百善之主也 由是 漢皇嘉楊引之尊親 旌門表里 …… 遣使六道 領示敎條 恤老弱之饑離 賑鰥寡孤於窘乏 求訪孝子順孫義夫節婦."

이상에서 알 수 있듯이 당시에는 백성 가운데 효행이 지극한 일반 서민은 身役을 면제해 주고 官階도 승진시켜 줌으로써 효행을 선양하였다. 이러한 정책은 국민에게 효행이 인륜의 근본이자 원천임을 교화하기 위한 것이었다. 효행 선양책에 대해서는 『高麗史』, 『東史綱目』, 『高麗史節要』, 『增補文獻備考』 등에 산재되어 있다.

<표 1-16> 高麗의 敬老事例

年 代	對 象	事 例	內 容
成宗 8年 9月 乙丑(989)	노약자	孝子 順孫養夫節婦 竝賜物	賑恤
成宗 9年 9月 (990)	敬老에 관한 敎旨	凡理國家 必先務本 務本莫過於孝 …… 遣使六道 領示敎條 恤老弱之飢離 賑鰥寡孤於窮乏 求訪孝子順孫義夫節婦	賜物訪問
成宗 9年 10月 (990)	80세 이상의 西京 流入者 서민 100세 이상자	西京入流 年八十以上者 憂賞各有差 三品以上公服一襲 五品以上彩二匹 幞頭二枚茶一十角 九品 以上絲一匹 幞頭一枚茶五角 入流以上 母妻八十者 三品以上 布十四匹 茶二斤 五品以上 布一十四匹 茶一斤 九品以上 布六匹 茶二角 庶人男女百歲以上者 令京官四品 存問其家 兼賜布二十匹稱穀一十石 九十以上 布四匹稱穀二石 八十以上及篤疾者布三匹稱穀二石 隨駕軍人 有父 母年八十者 許先赴東京問安於戲	賜物

---

58) 『高麗史』卷3, 世家 成宗 9年 9月 庚寅, "全州 求禮縣民孫順興 其母病死 畵像奉祀 三日一詣墳墓 饗之如生 雲悌縣祗弗驛民 車達兄弟三人 同養老母 車達謂其妻事姑不謹郎以棄離 二弟亦不婚娶 同心孝養 西都 牧丹里朴光廉 母亡七日 忽見枯木 宛似母形 負至其家 養之盡禮 南海狼山島民 能宣女咸富 其父死於毒痬 殯于寢室 凡五月 供膳無異平生 慶州延日縣民鄭康俊女宇伊及京城宋興坊 崔氏女 早寡不嫁 孝事舅姑 撫養兒息 折衝府別將趙英葬母家園 朝夕祀之 其咸富等男女七人 竝令旌表門閭 免其搖役 車達兄弟等四人 免出驛島 隨其所願編藉州縣 順興等五人 擬授官階 以揚孝道."

年 代	對 象	事 例	內 容
成宗 10年 7月 (991)	在京 80세 이상자 보고 파악(서민)	…… 欲推養老之思 以表憂農之念 …… 賜給老人制 在京城庶民八十以上者 所司 具錄姓名 申聞	賜物
顯宗 2年 8月 丙寅(1011)	敬老宴 행사	御寬仁殿門 饗耆老孤獨篤疾者賜物有差	宴會 및 賜物
顯宗 12年 2月 甲戌(1021)	在京 90세 이상 남녀 賜物	賜京城 男女年九十以上者 酒食茶藥布帛 有差	賜物
顯宗 13年 9月 己巳(1022)	在京 80세 이상 남녀	賜京城 男女年八十以上及 篤廢疾者 酒 食茶布有差	賜物
顯宗 22年 正月 乙亥(1031)	孝行者 褒賞	親耕籍田赦流罪以下 圓丘 方澤升壇執禮 員吏及 孝子 順孫 義夫節婦 耆老篤疾者 賜物有差	赦免 및 褒賞
德宗 2年 3月 癸酉(1033)	赦免敎旨	敎曰 朕謬承先業 統御三韓 志敦理國安 民 必切奉先思孝 令堂祠亭之歲 克備親 行禮 欲覃殊思 內外問效司大赦國 內除 不忠不孝坐臟奸 盜外 流罪以下咸赦之 斬效配有人島 曾流者 量移收讀者免赦	不忠 不孝 者는 免赦 에서 제외
靖宗 元年 夏4月 甲寅(1035)	外國投化人의 饗宴	親饗國老年 八十以上 男女於毬庭	80歲以上 投化人親 宴
文宗 元年 3月 乙亥(1047)	80세 이상 官員·百姓·投化人	義夫節婦孝子順孫 鰥寡孤獨廢疾于毬庭 賜物有差	親饗 및 賜物
文宗 5年 8月 辛丑(1051)	80세 이상 僧侶, 庶民	親饗年八十以上 僧俗男女一千三百四十 三人 篤廢疾 僧俗男女六百五十人 孝子 順孫 節婦 十四人 毬庭 賜物有差	親饗 및 賜物
文宗 11年 7月 甲午(1057)	80세 이상 慶老	饗年八十以上 男女及孝順孫義節鰥寡孤 獨 廢疾者於 毬庭賜物有差	饗宴 및 賜物
文宗 37年 1月 丁亥(1083)	60세 이상자	饗老人於毬庭 賜物有差	饗宴, 賜物
宣宗 3年 8月 癸卯(1086)	庶民, 國老	宣慰國老 賜宴於閣門 駕幸毬庭親饗庶老 男女 賜物有差篤疾廢疾者 別給酒食	親饗, 賜物

年 代	對 象	事 例	內 容
獻宗 元年 11月 壬子(1094)	80세 이상자 投化人	饗年八十以上者 于毬庭 賜物有差	饗宴, 賜物
肅宗 元年 11月 癸卯(1096)	80세 이상자 敬老行事	民年八十以上及篤廢疾者 義父節婦 孝子孫鰥寡孤獨 賜說分物有差	賜物
肅宗 5年 2月 己巳(1100)	敬老行事	鰥寡老疾孝子 順孫 賜物有差	賜物
肅宗 7年 10月 辛酉(1102)	80세 이상자 敬老行事	親饗年八十 孝子 義父 節婦 賜物有差	親饗, 賜物
睿宗 元年 9月 庚子(1106)	80세 이상자 의 敬老宴	親饗年八十以上男女義夫節婦 孝子順孫 鰥寡孤獨 篤廢疾者于闕庭賜物有差	親饗, 賜物
睿宗 3年 2月 辛卯(1108)	庶民 80세 이상	年八十以上及 孝子順孫 義夫節婦 鰥寡 孤獨 篤廢疾者 賜說分物	賜物
睿宗 5年 10月 壬子(1110)	80세 이상자 의 敬老宴	親饗年八十以上及 孝順義節鰥寡孤獨 篤 廢疾者于南明門外 賜物有差 中有孝子一 人 特加例賜爲賦詩一首 宣示左右	親饗, 賜物
睿宗 6年 1月 丙寅(1111)	赦免 一般庶民	…… 並赦之 中外老人及鰥寡孤獨 儀節 孝順者, 賜酒食拜 賜物有差	赦免, 賜物
睿宗 6年 3月 癸未(1111)	一般庶民	饗庶老及節義孝順男女于 宮庭	饗宴
睿宗 8年 4月 己亥(1113)	80세 이상자 의 敬老行事	親饗年八十以上及孝順儀節孤 疾病者于 宮庭 賜物有差	親饗, 賜物
睿宗 11年 4月 辛卯(1116)	州·府·郡 縣 80세 이상 자	沿路州府郡縣年八十以上者及孝子順孫 義夫節婦 鰥寡孤獨 篤廢疾者 准西京例 賜物	賜物
仁宗 元年 11月 丙子(1123)	80세 이상자	親饗年八十以上男女及 義夫節婦篤廢疾 于闕廷 賜物有差	親饗, 賜物
仁宗 元年 12月 壬午(1123)	敬老行事	肆赦秋祀山川 饗耆老及篤廢疾者 賜物有差	賜物
仁宗 4年 11月 壬辰朔(1126)	80세 이상자 경로행사	饗年八十以上及鰥寡孤獨孝順 節義者 賜物有差	饗宴, 賜物
仁宗 6年 4月 乙卯(1128)	敬老 敎旨	詔曰 …… 饗耆老及篤廢疾節義順鰥寡孤獨 賜物有差	饗宴, 賜物

年　代	對　象	事　　例	內　容
仁宗 7年 3月 庚寅(1129)	西京에서 敬老行事	…… 西京及所過州縣 耆老 孝順 節義鰥寡孤獨 篤廢疾病者 賜酒食 仍賜物有差	賜物
仁宗 8年 10月 壬申(1130)	西京에서 敬老行事	至自西京 詔曰 寡人 饗耆年及孝順節義鰥寡孤獨 篤廢疾賜物有差	饗宴, 賜物
仁宗 11年 10月 丙午(1144)	80세 이상 敬老行事	親饗年八十以上者老人及孝順 節義鰥寡孤獨 篤廢疾者 賜物有差	親饗, 賜物
毅宗 元年 10月 己未(1147)	敬老行事	親饗老人孝順 義絶于毬庭	親饗
毅宗 8年 10月 庚辰(1154)	僧 老人敬老	饗老人又飯僧三萬	饗宴
毅宗 12年 3月 壬午(1158)	敬老行事	大酺國內老人	加資
毅宗 14年 3月 己丑(1160)	敬老行事	移御 興王寺道見一老嫗賜布及酒	賜物
毅宗 21年 9月 乙亥(1167)	孝行者 襃賞	…… 詔加名大山川爵號內外 八十以上篤廢疾 鰥寡孤獨 孝順 節義 孝悌力田 皆賜物	賜物
毅宗 23年 4月 癸卯(1169)	敬老行事	鰥寡孤獨 篤廢疾及義夫節婦孝子順孫 並賜物	賜物
明宗 25年 11月 己巳(1195)	延谷村 老姑	…… 幸延谷村 老姑 104歲 私穀 30石	賜物
明宗 27年 11月 庚子(1197)	80세 이상 敬老行事(僧)	年八十以上及 篤廢疾僧俗男女 鰥寡孤獨 義絶 孝行 旌表門閭	慶老旌表門
熙宗 4年 10月 己亥(1208)	지방의 敬老行事(國老)	饗國老 庶老 孝順 節義 王親 巡侑之丙子 又大酺鰥寡孤獨 篤廢疾賜物有差 州府郡縣亦依此例	饗宴, 賜物
高宗 11年 10月 己亥(1224)	일반 서민	饗國老 庶老 孝子 順孫 義夫 節婦	饗宴
高宗 11年 10月 庚子(1224)	일반 서민	饗鰥寡孤獨 篤廢疾 賜物有差	饗宴, 賜物
元宗 元年 6月 丁酉朔(1260)	80세 이상 敬老	年八十以上及鰥寡孤獨 篤疾廢疾者 各給奉養一人 孝子順孫 義夫 節婦 旌表其門	旌表門

年 代	對 象	事 例	內 容
忠烈王 32年 1月 辛酉 (1306)	敬老 教旨 80~90세	下敎傳曰 養老乞言 本朝制 亦有老人賜 設 令欲遵是制 聞三老五更之饗年八 九 十者 所在官 錄名申聞 官給祖養	饗宴 80~90 老人 名籍作成
忠宣王 元年 (1309)	효행자 褒賞	孝子 順孫節婦烈女 旌表問題 許可分職	褒賞旌表
忠肅王 12年 10月 乙未 (1325)	효행자 褒賞	孝子 節婦 旌表門閭 勸勵風俗	褒賞, 孝行 獎勵
恭愍王 元年 2月 丙子(1352)	효행자 褒賞	鰥寡孤獨 篤廢疾 官爲賑恤母令失所孝子 順孫 義夫 節婦 依例 旌表以美風化	褒賞, 孝行 獎勵
恭愍王 20年 12月 己亥 (1371)	효행자 褒賞	義夫 節婦 孝子 順孫 風俗所係 並行旌表	褒賞, 孝行 獎勵

　위의 표와 같이 고려의 경로행사는 국왕의 親饗・賜衣・賜穀・賜食・賜酒・親訪問・慰撫・加資・褒賞 등에 걸쳐 행해졌다. 국가의 연장한 원로에서부터 庶老와 投化外國人에 이르기까지 다양하게 거국적인 경로시혜 조처가 따랐다. 성종 10년에는 노인정책을 수립하기 위하여 京內의 80세 이상 되는 일반 서민의 名籍을 작성하여 노인을 위무하고 경로정책을 시행하는 데 착오가 없도록 하고 있다.59)

　경로정책은 삼국정립기나 통일신라기, 고려시대를 물론하고 그 제도나 법률에 대한 사료가 소략하거나 아예 전하지 않는다. 다만 왕조가 교체되거나 신왕이 등극할 때, 또는 국가의 宮內의 경사가 있을 때, 군왕이 순행할 때 마련한 設宴이나 경로 행사에 관한 지극히 단편적이고 생략된 사료가 전해지고 있다. 그 내용 역시 "上曰", "敎旨云", "詔"로 표기되고 있는데, 이는 당시가 전제군주제 시기로서 군왕의 한 마디가

---

59)『高麗史』卷3, 世家 成宗 10年 7月 乙酉, "在京城庶民年八十以上者 所司具
　　錄姓名申聞."

법률보다 선행되었던 시대적 배경에서 먼저 이해되어야 할 것이다.

　한국사에서 보이는 敬老를 위시한 賑恤·救貧 정책은 앞에서도 지적한 바와 같이 서구 중세의 진휼처럼 종교신앙이나 충성을 강요하는 것과는 그 형태를 판이하게 달리한다. 경로정책의 경우, 자선이라는 순수한 부조정신 하에 無依無托한 노인을 恤養하고 의료혜택 및 보호, 우대를 제공하는 것은 天遺의 대행자인 군왕이 수행해야 할 지당한 의무로 생각되었다. 따라서 국왕은 노인봉양을 위하여 중앙의 관리를 파견하고, 자존이 불가능한 年老者에게는 관곡과 보호를 부여하고 壯丁을 배속시켜 주었다. 예컨대 忠肅王 때는 90세 이상 노인에게 국가가 양식을 지급해 주고 70세 이상자에게는 생활의 불편을 덜어주도록 관에서 壯丁 한 명을 배치하는 조치를 취하였다.[60] 특별히 경로를 위하여 장정을 배치하는 이러한 제도를 侍丁法이라고 하는데, 顯宗代의 규정에 따르면 다음과 같다.

　① 80세 이상자 侍丁 2인
　② 90세 이상자 侍丁 2인
　③ 100세 이상자 侍丁 1인[61]

　문종 35년에는 70세 이상자에게도 侍丁을 1명 배치하였다. 그 밖에 현종 11년 3월에는 蔡忠順의 건의를 받아들여 80세 이상의 부모를 가진 자의 군역을 면제해 주었다. 부모가 병환중일 때 관리로 있는 자식은 5년에 200일 간의 특별휴가를 주었다. 靖宗 11년에는 관리로서 부모를 봉양하는 자가 집에서 만약 300리 떨어져 있으면 3년에 1회에 한하

---

60) 『高麗史』卷80, 食貨志3 賑恤, "年九十以上 官給資糧 七十以上 給侍丁一人 復其身."
61) 『高麗史節要』卷3, 顯宗 15年 5月.

여 30일의 휴가를, 부모가 없는 자는 성묘를 위하여 5년에 15일 간의 특별휴가를 주었다.[62) 仁宗代에는 부모상을 당하면 100일 간의 휴가를 주고, 長子의 경우에는 부모가 병환중일 때 기간은 확실치 않지만 侍湯을 위한 휴가를 허락하였다.[63)

또 하나의 대표적인 경로정책으로 致仕策이 있다. 이는 관원 가운데 70세가 넘는 老臣을 정치의 자문역으로 국사에 참여케 하는 제도로서, 통상적으로 현임 때보다 陞品시키고 현직의 補任者가 받는 녹봉의 절반 정도를 지급하는 제도였다.[64) 『高麗史』에 보면 "人臣年七十致仕者 給半錄 所以養國老也"[65)라 하여 이 致仕者를 國老로 표기하고 있다. 致仕制, 즉 國老制가 언제 출발한 제도인지는 명확하지 않으나, 그 주요 역할은 다음과 같았다.

① 國政의 주요 사항의 議決에 참여하여 諮問[66)
② 관찬사업 참여
③ 官吏 천거[67)

致仕者의 역할이 서양에서 보이는 원로회의나 오늘날 각국이 시행하고 있는 국정자문회의와 유사함을 알 수 있다. 치사에 관해서는 『增補文獻備考』에 고려 현종대부터 기술이 나오고 있다.[68)

시기별로 치사자의 수에는 큰 차이가 보이는데, 예컨대 忠烈王代는

---

62) 『高麗史節要』 卷3, 文宗 35年 3月.
63) 『高麗史』 卷84, 刑法1 官吏給暇.
64) 『高麗史』 卷84, 刑法1 官吏給暇.
65) 『高麗史』 卷80, 食貨志3 祿俸.
66) 『高麗史』 卷34, 世家 忠宣王 5年 祿俸.
67) 『高麗史』 卷36, 忠惠王 5年 1月 戊辰.
68) 『增補文獻備考』 卷228, 職官考15 致仕.

57명이나 되지만, 忠定·忠穆王代는 단 1명밖에 없다. 이들 치사자에 대해서는 국왕이 궁중으로 초청하여 직접 향연을 베풀거나 衣·帛을 하사하는 등 극진히 우대하고 있다. 국왕이 직접 베푼 향연은 『高麗史』 기록을 중심으로 하여 통계를 산출해 보면, 靖宗代 1회, 文宗代 1회, 宣宗代 1회, 憲宗代 1회, 肅宗代 2회, 睿宗代 3회, 熙宗代 1회, 高宗代 1회로 총 11회에 달한다. 이 치사제는 노신의 경험을 국정에 반영함으로써 고려 국왕들이 정치적 시행착오를 예방하고 동시에 국왕이 친히 경로사상의 모범을 보이기 위한 일환으로 시행된 것으로, 국민의 경로교육에 지대한 영향을 미쳤다.

이들 치사자에게는 대부분 几杖이 下賜되었는데, 궤장제도는 중국에서 도입된 것이다. 사료상 확인되는 최초의 궤장 사례는 통일신라 文武王 4년(664)에 보인다. 즉 김유신이 年滿하여 관직을 쉬려 하니 허락하지 않고 几杖을 하사했다는 것이다.[69] 궤장을 하사하는 이 같은 제도는 聖德王·憲德王代에도 나오고 있어 관례화되었던 것이 아닌가 추정된다. 신라나 고려에서는 관리의 정년이 70세였다. 『增補文獻備考』에 "國制大臣年七十致仕"[70]라는 기사로 미루어 고려시대에는 70세에 정년을 하고 궤장을 하사받은 듯하다. 하지만 70세 이전이라 해도 국가에 공훈이 있거나 특병이 있는 대신은 궤장을 하사받기도 했다.[71]

그런데 이 궤장은 정년한 신하 모두가 하사받을 수 있는 것이 아니었다. 실제로 고려의 전 기간을 통하여 궤장을 하사받은 관리는 顯宗代에 시중을 지낸 韋壽餘를 비롯한 16명 정도에 불과하여 그만큼 희귀성과

---

69) 『增補文獻備考』卷82, 禮考29 禮臣, "新羅文武王四年 金庾信請老不許賜 几杖賜几始此."
70) 『增補文獻備考』卷82, 禮考29 禮臣.
71) 『增補文獻備考』卷82, 禮考29 禮臣, "憲貞病不能行 年未七十 亦賜金飾紫檀杖."

높은 가치를 갖고 있었다. 따라서 국왕으로부터 杖을 하사받는다는 것은 당사자는 물론이고 가문과 자손 모두에게 큰 광영이었다. 하사되는 궤장의 종류에는 珊瑚杖과 象牙杖 및 金飾柴壇이 있고, 2품 이상으로서 과거에 합격하여 仕路에 진출한 자만이 궤장을 받을 수 있었다. 이러한 장을 소지한 국가의 원로대신은 5일에 한 번씩 궁중에 입궐하여 중대한 국사를 논의하는 현직관리와 함께 좌정하여 자문하고 결정할 권한을 가지고 있었다. 이러한 致仕制와 几杖制는 국가경영에 경험이 많은 국가원로의 지혜를 통치에 참고할 뿐만 아니라, 원로를 국민의 구심적인 역할을 하는 존재로 활용한 最善의 노인복지정책이라고 할 수 있을 것이다.72)

---

72) 李玟洙,「朝鮮王朝 前期의 老人福祉政策」,『素軒南都泳敎授 古稀紀念歷史學論叢』, 民族文化社, 1993, 293~294쪽.

제2장 朝鮮前期 救恤制度와 救荒政策

조선시대는 성리학을 국가 통치의 근본이념으로 삼아 왕도적 민본주의에 입각한 國民福祉政策을 실시하였다. 위정자들은 일반 백성의 救恤과 救荒政策의 필요성을 절감하고 餓死者의 수를 줄이고 각종 질병으로부터 민을 보호하는 정책을 꾸준히 시행해 왔다. 이러한 국가시책은 救濟, 救難, 輕減, 賑恤, 救療, 賑給 등의 형태로 나타났다.

조선은 농업을 기본으로 하는 사회로 무엇보다도 旱害·水害·風害·蟲害 및 천재지변과 같은 재난을 가장 두려워하였고, 자연재해 후 수반되는 유행성 질환에 대한 대책 마련에 고심하였다. 이러한 정책을 국가적 차원에서 구체화시킨 것은 세종대에 들어와서부터로, 왕도정치의 구현과 민생안정, 민심수습을 위한 국민복지정책을 최우선적으로 수립함으로써 국리민복의 기틀을 확고히 하였다.

조선 전기의 救恤政策과 救荒政策의 근본 원인은 자연재해에 있었다. 특히 天災地變으로 인한 자연재해는 대단위로 유망 농민을 만들어 냈으며, 국가는 이들의 유망을 막기 위하여 禁酒令을 내려 節糧政策을 쓰는 등 각종 제도적인 조치를 통하여 난민 구제에 나섰다. 그 대표적인 것이 社倉·義倉·常平倉을 통한 구제다.

세종대의 진휼정책은 크게 節糧政策과 救荒政策으로 양분할 수 있다. 세종은 조선왕조의 총 27왕 가운데 비교적 장기집권한 군주라는 이유 때문이기도 하겠지만 그의 재위기간 동안 유난히도 자연재해가 많왔다.1) 이 때문에 일반 서민의 생활은 안정을 찾지 못하고 유리걸식하게 되었으며, 국가의 조세 수납에도 큰 타격을 주었다.

조선시대에는 새로운 왕이 등극하면 전국에 敬差官·賑恤使·御史·行臺 등을 파견하여 지방의 守令·監考·色吏들의 주민에 대한 진휼사업을 상세히 파악하도록 하였다. 특히 세종대에는 흉년시 節糧을 위하여 적극적으로 진휼정책을 추진함은 물론, 天災를 당한 일반 민을 위하여 노동력을 증가시키는 한편, 재해복구를 위하여 군인에게는 휴가를 주고 학생에게는 방학을 실시하여 이재민을 돕게 하였다.

그러나 조선 전기에는 흉년이 닥쳤을 경우 국가가 보유한 비축미만 갖고는 구호를 위한 절대량이 부족하였기 때문에 실제로는 진휼사업에 크게 한계성을 느끼지 않을 수 없었다. 이에 대한 궁여지책으로 나온 것이 산야에서 자생하는 식물 가운데 식용 가능한 잎·열매·뿌리·껍질·줄기 등을 찾아 식용으로 보충하도록 하는 것이었다. 이는 세종대에 상당히 체계적으로 이루어졌는데, 진휼사업을 위한 세밀한 기반 확립이 이루어졌다는 점에서 높이 평가되어야 할 것이다.

기존의 연구 현황을 보면, 조선 전기의 구휼·구황 정책에 대해서는 대체로 간과되어 왔다. 대부분 救貧·賑恤 등 단편적인 국가정책이나 한 시대의 君王의 善政과 관련한 연구로 그치고2) 인구증가 등 자연적

---

1) 水災 5회, 旱災 5회, 蝗災 1회, 癘疾 1회 등 총 12회에 걸쳐 각종 재해가 발생하였다.

2) 우리 나라 醫療·賑恤·福祉政策과 관련된 논문은 다음과 같다. 金斗鍾,「近世朝鮮의 醫女制度에 關한 研究」,『亞細亞女性研究』1, 1962 ; 金斗鍾,「近世朝鮮의 醫療制度의 變革과 醫療保護事業의 追憶」,『鄕土서울』8, 1960 ; 金斗鍾,「漢城府 創設期에 設置된 醫療制度와 그 任務」,『鄕土서울』4, 1958 ; 金鎭鳳,「朝鮮世宗朝의 賑恤政策에 관한 研究」(1·2),『忠北大學校論文集(人文·社會科學篇)』17·19, 1979·1980 ; 孫弘烈,『韓國中世의 醫療制度研究』, 修書院, 1988 ; 孫弘烈,「麗末鮮初 醫書의 編纂과 刊行」,『한국과학사학회지』11-1, 1989 ; 柳永博,「世宗과 社會政策-救荒과 Socialpolitik의 接

인 문제,[3) 세종대의 대민의식과 관련한 문제,[4) 耆老政策[5) 등에서만 단편적으로 다루어졌을 뿐이다.

본 장에서는 조선 전기 세종대를 중심으로 구휼제도의 제도적 장치인 사창·의창·상평창 등과 구황정책을 살펴보고자 한다. 이를 통해 조선 전기 세종대에 자연재해 등으로 피해를 입은 민들의 구제에 국가가 얼마나 노력을 기울였으며 그 영향은 어떠하였는지를 살펴보고자 한다.

近可能性 檢討」,『震檀學報』29·30, 1966 ; 李建衡, 「朝鮮王朝의 醫療機構와 그 政策」,『大邱教育大學論文集』9, 1975 ; 李玟洙, 「社會保障制度에 對한 歷史的 一考察」,『韓社大 社會福祉研究』7, 1978 ; 李玟洙, 「世宗의 福祉政策에 關한 研究(1) - 賑恤問題를 中心으로 - 」,『大丘史學』26, 1984 ; 李玟洙, 「世宗朝 國防政策과 國民福祉」,『歷史教育論集』13·14, 1990 ; 李玟洙, 「醫療福祉史 研究」,『芝邨金甲周教授華甲紀念史學論叢』, 1994 ; 李玟洙, 「朝鮮王朝前期의 老人福祉政策」,『素軒南都泳博士古稀年紀念 歷史學論叢』, 1993 ; 李玟洙, 「韓國 福祉史의 序說的 研究(1)」,『九谷 黃鍾東教授 停年紀念 史學論叢』, 1993 ; 林基形, 「朝鮮前期 救恤制度 研究」,『歷史學研究』3, 전남대, 1967 ; 朝鮮總督府,『朝鮮의 社會事業』, 1933 ; 河相洛, 「우리나라 救貧事業의 變遷과 그 社會的 背景 - 朝鮮時代를 中心으로 - 」,『文教部研究報告』, 1970 ; 卞廷煥,『朝鮮時代의 疾病에 관련된 疾病觀과 救療施策에 관한 연구』, 서울대학교 박사학위논문, 1988.

3) 鄭德基, 「朝鮮王朝時代 戶口變遷의 社會經濟的 研究」,『湖西史學』2, 1973 ; 李泰鎭, 「14~16世紀 韓國의 人口增加와 新儒學의 영향」,『震檀學報』76, 1993 ; 오종록, 「15세기 자연재해의 특성과 대책」,『역사와 현실』5, 1991.

4) 崔承熙, 「世宗朝 政治支配層의 對民意識과 對民政策」,『震檀學報』76, 1993.

5) 朴尙煥,『朝鮮時代 耆老政策研究』, 단국대학교 박사학위논문, 1986.

제1절 救恤制度

1. 救恤機關

1) 社倉

사창은 흉년에 대비하여 식량을 평상시에 비축해 두는 제도로서, 행정기구의 말단이라고 할 里의 구성원[民]에 의해 자위적으로 형성된 구제기관이라는 점에서 여타 諸救濟倉과 구분된다. 사창은 南宋의 朱憙가 隋의 長孫晟이 창안한 義倉制度를 모방하여 崇安縣에서 실시한 것이 처음이다. 그 내용은 里民이 凶荒에 대비하기 위하여 상호 협조하여 양곡을 비축하는 것으로, 面戶를 1社로 하여 1倉을 두는 방법을 취하였다. 社에는 社長·檢校라는 任員이 있어 社를 관리하고, 그 原資産은 里民이 자의적으로 출자하여 운영하였다.[6] 따라서 사창은 도시보다는 촌락을 기반으로 했던 데 특징이 있었다. 그러나 점차 賑濟穀의 관리를 둘러싸고 官의 간섭을 받아야 했는데, 이는 사창의 운영에 필요한 자원이 점차 半官半民化되었기 때문이다.

우리 나라에서 사창이 처음 모습을 보인 것은 세종대로 추정되고 있다. 세종 10년 정월 호조가 사창의 설치 가부를 논의하면서 의정부·육조가 사창 설치에 대한 논의를 본격화하였다.[7] 그 뒤 忠淸監司 鄭麟趾가 救荒策을 논하면서 사창의 설치·운영을 주장하였는데,[8] 거기에는 사창 설치의 중요성에 대한 조야의 광범위한 인정이 전제되어 있다. 이러한 논의를 통해 사창과 상평창을 개설하여 의창과 병존시킴으로써

---

6) 李泰鎭, 「士林派의 留鄕所復位運動」, 『震檀學報』 34·35, 1972·1973, 27~29쪽.

7) 『世宗實錄』 卷39, 世宗 10年 正月 甲辰, "戶曹因陳言 議置社倉便否于政府 六曹 互有可否 竟不置"라 하여 이 때는 실시를 보지 못하였다.

8) 『世宗實錄』 卷94, 世宗 18年 7月 甲寅.

의창제도가 안고 있는 단점까지 개선·보완될 수 있다고 보았다. 사창
의 필요성은 공조참판 李蕆의 주장에서도 찾을 수 있다. 그는 의창의
원만한 운영을 위해서도 사창의 설치가 반드시 필요하다고 하였다.9)

　이러한 주장들은 결실을 보아 마침내 의정부가 사창법을 만들어 올
리기에 이른다.10) 그러나 의정부가 올린 사창법 조문의 검토를 명령받
은 집현전 학자들은 논의 끝에 가뭄 등을 이유로 들어 유보하였다.11)
그러나 사창의 설치에 관한 주장은 계속되어 마침내 다음 해인 동왕 27
년 왕은 直提學 李季甸에게 그 창립에 대한 의견을 구했다. 李季甸은
'사창은 良法'이라는 전제 하에 各官의 四面에 따라 설치할 것, 의창의
곡식으로 그 자본을 삼을 것, 사창 곡식의 出納權은 수령이 갖고 胥吏
에게 위임하지 말 것 등 사창의 설치 및 운영에 필요한 골간을 제시하
였다.12) 다음은 그 「施行事目」이다.

① 倉庫를 짓는 材木과 功役은 해당 面에 살고 있는 각 호에 알맞게
　　배정할 것.
② 재목은 廢寺와 새로 짓는 寺社가 있으면 이것을 헐어 쓰게 할 것.
③ 四面과 官府와의 거리가 1息(30里) 이내일 때는 각 面에 설치할

---

9)『世宗實錄』卷101, 世宗 21年 11月 庚戌, "工曹參判李蕆上書曰 臣切惟充盈
　　義倉之儲 莫若先立倉于鄕舍 每歲秋成 勸課當社之人 出栗收儲 以備荒歉
　　庶便於民 積以歲年 則不復 借貸國庫之粮餉矣 古今救荒之政非一 成周遠
　　矣."
10)『世宗實錄』卷105, 世宗 26年 7月 己未, "議政府 條上社倉法 令集賢殿 雜議
　　之."
11)『世宗實錄』卷105, 世宗 26年 7月 辛酉, "集賢殿僉 議政府所進社倉之法 皆
　　曰不可行也 …… 今年旱乾太甚 而畜積不敷 務不知所爲也."
12)『世宗實錄』卷109, 世宗 27年 7月 乙未, "世子召見集賢殿直提學李季甸宣上
　　旨 …… 社倉之制 先賢已行良法也 依古制 各官四面 度其遠近 民居稠密之
　　處 創置社倉 量出義倉之穀以爲本 斂散之權 守令主之 毋得委任胥吏 云云."

것 없이 義倉 옆에 따로 社倉을 둘 것.

④ 거리가 먼 곳은 다른 예에 따라 創置할 것.

⑤ 宋 眞宗 景德年間에 沿邊州郡에 常平倉을 두지 않은 예를 모방하여 沿邊各官의 社倉을 義倉 옆에 둘 것.

⑥ 社倉의 看守는 해당 면에 사는 청렴·강직한 品官으로 따로 임명할 것.

⑦ 부근의 富貴한 집으로 倉直을 삼을 것.

⑧ 당해 面의 各戶로 輪次로 宿直하도록 할 것.

⑨ 위 ⑦·⑧항의 戶는 雜役을 모두 감면해 줄 것.

⑩ 社倉穀을 내줄 때는 日字와 期限을 정해서 面 人戶에 고시할 것.

⑪ 각각 날짜 기한에 의하여 狀을 갖추어 10명마다 1保를 결성해서 서로 保를 써 주도록 할 것.

⑫ 交納할 때에는 역시 날짜·기한을 정해서 같은 保가 함께 1狀을 만들어 交納하되 부족할 경우 交納을 못하게 할 것.

⑬ 保 안에 도망자가 생기면 공동으로 채워서 납부토록 할 것.

⑭ 每 10斗의 利息은 2斗로 받되 혹 작은 凶年을 만나면 곧 그 이식의 半을 감해 주고 큰 凶年일 경우는 전부 감면해서 약속한 것을 바치지 않게 할 것.

⑮ 明年에는 이자를 2斗로 해서 凶年의 年月이 길더라도 一本一利에 지나지 않도록 할 것.

⑯ 가난하지 않은 자는 請貨하지 못하게 할 것.

⑰ 두 번 연기한 人戶는 다시 빌려주지 말 것.

⑱ 새로 세우는 法은 점차로 실시할 것.

⑲ 우선 豊年이 든 곳부터 創置하고 농사가 부실한 곳은 豊年을 기다려서 할 것.

⑳ 守令이 교대될 때 收納의 책임을 다하지 못한 경우는 義倉의 예에 의할 것.

㉑ 出納會計는 義倉의 예에 의해 실시하되 거둔 것이 元數의 10배가 되면 元數를 의창에 바칠 것.

세목의 내용이 대단히 구체적임을 알 수 있다. 우선 인구밀도에 따라 倉舍를 짓고 그 자본은 의창곡으로 하며 운영은 그 지방의 최고 책임자인 수령이 맡게 하자고 하고 있다. 이는 그 책임이 갖는 중요성에 따른 것으로, 이 세목은 宋의 예에 따라 의창보다 더 세분하여 설정한 것이다. 이들 내용의 주요 부분을 정리하면 다음과 같다. ① 그 고장의 청렴한 선비를 관리자로 삼을 것 ② 倉直은 富戶로 할 것 ③ 輪次宿直은 各戶가 담당할 것 ④ 貸出收納日字는 期限을 告示할 것 ⑤ 保·狀組織 ⑥ 利子를 제시할 것 ⑦ 請貸에서 富戶는 제외할 것 ⑧ 豊年에 創置할 것 등으로, 백성의 구황에 대비하기 위해 점차적인 시행을 염두에 두고 있었다. 사창제 실시는 이로부터 3년 후인 동왕 30년에 와서 이루어진다.[13] 먼저 사창제의 실시를 위해 당시 知咸陽郡事였던 李甫欽을 知大丘郡事로 이임시켜 실행상의 유익한 점과 불편한 점을 실험해 보도록 하였다. 그는 知大丘郡事로 부임한 직후 郡內 13개 소에 사창을 설립 운영하였고, 그 결과보고를 토대로 집현전에서 구체적인 공과가 논의되었다.[14] 사창의 시험운영 결과는 문종 2년 이보흠의 輪對에서 잘 나타나고 있다.

무진년(세종 30)에서 신미년(문종 원년)까지 곡식을 나누어 주고 거두어들여 이식을 징수한 것이 합계 2,700여 석이나 되는데, 모두 이미 징수해서 창고에 넣고 봉해 두었습니다. 대구는 居室의 農莊이 많아

---

13) 『世宗實錄』 卷120, 世宗 30年 5月 己亥, "議政府 條上社倉法 令集賢殿 雜議之 論知大丘郡事李甫欽 爾所啓社倉事 宜下政府議之 僉曰難行 又下集賢殿議之 或以爲姑試之 或以爲不可行 衆論如是 其不同 故其社長賞職節次 不可據以爲定 然社倉之法 朱文公固已行之 且爾方銳意爲之 便欲姑試一邑 以觀民之好惡爾其試之 其布置之方略 務要徐緩 勿致煩擾 同封集賢殿議 幷考之."

14) 『世宗實錄』 卷119, 世宗 30年 1月 壬子.

서 가난한 백성이 貸借를 받아 나가서 먹게 되니, 이 때문에 살 곳을 잃은 사람이 있기도 했습니다. 境內 13개 소에 사창을 세웠으니, 1倉의 저축한 本穀과 利息을 합하면 400여 석은 될 것입니다. 또 의창은 제때에 맞추어 나누어 주게 되니, 그런 까닭으로 경내의 백성으로 長利를 받는 사람이 옛날에 비하면 대개 적은 편입니다. 만약 5~6년의 나누어 주고 거두어들인 것을 기다린다면, 1倉의 저축은 천여 석에 이르게 될 것입니다. 13개 소가 각기 천여 석씩 빈궁한 백성에게 賑貸한다면 豪富가 침범 수탈하는 폐단은 금하지 않아도 저절로 없어질 것입니다. 다만 신이 염려하는 것은 국가에서 생각하기를, 이식을 취하여 이익이 있으면 10년 후에도 능히 중지하지 못하고 이식을 취함이 한이 없을까 하는 그것입니다.15)

부농이 많은 대구지방에서 사창을 시험해 본 결과 5~6년 만에 斂散 收息이 무려 2,700여 석에 달하고 13개 사창에서 每倉의 本息을 합하여 4,000여 석의 증자를 가져올 만큼 큰 성공을 거두었다. 사창이 이만한 사회적 효과를 거둘 수 있었던 것은 농촌 백성들에게는 사창이 다른 倉 보다 이용하기 훨씬 편리했기 때문이다.

문종이 등극하자 세종의 측근이었던 吏曹判書 權孟孫16)과 中樞院使 李澄石17) 등이 사창제도의 필요성을 강력히 주장하였다. 이에 정부가 경상도 各官에 그 시행 여부를 물어본 결과 찬성자가 12官, 반대자가 54官이었다.18) 이러한 결과는 운영상 의창과 마찰을 빚은 데서 온 것

---

15) 『文宗實錄』 卷12, 文宗 2年 3月 庚戌, "自戊辰至辛未 斂散收息共二千七百餘石 皆已收斂封庫 大丘多巨室農莊 貧民受貸出食 因失其所者有之 境內十三處立社倉 一倉所儲 本息幷可四百餘石 又義倉以時分給 故境內之民 受長利者 視昔年 則盖少如待五六年斂散 則一倉所儲 可至千餘石 十三所各千餘石 賑貸窮民 豪富侵漁之弊 不禁而自絶矣 但臣恐國家以爲取息有利 十年之後 不能便止 而取息之無窮也."

16) 『文宗實錄』 卷4, 文宗 卽位年 10月 戊寅.

17) 『文宗實錄』 卷4, 文宗 卽位年 10月 庚辰.

같다. 하지만 후일의 자료에 따르면, 朝議는 우선 희망 관청부터 시행을 결정한 것으로 보인다. 동왕 원년(1450) 11월 병조에 명하여 사창제도의 운영에 관한 대원칙을 아래와 같이 정해서 반포하기에 이르렀다.19)

　① 慶尙道 各官에 社倉을 설치할 것.
　② 매 사창은 義倉穀 200석을 分給받을 것.
　③ 매년 1石에 3斗를 가산하여 받되, 만약 凶年일 때에는 이자를 받지
　　　말 것.
　④ 社에 長을 두어서 그 일을 주관할 것.
　⑤ 1社에 200석을 받아서 利殖이 550석에 이르면 이전의 200석은 의
　　　창에 환수시킬 것.
　⑥ 社長은 9品 散官으로 제수하고 매 500석이 되면 資品을 올려 주어
　　　褒賞之典으로 할 것.
　⑦ 社長의 勤慢은 그 官守로 하여금 고찰해서 매 當年 그 실적을 監
　　　司에게 보고하도록 하고 敍用할 때에는 실적을 고찰해서 능히 利
　　　殖하는 데 폐가 없었던 자를 褒賞할 것. 비록 利殖을 많이 했더라
　　　도 私情이 있고 斂散이 不均해서 害가 里民에게 미치게 한 사람은
　　　科罪하고 賞職도 주지 말 것.
　⑧ 賞職의 일은 兵曹에서 관장할 것.

　이 사창의 법을 자세히 살피고 道에 시험한 것을 가려 영원히 제도로 정한다.

　이상과 같이 먼저 그 도의 감사가 실시 여부를 보고한 다음에 실시하라고 하였지만, 사창의 실시는 성공적이었던 것으로 보인다. 사창의 자원은 里民의 출자도 없지 않았으나 義倉穀으로 하고, 500석을 단위로

---

18) 『文宗實錄』 卷8, 文宗 元年 6月 戊辰.
19) 『文宗實錄』 卷10, 文宗 元年 11月 己未.

해서 還上하였다. 利殖은 3푼을 원칙으로 하였으나 경우에 따라서는 2푼이 되기도 하였다.[20] 더구나 社의 長은 9品官으로서 능력 여하에 따라 승급의 계기가 주어지기도 하였다. 사창은 많은 백성들로부터 호응을 얻어 대구 이외의 지역, 즉 釜山·居昌·慶山·河陽·仁同·新寧 등 경상도의 곡창지역으로도 확산되어 나갔다.

사창제도는 향촌의 실정에 맞게 춘궁기에 양곡을 대출하고 추수기에 대여양곡을 수납하여 운영의 묘를 찾으려 하였다. 사창의 대여양곡은 빈민들에게 유리한 면도 있었으나, 여기에 관이 관여하게 되면서 정부가 보유한 의창곡을 대여받아 利穀을 붙여 대출하는 형식을 취하게 되어 폐해가 없지 않았다. 예컨대 대출을 해 주지도 않았으면서 대출한 것처럼 꾸며 原利를 강제로 징수하는가 하면, 사창의 책임자가 각종 명목을 붙여 거짓으로 社民들에게 대출한 것처럼 해 놓고 도주하는 예가 그것이다. 그러나 빈민들에게는 黑倉·義倉·常平倉보다는 이용하기에 편리한 제도였음에 틀림없다.

훗날 李珥는 자신의 고향인 海州의 石潭으로 은퇴한 뒤 그의 일족과 함께 海州鄕約과 함께 이 사창을 설치 운영하여 큰 성과를 올렸다. 이때 실시된 사창은 지방사림의 향촌세력 부식에 큰 역할을 하였으며, 유향소를 중심으로 한 사림들의 경제적 기반이 되었다. 이 사창의 규정은 다음과 같다.[21]

---

20) 『世祖實錄』卷17, 世祖 5年 8月 己未, "傳旨戶曹曰 曾命諸邑軍資穀 每十斗 取息四斗 自今依社倉法 減二斗."

21) 李珥, 『栗谷全集』卷16, 雜著3, "1. 社倉穀 副約長有司 掌其出納 每年分給 以周貧乏 收時取息 每一斗加二升 公其取與 明其件記 毋使有後議 有司春 散秋收後乃遞. 2. 社倉之穀 非同契人 則不德受倉 若有功親及奴僕 未參契 而有求良者 則契員自以其名受糴 秋後自督以納 未納則契員自備以納. 3. 食 穀未殖前 則收息每一斗加三升 若豊年 則同契之人納穀(組栗豆太隨所有) 十斗(下人則五斗) 以補倉 倉穀既足則否. 4. 社倉分給 自正月十一日 爲始每

① 사창곡은 부약장이 유사가 되어 출납을 맡으며 가난한 사람에게 매년 골고루 나누어 준다. 이자를 받을 때는 1말에 2되를 받고 그 것을 기록하여 두며 서로 상의하여 춘곡과 추곡이 나온 후 거두어 들인다.

② 같이 출자하지 않은 사람이 사창곡의 혜택을 받으려면 계원의 이름을 빌어서 할 수 있으며, 추수 후 신속히 납부하되 만약 납부하지 못할 때는 계원이 납부하여야 한다.

③ 곡식을 파종하기 전에 사창곡을 취식하려면 1말에 3되씩 이자를 주어야 하고 개인이 사창곡의 곡식을 늘리기 위해서는 10말씩 비축한다.

④ 사창곡은 정월 11일부터 매월 1·11·21일에 나누어 주고 창고에 곡식이 없을 때까지 나누어 준다. 이 때 부약장·유사는 마땅히 창고에 와서 나누어 주고 받아들이는 일을 해야 하며, 받아들이는 것은 9월부터 11월까지 1·11·21일에 한다.

⑤ 곡식을 빌려갈 때는 10집에서 한 사람이 통주가 되어 이를 맡아 재촉하고 태만한 자를 논죄하며 통 내의 모든 곡식을 재촉하여 납부할 수 있도록 책임을 진다.

⑥ 11월이 지나도 납부하지 않는 자는 상·중·하에 따라 벌을 주고

月初一日十一日二十一日分給 以穀盡爲限 是日副約長有司 當往社倉之所 契中入求糴者 當以是日往受 若受納 則自九月爲始 終于十一月 亦以初一日 十一日二十一日收納. 5. 收糴時 十家內 定一人爲統主 使掌催促 不勸者論 罪 若統主自己之家 及統內五家畢納 則改差統主 以未納人定統主 代其催促 之任. 6. 若過十一月 而未納者 則論以上罰 其統主論以中罰 若過十二月不 納則黜契而其統主論以上罰若所納之穀不實 則隨其輕重論罰 改備(過限未 收者 隨其多少斟酌論罪). 7. 隨後願入契中者 則納社倉穀二石 不人則十斗. 8. 契中人有赴外任者 則監司送木五疋 守令送木三疋 用作紙所納勿以國穀 資送以助社倉之穀(未滿交朔而遞者 則否). 9. 社倉分給時 前期一日 伍長預 知五家所欲受出之數 及用于某處之事 翌日早早 詣于副約長有司會處告稟 副約長有司商議斟酌 定其多少之數分給(副約長 若有不得已之故 則只有司 亦可出納). 10. 社倉分給之穀 不可徵以私債 違者論以犯約."

　　빌려간 곡식이 많고 적음에 따라 벌을 준다.

⑦ 사창에 가입하고자 하는 자는 2석을 납부하고, 그렇지 않는 자는
　10말을 내야 한다.

⑧ 사창에 가입한 자는 감사가 갈 때 광목 5필, 수령이 갈 때 광목 3필
　을 사창에 준다. 6개월을 채우지 않고 가는 자에게는 주지 않는다.

⑨ 사창에 곡식을 나누어 줄 때는 오장이 다섯 집마다 필요한 양과 쓰
　임새를 파악하여 다음 날 아침 부약장에게 알리고 이를 유사회의
　에 품의하면 부약장이 유사와 상의한 후 지출한다.

⑩ 사창에서 나누어 주는 곡식은 채무로 징수할 수 없으며 위반자는
　犯法으로 논한다.

　이는 전기의 사창법과 많은 차이가 있으며, 그간 많은 부분이 진전되었음을 알 수 있다. 즉 ① 사창곡을 관장하는 부약장·유사의 임명 ② 1斗에 2升의 이자 ③ 同契人을 중심으로 한 自納制 ④ 春貸秋納을 매월 3회에 걸쳐 分給 ⑤ 統主를 통한 연대책임제 등이 그것이다.

　이처럼 사창제도는 동계인과 제 상황에 대한 세칙이 마련되는 등 상당한 진척이 있었다. 조선 중엽인 16세기 말～17세기 중반에는 왜란·호란과 같은 대전란으로 운영이 중단되기도 하였으나 肅宗年間에 李端夏의 주장을 계기로 다시 실시되게 되었다.[22] 社倉之法은 相扶相助와 患難救恤의 정신을 살려 凶荒에 허덕이는 수많은 백성을 賑濟하는 역할을 담당한 것으로, 연대책임방식을 채택한 진휼정책이었다고 할 것이다.

2) 義倉

　義倉은 빈곤한 일반 서민 가운데서도 생산에 종사할 수 없는 무능자를 구호하기 위해 국가에서 무상으로 官穀을 지급하거나 대여해 준 진

---

22) 『肅宗實錄』卷15, 肅宗 10年 3月 己卯.

휼제도의 하나다. 의창제도의 실시 유래를 살펴보면, 중국 隋 文帝 5년 (585)에 처음 시작되어 唐(618~907)에 이르러 전국적으로 실시되었다. 우리 나라에서는 고구려 故國川王 16년(194)에 宰相 乙巴素의 제안에 따라 처음 실시되었다.23) 조선이 건국되자 일부 학자들이 의창제도의 실시를 주장하였다. 그 대표적인 것이 태조 원년 都評議使司 裵克廉과 趙浚 등이 주청한 22개조 안에 든 의창법의 실시 주장이다.24) 사실 의창제도는 고려시대에도 활발히 시행되었던 것이고, 조선 전기에는 그 기구가 확대 조직되었다고 할 수 있다.

의창의 原資穀은 政府穀25) 혹은 軍資穀26)으로 갖추고 그 근본은 백성들의 조세였던 듯하다. 그러한 사정은 조선이 국초의 제반 문제를 어느 정도 정리한 태종대에 의정부가 啓를 올리면서 "各官義倉軍資之穀 並皆收納"27)이라고 한 데서 알 수 있다. 이렇게 갖추어진 의창곡의 半은 의창에 留置하고, 나머지 반은 매년 대여하는 것을 원칙으로 하였다.28)

의창제도의 수혜자는 가난한 농민이나 失農한 船軍,29) 평안·황해·강원도로 이주한 자30) 등이었다. 원칙적으로 新·舊穀의 순환과 아울러 殖利化를 꾀했지만, 飢荒일 때는 무상으로 배급하는 경우도 있었다.

---

23)『三國史記』卷16, 高句麗本紀 故國川王 16年.
24)『太祖實錄』卷2, 太祖 元年 9月 壬寅, "義倉之設 本爲賑恤窮乏 每當農月 先給窮民糧種 必須斗量 秋成只納本數 其出納之數 每年季月 報三司 其守 令不行斗量 拜給富彊者論罪."
25)『世祖實錄』卷7, 世祖 3年 3月 戊寅.
26)『世宗實錄』卷8, 世宗 3年 7月 乙丑, "戶曹啓 諸道諸邑 義倉米穀數少 每年 救荒之時 用軍資米."
27)『太宗實錄』卷26, 太宗 13年 8月 戊午.
28)『世祖實錄』卷8, 世祖 3年 6月 丙午.
29)『端宗實錄』卷13, 端宗 3年 正月 乙丑.
30)『世祖實錄』卷17, 世祖 5年 7月 戊申.

아울러 賑飢所 · 賑濟場 등을 설치하여 극빈자 · 무의탁자 등을 구호하기도 하였다. 구체적으로 의창이 구호대상으로 삼은 자는 다음과 같았다.

① 도적의 침입 · 방화로 가옥을 燒失한 者.
② 1里가 共知하는 빈곤한 者.
③ 喪葬이나 水火의 被害者.
④ 行幸 때 피해 입은 者.
⑤ 義倉米穀을 관장하는 者의 不正(으로 피해 입은 자).31)

의창제도는 그 실시가 점차 확대되면서 크게 두 가지 기능을 담당하였는데, 하나는 國役의 측면이고 다른 하나는 경제적 측면이다. 전자를 보면, 조선시대에 국역을 담당하는 계층은 庶民(常人)이었기 때문에 이들이 생활고 등으로 流離하게 될 경우 즉각 국가는 큰 타격을 입게 된다. 또한 이 시대는 농업이 경제의 핵심부분을 차지하고 있었기 때문에 국가 통치자의 입장에서 농민[農業勞動者]의 安土重遷은 필수불가결한 정책과제였다. 그러나 흉년이 빈번했던 당시로는 이 문제의 해결이 용이하지 않았고 더욱이 농민층 간에 빈부 차이가 현격해진 것도 큰 문제였다.

태조 7년 各司로부터 들어온 신고 내용을 보면, 부호들이 殖利穀을 환수하기 위해 수단과 방법을 가리지 않았고 이에 따라 일반민들은 빈곤한 생활을 면할 수 없었다. 심한 기근으로 농민들은 種子까지 먹어 부호의 대여곡이 아니면 파종조차 불가능할 정도였다. 사회의 구조적이고 보편적인 빈민문제를 일시에 해결할 수 있는 것은 아니었지만32) 국

---

31) 『高麗史』卷80, 食貨志3 常平 · 義倉.
32) 『太祖實錄』卷15, 太祖 7年 12月 辛未, "都堂採擇各司陳言以申 …… 貧乏之 民 借貸富家之穀 富家每當農月 以其貸民驅聚役使 當者益富 貧者益貧 奸

가로서는 어떻게든 빈민구제를 위한 대책을 강구해야 했다. 태종대에
吏曹判書 朴블이 올린 啓를 보면,

> 水災와 旱災가 없는 해가 없으니, 진휼하는 정사가 흉년에 대비하
> 는 것보다 우선하는 것이 없습니다. 지금 기후가 순조롭지 못하고 비
> 의 혜택이 때를 잃었으나, 100리 안에 비오고 별나는 곳이 다르고 1縣
> 안에 마르고 습한 것이 같지 않아서 비록 旱乾한 해를 만나더라도 반
> 드시 풍등하는 곡식이 있는데, 두려운 것은 농민이 오늘의 주림에 부
> 대껴서 내년의 계교를 미처 생각지 못하고 새 곡식을 모조리 먹어서
> 종자가 끊어지게 되는 것으로, 비록 창름을 털어서 진휼하더라도 구제
> 할 수 없습니다. 엎드려 바라건대, 攸使로 하여금 州縣의 창름의 묵은
> 곡식을 많이 퍼내어 민간에서 먹는 새 곡식과 바꾸었다가 내년에 이
> 르러 나누어 주어 종자를 삼게 하고, 또 안팎으로 하여금 널리 救荒의
> 물자를 비축하게 하여 생민의 목숨을 구제하소서.[33]

라고 하였다. 이에 태종은 "진휼정책이란 사전에 대비하는 것으로서, 국
고를 다 털어 진휼에 임한다 하더라도 빈민을 다 진휼할 수는 없다"고
하면서 그 해결방안의 하나로 "種子用으로 新穀과 舊穀을 바꾸어 주
고, 빈민을 위한 구황책은 자발적으로 강구할 수밖에 없다"고 하였다.
그러면서도 관리는 빈민구호의 임무에 충실해야 할 것임을 강조하였다.
태종조에는 목민의 임무 가운데 救荒을 특히 중요사항으로 간주하였으

吏里長 又無故役使 令貧民廢農 亦令禁止違者論罪 官吏失覺察者罪同."
33) 『太宗實錄』卷30, 太宗 15年 7月 辛丑, "水旱之災 無歲無之 賑恤之政 莫先
   於備荒 今氣侯不順 雨澤失時 然百里之內 雨暘畢處 一縣之內 燥濕不同 雖
   值旱乾之歲 必有登(曾)熟之穀 臣恐農民迫於今日之飢 不暇來歲之計 盡食
   新穀 以絶種子 則雖竭倉廩之賑 不能救也 伏望命攸使 多發州縣倉廪之舊穀
   以易民間所食之新穀 及至來歲 分給爲種 且令中外 廣備救荒之物 以濟生民
   之命 從之."

며, 실제로 수령으로서 다방면으로 진휼하여 飢死者가 생기지 않도록
했을 때에는 加資해 주고 능히 구휼치 못했을 때에는 비록 다른 일을
잘 처리했다 하더라도 罷黜하는 것을 恒式으로 삼았다.34)

義倉의 資源은 米가 主穀이지만, 이 밖에 豆 및 雜穀을 갖추어 民의
구휼뿐 아니라 新種子까지 빌려 주어 이를 농업정책으로까지 연관시켰
다.35) 의창은 의지할 곳 없는 鰥寡孤獨者를 구호하는 역할도 일부 담당
하였다.36) 이와 같이 여러 사업에 쓰인 의창의 原資는 태종 6년 7월 고
려시대부터 널리 시행되어 오던 烟戶米法을 계승하여 의창의 자산으로
비축한 것이었다.37) 烟戶米 收斂은 태종 6년 11월 의정부에서 烟戶米
收斂法을 기준으로 설정하여 집행하였다. 이를 표로 정리하면 <표
2-1>과 같다.

이 표를 살펴보면 20결 이상의 농지를 소유한 자는 인구수에 따라 풍
년일 때에는 烟戶米를 납입하고, 평년작일 때에는 半減, 흉년에는 烟戶
米의 납입을 전면 금지하였다. 그러나 이러한 원칙은 점차 유명무실해
질 수밖에 없었다. 왜냐하면 收斂法은 豊凶을 불문하고 풍년을 기준으
로 하여 동일하게 수납을 강요하여 백성들로부터 큰 원성을 샀기 때문

---

34) 『太宗實錄』卷30, 太宗 15年 7月 乙巳, "吏曹上疏略曰 牧民之任 救荒爲急
　　自今大小守令 每遇歲凶 多方賑恤 民無飢殍者 監司褒爲上等 具其實績 啓
　　開敍用 其未考滿者 加一資 不能救荒 境內人民 一有餓死 雖於他事有所可
　　取 卽行罷黜 永爲恒式."
35) 『世宗實錄』卷31, 世宗 8年 正月 己未.
36) 『世宗實錄』卷2, 世宗 卽位年 11月 己酉, "上 諭中外臣寮曰 惟我父王 ……
　　受領 近民之職 其選尤重 監司一時褒貶 或失其實 各道各官三十年以來 守
　　令政績 從實訪聞 具名以聞 鰥寡孤獨 疲癃殘疾 王政所當哀矜 內而漢城府
　　五部 外而監司守令 詳加審問 還上賑濟 爲先分給(國俗義倉所 貸謂之還上)
　　毋致失所."
37) 『太宗實錄』卷12, 太宗 6年 7月 丁未, "立屯田烟戶米法 …… 以烟戶米 備凶
　　年賑貸者數人 政府以其言爲便 請行之."

<표 2-1> 烟戶米 收斂基準表

戶의 區分	烟戶米의 納入	備　考	
上　戶	10斗	1~2品	現官人
中　戶	6斗	3~4品	
下　戶	4斗	5品	
下下戶	2斗	參外	
庶　人	1斗	庶人	
上　戶	5斗	1~2品	前官人
中　戶	3斗	3~4品	
下　戶	2斗	5品	
下下戶	1斗	參外	
庶　人	5合	庶人	
上　戶	10斗	田 15結, 男・女 15口	外方
中　戶	6斗	田 10結, 男・女 10口	
下　戶	4斗	田 5結, 男・女 5口	
下下戶	2斗	田 1~2結, 男・女 1~2口	

＊『太宗實錄』卷12, 太宗 6年 11月 癸酉을 참고하여 작성.

이다.[38] 더구나 의창은 가난한 백성을 구휼하는 것이 궁극적인 목적이었으나 실무를 담당하는 執吏의 부정이나 富豪者의 농간으로 일을 그르치는 경우가 없지 않았다.[39]

세종 21년 9월에 설치된 의창[40]은 자원의 고갈을 막기 위해 軍資를 전용하는 경우가 빈번하였는데, 飢荒이 아닌데도 불구하고 군자를 지출하는 예가 있어 문책을 당하기도 하였다.[41] 의창의 자원을 충족시키기 위한 대책으로 동왕 22년 議政府 左參贊 河演은 다음 15개조의 義倉補充策을 건의하기에 이르렀다.[42]

---

38) 『世祖實錄』 卷6, 世祖 3年 正月 癸未.
39) 『世祖實錄』 卷7, 世祖 3年 5月 己巳.
40) 『世宗實錄』 卷86, 世宗 21年 9月 乙卯.
41) 『世宗實錄』 卷15, 世宗 5年 2月 甲戌.

① 軍資監은 軍需를 관장하는 곳으로 賑貸하는 일이 본래의 임무가 아니므로 앞으로는 漢城府에 소속시켜 관리하도록 할 것.

② 황해도의 科田 중 미수된 田租에 한해서 鹽으로 私賣하여 상납하게 하고, 江原과 咸吉 양 도에서는 罪人收贖의 物資, 放賣, 神堂의 退物 등 國用雜物들을 義倉에 귀속시킬 것.

③ 還上取利는 1石에 豊年時에 5升으로 하고, 平年時는 3升, 凶年時에는 本數의 利息을 취할 것.

④ 各浦의 朽惡 兵船을 放賣하여 그 대가를 義倉에 보충할 것.

⑤ 전국의 漁場을 義倉에 부속시킬 것.

⑥ 전라도 해안에 饑民들이 유망하여 이루어 놓은 鹽場의 생산물을 義倉에 납입하여 糧穀으로 우대하여 교환할 것.

⑦ 慶尙左·右道의 鹽도 義倉에 납입하게 할 것.

⑧ 監司가 처결한 죄인의 收贖雜物 등을 無所産地域에 分給함으로써 義倉을 補할 것.

⑨ 京中에 各司貢物의 在庫를 戶曹가 매년 파악하여 位田의 收穀을 가감할 것.

⑩ 各 官吏 兩班에 소속한 官奴들이 守令을 조롱하여 받아간 還上를 본인의 收領 可否를 막론하고 均徵함으로써 謀利를 막을 것.

⑪ 義倉出納에 철저한 통제를 마련할 것.

⑫ 각 수령은 山場·水利所産의 物資로 義倉을 補할 것.

⑬ 朱文公의 私倉之事가 私財로 한 바와 같이 지방의 閑良과 品官에게 세워 里內饑民을 救護한 자는 施賞할 것.

⑭ 호조는 관장하는 庶務가 번잡하므로 독립기관을 세워 中外의 義倉을 관리할 것.

⑮ 兩宗의 社·寺가 많아 국가에 무익하므로 京中에 禪·敎를 위하여 各 道에 각각 一寺를 두고 나머지는 寺·社의 屬田을 義倉에 귀속시킬 것.

---

42) 『世宗實錄』 卷88, 世宗 23年 3月 乙丑.

이상은 의창 운영의 시행세칙으로 정해진 듯하다. 이 같은 근거와 규칙에 의해 마련된 것이 세종 30년에 가면 그 규모가 엄청나게 커지게 된다. 세종 30년 4월 전국에 걸쳐 시행된 의창의 자본을 정리해 보면 다음과 같다.

<표 2-2> 世宗 30年 義倉穀 現況

府 및 道名	本 穀	追加穀	總計	備考
漢 城 府	7,812石 9斗	2,187石 6斗	1萬石	軍資監義倉
京 畿 道	13萬 8,839石 7斗	21萬 1,160石 8斗	35萬石	
忠 淸 道	18萬 30石 2斗	16萬 9,969石 13斗	35萬石	
全 羅 道	10萬 7,691石 13斗	24萬 2,308石 2斗	35萬石	
慶 尙 道	25萬 6,891石 8斗	14萬 3,108石 7斗	40萬石	
江 原 道	8萬 6,911石 12斗	11萬 3,088石 3斗	20萬石	
黃 海 道	13萬 6,048石 2斗	6萬 3,951石 13斗	20萬石	
平 安 道	18萬 6,006石 5斗	16萬 3,993石 10斗	35萬石	
咸 吉 道	5萬 2,720石	14萬 7,280石	20萬石	
計	115萬 2,977石	125萬 7,075石	241萬 52石	

*『世宗實錄』卷120, 世宗 30年 4月 丁丑을 참고하여 작성.

위의 표에서 보는 바와 같이 本穀은 115만 석이었으나 追加穀이 本穀의 양을 능가하는 125만 석이 되어 합계 무려 241만여 석으로 늘어났다. 지역적으로는 20만~35만 석이 보통이지만 한성부가 1만 석으로 가장 적었고, 면적과 인구가 많았던 경상도가 40만 석으로 가장 많다. 이를 통해서 보더라도 당시 의창제가 매우 활발히 운영되었음을 알 수 있다. 당시 국가 凶荒民의 대부분이 의창에 의존하고 있던 상황이었음에 비추어, 의창의 充足之策이나 補肥之策은 진휼을 위한 전제로서 매우 중요한 국가시책이었다. 따라서 그 운영도 세종 27년 의정부가 올린 啓[43]로 알 수 있듯이 상당히 명확한 기준에 의해 실시되고 있었다.[44]

---

43)『世宗實錄』卷109, 世宗 27年 8月 乙丑.

44)『端宗實錄』卷10, 端宗 2年 3月 庚申.

그러나 백성들의 조세나 출자 능력이 수요에 미치지 못하였기 때문에 그 부족분을 軍資로부터 충당해야 했다. 戶曹는 이 의창곡의 부족에 대해 빈번하게 우려를 표명하였다.[45] 거기에 義倉의 倉庫警備를 일반 서민이 輪番制로 담당하였기 때문에 백성들이 農期를 잃어 失農하는 폐단도 있었음을 부정할 수 없다.[46]

3) 常平倉

상평창이란 명칭은 '항상 공평하게 민중에게 혜택을 주는 倉庫'라는 뜻이다. 상평창은 고려 성종 9년에 이미 설치 운영된 기록이 보이지만,[47] 중국에서는 훨씬 이전인 春秋戰國時代 때 齊나라 사람 管中의 斂散平準法에서 그 기원을 찾을 수 있다. 우리 나라에서 이 제도가 본격적으로 실시된 것은 조선 전기로 세종 18년 忠淸監司 鄭麟趾가 상소한 이후다. 처음으로 京畿道에 常平廳, 그 외 지역에는 常平倉이 두어졌으나[48] 이는 곧 폐지된 것으로 보인다. 그 후 상평창을 復置하려는 노력이 없지는 않았지만 여의치 못하였다.[49] 그러나 여말선초의 혼란이 진정되고 신왕조의 기반이 갖추어짐에 따라 社倉·義倉만으로는 사회적 요구에 부응하기 어렵게 되면서 점차 상평창을 설치해야 한다는 논의가 일어났다.[50] 세종 연간부터 서서히 일기 시작한 상평창의 설치 요

---

45) 『世祖實錄』卷12, 世祖 4年 4月 壬申.

46) 『世祖實錄』卷17, 世祖 5年 8月 戊辰.

47) 『世宗實錄』卷74, 世宗 18年 7月 甲寅, "…… 忠淸道監司鄭麟趾 進救荒之策 …… 國家地堉民貧 旣不能如古 但平糴常平義倉社倉之制 歷代講之已熟 行之已驗 若參酌施行 無所不可."

48) 朝鮮總督府, 『朝鮮の社會事業』, 1933, 2~3쪽.

49) 『世宗實錄』卷87, 世宗 21年 10月 丁丑, "司憲部上疏曰 周有都鄙之積 漢置常平之倉 自昔帝王斂散賑救之政尙矣 今我國家 義倉之法 卽其遺制也."

50) 『世宗實錄』卷74, 世宗 18年 7月 甲寅.

구가 성종조에 이르러 더욱 커지게 된 것은 그러한 이유 때문이다.

이러한 역사적 배경 하에 직접적으로는 물가 앙등이 동기가 되어 마침내 상평창의 설치를 보게 된다. 즉 성종 12년 흉년이 들어 布 1匹에 米 3斗가 되자 大司諫掌令 李坪이 상평창의 설치 운영에 대한 필요성을 주장하였다.[51] 이 주장은 조정에 여론을 불러일으켜 六曹堂上 弘文館員이 한자리에 모인 가운데 李克增 등이 상평창의 필요성에 동조하였다.[52] 여기에 상평창 실시를 반대하는 의견도 개진되어 양자 사이에는 논란이 계속되었다. 이에 성종 13년 3월 "傳曰 常平倉設立事 幷示政府臺諫"[53]이라 하여 결국 상평창의 설치를 朝議에 부치게 되었다.[54] 당시 상평창의 실시를 반대하는 가장 중요한 근거가 된 것은, 民度가 낮은 상태에서 또 다른 진휼제도를 만들게 되면 오히려 軍資인 국고만 고갈시키게 된다는 것이었다. 그러나 상평창 설치에 적극적이었던 국왕의 뜻에 의해 적당한 시험 기간을 거친 후 그 설치를 보게 되었다. 이는 성종 23년 흉년이 들어 布價가 米 2斗로까지 앙등하자 正兵・錄事・胥吏 등이 그 진휼을 위하여 상평창의 쌀을 지급한 데서 확인할 수 있다.[55] 그러나 상평창의 운영은 정상궤도에 오르지 못하고 곧 폐지된 것으로 보인다. 왜냐하면 중종 연간에 와서 상평창의 설치를 둘러싸고 三公의 논의가 있은 후[56] 다시 설치되고 있기 때문이다.[57] 당시 상평창의 사회에 대한 기여도는 다음과 같이 지적할 수 있다.

---

51) 『成宗實錄』 卷128, 成宗 12年 4月 己巳.
52) 『成宗實錄』 卷128, 成宗 12年 4月 庚午.
53) 『成宗實錄』 卷140, 成宗 13年 3月 庚寅.
54) 『成宗實錄』 卷140, 成宗 13年 4月 庚子.
55) 『成宗實錄』 卷163, 成宗 23年 3月 丁亥.
56) 『中宗實錄』 卷50, 中宗 19年 4月 戊申.
57) 『中宗實錄』 卷50, 中宗 19年 4月 甲子.

① 상평창은 물가조절기관으로서 풍년에 穀價가 싸지면 이 곳에서 적
  당량을 時價 이상으로 사서 저장하였다가 흉년에 매도함으로써 소
  비자의 부담을 덜게 하였다.58)

② 흉년에 백성을 飢死에서 구해 내고 풍년에는 穀價의 폭락을 막아
  損害를 보지 않게 하였다.59)

③ 鰥寡孤獨者를 구휼하고 농사에 편의를 주도록 하였다.60)

④ 가난한 백성들의 진휼기구로 사용하려 하였다.61)

⑤ 穀價가 하락하였을 때 布와 교환하여 백성들의 편의를 제공토록
  하였다.62)

⑥ 백성들의 曉諭機構로 사용하였다.63)

⑦ 백성들의 流亡防止를 위한 도구로 이용하였다.64)

위의 일곱 가지로 요약되는 상평창의 기능은 백성들을 크게 만족시
키고65) 위정자들도 마찬가지로 "我國家의 美典"66)이라고 찬양하는 바
가 되었다. 그러나 상평창 역시 다른 제도와 마찬가지로 이를 관리하는
有司의 횡포가 대단하였고,67) 이를 간사하게 이용하려는 富戶者68)들도
없지 않아 사회적으로 적잖은 물의를 일으켰다.

---

58) 『中宗實錄』 卷55, 中宗 20年 9月 癸未.
59) 『中宗實錄』 卷54, 中宗 20年 7月 丁亥.
60) 『中宗實錄』 卷50, 中宗 19年 4月 己亥.
61) 『中宗實錄』 卷56, 中宗 21年 2月 戊寅.
62) 『中宗實錄』 卷55, 中宗 20年 11月 甲戌.
63) 『中宗實錄』 卷55, 中宗 20年 10月 庚戌.
64) 『中宗實錄』 卷55, 中宗 20年 10月 戊申.
65) 『中宗實錄』 卷55, 中宗 20年 11月 己卯.
66) 『中宗實錄』 卷57, 中宗 21年 11月 己亥.
67) 『中宗實錄』 卷55, 中宗 20年 11月 甲戌.
68) 『中宗實錄』 卷55, 中宗 20年 9月 乙酉.

2. 救恤制의 運用實態

조선시대의 역대 군왕은 왕도사상에 바탕하여 施惠政治를 강조하였다.[69] 그 시혜의 세부 내용은 크게 設粥·補養蠲減·經糶·醫療政策·赦免·救荒策 등으로 나눌 수 있다.

첫째, 設粥은 빈민을 위해 시식을 베풀어 준 것으로 고려시대부터 존재하였다. 조선이 건국되면서 한성부는 西大門 밖에 弘濟, 東大門 밖에 賑濟라 하여 빈민을 위한 設粥所를 설치하였고, 사찰에서도 기아에 허덕이는 빈민을 위해 배식을 하였다. 그러나 자선기관인 이 設粥所에도 이를 관장하는 관리의 농간이 적지 않게 작용하고 있었다.

둘째, 兒童保護다.『秋官志』賑恤廳事目을 요약하면, 아동으로서 구호를 필요로 하는 대상은 10세까지의 걸식자와 3세까지의 遺棄兒로서 賑恤廳에서 保養하고 그 기한은 麥秋까지로 하였다. 遺棄兒는 풍흉을 막론하고 보양하게 하되 近親이 全無하여 無依無托한 자만을 대상으로 하였다. 乞食兒를 위해서는 진휼소의 倉庫門 밖에 거처를 마련해 주고 이를 留接所라 불렀다. 이들에게 식량을 지급하는 일은 진휼청의 庫直이 담당하였는데, 7~10세는 1日에 米 7合, 醬 2合, 미역 2立, 4~9세는 1日에 米 5合, 醬 1合, 미역 1立을 지급하였다. 원거리에 遺棄兒가 발생하였을 경우에는 收取하여 즉시 진휼청으로 이송하고 嬰兒일 때에는 里任이 보고하여 진휼청으로 보냈으며 경우에 따라서는 急送한 다

---

69) 조선의 개국공신 鄭道傳은 "人君이 천지가 만물을 생육시키는 그 마음을 자기의 마음으로 삼아서 不忍人之政을 행하여, 천하사방 사람으로 하여금 기뻐해서 인군을 마치 자기 부모처럼 우러러볼 수 있게 한다면, 오래도록 安富·尊榮의 즐거움을 누릴 수 있게 될 것이요 危亡·覆墜의 患을 끝내 갖지 않게 될 것이다. 仁으로써 位를 지킴이 어찌 마땅한 일이 아니겠는가?"(『朝鮮經國典』上, 正寶位條, "仁君以天地生物之心爲心 行不忍人之政 使天下四境之人皆悅 而仰之若父母 則長亨安富尊榮之樂 而無危亡覆墜之患矣 守位以仁 不亦宣乎")라고 하였다.

음 추후에 보고하기도 하였다. 해당 官衙에서는 乞食하는 여인 가운데서 지적하여 한 사람이 3명의 乳兒를 양육하도록 하였다. 乳女에게는 1日에 米 1升 4合, 醬 3合, 미역 3立을 지급하고, 걸식여인이 아니더라도 取養의 의사는 있으나 가세가 빈곤하여 양육할 수 없을 때에는 1日에 米 1升, 醬 2合, 미역 2立을 지원해 주기도 하였다. 또한 取養을 자원하는 자는 신분에 상관없이 60일이 경과하면 收養者를 자기 자녀나 노비로 삼는 것을 인정해 주었다. 3개월 이내에 수양자의 부모나 친족이 나타나 데려가려 할 경우에는 收養穀物의 倍로 변상하게 하였다.

수양자의 경우는 양육 상태를 관에서 철저히 감독하였다. 매월 담당 관청에서 郎官을 파견하여 수양자의 양육을 조사하고 불량시에는 양육자를 문책하였다. 수양을 받는 자와 乳女의 의복은 진휼청에서 지급하였다. 이들에게 질환이 발생하였을 경우에는 惠民署에서 그 치료를 담당하게 하였으며, 지방일 경우에는 해당 지방관이 보양 임무를 담당하도록 하였다. 만약 지방의 수령이 보양의 임무를 착실히 수행하지 않았을 때에는 御史의 民政廉探時 적발하여 그 경중에 따라 논죄하였다. 수령들은 매월 말 救濟人員數와 양곡의 소모량을 監營에 보고하여 그 證憑書類로 삼았다.

셋째, 老人에 대한 대우는 중요한 부분을 차지하였다. 이는 조선이 건국과 더불어 耆老所를 설립한 것으로 미루어 보아도 쉽게 알 수 있다. 먼저 문관 2품 이상인 자로서 70세 이상인 자에게는 매년 春·秋로 宴을 베풀어 주었다. 세종 때부터는 100세 이상인 자에게는 白米와 酒·肉, 爵(老職)을 하사하였고, 매년 仲秋에 큰 잔치를 벌였다. 이는 지방에서도 마찬가지여서 지방관은 반드시 노령자를 초대하여 宴을 베풀어야 했다. 특히 1품 이상인 자에게는 杖을, 공신의 부모 및 처나 당상관의 처로서 70세 이상인 자에게는 酒·肉 등을 하사하였다.[70]

넷째, 국왕이 베푸는 減稅制度인데, 이는 국민의 생활안정에 중요한 역할을 하였다. 그 내용은 주로 地稅·戶稅·賦役의 減免이었다. 恩免은 신왕이 등극하거나, 奇際, 佛事, 病後, 신왕조의 개국, 특정 지방을 순행할 때 국왕이 특별히 베푸는 恩典 등을 말한다. 災免은 뜻밖의 천재지변을 당한 이재민을 안정시키기 위하여 公課(租庸調)의 전부 또는 일부를 면해 주는 제도로서 조선에서는 자주 실시되었다.[71]

다섯째, 조선에서는 건국 초기부터 서민 가운데 家勢가 곤궁하여 장례나 혼사를 치르지 못할 경우 戶曹의 賑恤廳에서 장례비를 지급해 주거나 관청이 주도하여 장례나 혼사를 치르도록 해 주었다. 즉 30세까지 빈곤 때문에 成婚式을 하지 못할 경우에는 관에서 전 비용을 부담해서 혼례를 올릴 수 있도록 하는 것이 제도화되어 있었다.[72] 당시 위정자들은 가정의 확대를 곧 국가로 보고, 이 국가의 통치자는 국왕이므로 가문의 계승과 장례 능력이 없는 困窮民에 대해서는 당연히 국가가 돌봐 주어야 한다고 생각하였다.

한편 세종 때부터는 안정된 국가기반을 배경으로 하여 구황정책이 보다 적극적이고 체계적으로 이루어졌다.[73] 또한 "命以世宗朝所撮要

---

70) 河相洛,「우리나라 救貧事業의 변천과 그 社會的 背景 - 朝鮮時代를 중심으로 - 」,『文敎部硏究報告』, 1970, 33쪽.

71) 崔益翰,『朝鮮社會政策史』, 博英社, 1947 ;『世宗實錄』卷100, 世宗 25年 5月 庚午 ; 卷110, 世宗 27年 10月 癸丑 ; 卷113, 世宗 28年 7月 戊辰.

72)『經國大典』卷3, 惠恤, "堂上官致仕者及功臣父母妻 堂上官妻 年七十以上者 本曹本邑月致酒肉 ○士族之女 年近三十 貧乏未嫁者 本曹啓聞 量給資財 飢寒丐乞無族親者 老人無扶護者 量給衣料 ○遺失小兒漢城府本邑 保授願育人 官給衣料 ○病人告五部 卽遺月令醫治療 貧乏不能買藥者官給 報本曹 ○義禁府成均館典獄署各定月 令醫一員治療諸生 及罪囚之有疾者 ○病人緊急告醫求救 卽往治療 不卽往治者許病家 陳告治罪 ○每月季本曹考諸醫員 治療病人勤慢置簿憑考殿最 宗親及二品以上官病革 請醫司所無之藥 承政院啓給 有溫井處 守令擇定勤謹者 修葺房屋 救護病人 赴京使臣 及朝廷使臣往來 平安道觀察使定醫生一人 治療一行 有疾者 毋或遺棄 如有物故者 埋瘞立標."

印頒中外廣諭民間人 俾各自謀救荒之道"라 하여 『救荒撮要』를 印刷
頒布하여 서민들로 하여금 스스로 구황대책을 개발하도록 독려하였다.
『救荒撮要』는 明宗 9년에도 재간되어 영남·호남 등지에 흉년이 들었
을 때 구황책으로서 반포되었다. 이 책에는 기근으로 장기간 공복 상태
에 있다 갑자기 밥을 먹을 경우 사망할 수 있으므로 먼저 醬을 물에 타
서 먹어야 한다든가, 구황을 위한 대용식물로서 느릅나무 껍질·솔잎·
松皮·무씨·무 줄기·竹實·도토리 등이 제시되어 있다.

여섯째, 일반 서민의 병환을 치료하기 위한 곳으로서 조선 전기부터
東西活人院과 惠民署, 濟生院 등이 존재하였다.

社倉·義倉·常平倉 등의 전문적인 진휼기구 외에 이러한 기구들은
선조 24년(1591)에 宣惠廳으로 통합되었고, 다시 미비점을 보완하여 仁
祖 4년(1626)에 賑恤만 담당하는 진휼청이 설치되었다.[74]

3. 賑恤政策

조선이 건국된 이래 조직적이고 체계적인 진휼사업이 이루어진 것은
세종대에 와서고, 그에 따른 실효도 전 시대보다 커졌다.[75] 조선 전기의

---

73) 세종대의 활발한 복지정책 실시에 대해서는 세종의 개인적 경험과도 관련이
   있다고 할 것이다. 즉 세종은 당시 상식으로 되어 있던 '長子承襲에 의한 왕
   위계승'이 아니라 위로 讓寧大君·孝寧大君을 제치고 왕위를 계승한 왕이었
   다. 그리고 천재지변을 왕의 부덕과 연결시켜 생각하는 것이 당시 일반 백성
   의 통념이었다는 점에 비추어, 세종은 자신이 즉위한 후 天災가 연속되자 至
   善至正한 정책을 수립하고자 했을 것이다. 여기에서 타고난 천성이 仁厚하였
   기 때문에 재위기간 중에 間斷없이 국민우위의 복지정책을 실시하였다고 보
   아야 할 것이다.
74) 崔峻憲, 「李朝後期에 있어서 糶糴制度의 經濟的 位置」, 『靑丘大學論文集』
   5, 1962, 243쪽.
75) 李玟洙, 「社會保障制度에 對한 歷史的 一考察」, 『韓社大 社會福祉研究』7,

진휼은 대개 양곡을 춘궁기에 대여해 주고 추수기에 상환하는 방식으로 이루어졌다. 단 농사의 작황이 좋지 못할 경우에는 當年에 중앙정부의 허락을 얻어 翌年에 상환할 수 있었다. 또 3년 연속으로 흉년이 들었을 때는 그 기간 동안 계속 상환을 연기하였다.76) 조선 태종 11년(1411)에는 한반도의 北·西道 일대에서 大旱害가 발생하였는데, 당시의 지방관인 金汝如가 중앙에 보고하지 않아 백성들을 진휼치 않았으므로 왕은 이를 엄히 문책한 후 중앙에서 관리를 급파, 이재민을 구제하기도 하였다. 동왕 16년(1416)에는 都巡問使 曺洽이 이재민 구제를 위하여 官 보유의 양곡 방출을 긴급히 요구하였다. 이에 "구제는 백성의 시급한 곤란을 구하는 것인데 일일이 중앙에 上申하여 명령을 받아 실시하면 시기를 잃게 되므로 지방형편에 따라 적당히 구제하라"고 명하고 있는데, 난민을 구제하는 일에 대해서는 지방관에게 상당한 재량권이 주어졌음을 알 수 있다.77)

세종 원년(1419)에는 京畿·忠淸·慶尙·江原·黃海·平安·咸吉道에서 前年의 재해로 飢民이 다수 발생하였는데, 구체적으로 경기 1만 6,785명, 충청 12만 249명, 강원 4만 4,139명, 황해 4,891명, 함길 1만 2,223명으로 총 19만 8,287명이나 되었다. 자연재해로 발생한 要救護對象者는 國費나 官이 비축한 곡식으로 급히 구제하고 이를 기피하는 자나 방관하는 자가 있을 때는 治罪問責을 엄격히 하였다.78) 동왕 원년 10월에는 사간원의 상소로 흉년이 극심한 州郡에 조세를 全免하였다.79) 세종의 이러한 적극적인 진휼정책은 일찍부터 한국인의 역사에

1978, 80~81쪽.

76) 柳永烈 外 1人, 『韓國史大系 - 朝鮮時代 前期篇 - 』, 三珍社, 1978, 166쪽.

77) 崔益翰, 앞의 책, 71~72쪽.

78) 申鼎言, 『救恤國史』, 啓蒙俱樂部, 1946, 60쪽.

79) 『世宗實錄』 卷2, 世宗 卽位年 10月 己卯, "司諫院上疏曰 民爲邦本 食爲民天 今値年歉 民生可廬 請各郡租賦 除京倉轉納 收之以穀 各置其官 以備來

수용된 불교의 자비사상과 유교의 仁·德治思想이 합해진 결과로 보는 것이 타당할 것이다. 이러한 仁政과 德政을 베풀려는 愛民思想에 기초한 정책은 후대에도 자주 거론되고 있다. 백성을 국가의 기반으로 삼고 그들을 구휼하며 백성과 통치자가 동고동락한다는 통치이념은 조선의 건국이념으로서 유교의 철학인 천명사상에서 유래된 것이다. 이러한 이념은 후대의 숙종 24년 備忘記에 "백성에게 군왕은 만인의 부모이므로 한 사람이 굶주리면 자기의 배고픔과 같이 생각하고 백성 한 사람이 추위에 떤다면 자기의 추위와 같게 생각해야 한다"[80]라고 한 구절에서도 알 수 있다. 또한 숙종 27년조에는 "豫遇災 矜恤元元之意"[81]라고 하여 국가가 재앙을 만나면 백성을 불쌍히 여기는 뜻을 분명히 보여주라고 하였다. 이러한 사상은 세종이 등극하면서 발표한 다음 教書에서 잘 드러나는데 총 699자에 이르는 교서의 내용 가운데 반 이상이 군왕의 통치에 관한 원리로 채워져 있다.

"탐관오리들이 貢賦의 上納과 使客의 접대와 官府의 營繕 등의 일을 핑계삼아 법을 어기고 세금을 과중하게 징수하여 백성에게 해를 끼쳤는데도, 감사가 사실을 조사하지 못하고 도리어 上等의 列에 둔 것은 무능한 사람을 물리치고 유능한 사람을 등용하는 뜻에 심히 어긋나니, 지금부터는 세밀히 살피고 단속하여 백성의 생활을 도와줄 일이다.

각 고을의 수령이 혹시 한때의 사사로운 노여움으로 인하여 법을 어기고 억울한 형벌을 쓰며 호소할 데가 없는 백성을 매질하여 和氣를 상하게 하였거든 감사는 그 전에 내렸던 교지를 거행하되, 법을 굽혀

歲種子 其失農尤甚州郡 依漢文古事 全免租稅."
80) 『增補文獻備考』卷170, 市糴考8, "人主作萬人之父母 一人之飢 猶己之飢 一人之寒 猶己之寒也."
81) 위와 같은 조.

서 함부로 처형하는 일이 없게 하여, 내가 형벌을 신중히 하고 죄인을 불쌍히 여기는 뜻에 부응할 것이다. 鄕愿의 品官과 元惡의 人吏들이 守宰를 조종하여 良民을 해치는데도 수령된 자가 그의 籠絡에 떨어져 도리어 유능하다고 인정하여, 신임하고 그들의 말만 들어 일을 맡기는 자가 간혹 있는데, 지금부터는 수령이 친히 모든 사무를 즐거이 맡지 않고 人吏와 品官에게 위임하는 자는, 감사가 엄격히 이를 다스리고 자세히 이름을 기록하여 아뢸 것이다.

義夫·節婦·孝子·順孫은 의리상 표창해야 될 것이니, 널리 방문하여 사실을 자세히 적어 아뢰어 표창하게 할 것이다. 바다와 육지에서 전쟁에 죽은 士卒의 자손들은, 있는 곳의 수령이 그 戶의 徭役을 면제하고, 특별히 구휼하고, 그 재능이 있어 임용할 만한 자는 위에 아뢰어 敍用되도록 할 것이다. 재주와 도덕을 가지고 草野에 숨어서 세상에 널리 알려짐을 구하지 않는 선비는, 내가 장차 顧問하여 職任을 맡길 것이니, 감사가 널리 구하여, 이름을 자세히 적어서 아뢸 일이다" 하였다. 육조에서 朝臣을 여러 도에 나누어 보냈다.[82]

---

82) 『世宗實錄』 卷2, 世宗 卽位年 11月 己酉, "鰥寡孤獨 疲癃殘疾 王政所當哀矜 內而漢城府五部 外而監司守令 詳加審問還上賑濟 爲先分給 毋至失所 且令適値凶歉 盧恐失業之民 或値飢饉 各官守令 如有失於賑濟 匹夫匹婦 餓莩溝壑 定行責罰 貪乏之家 有嫁年已過 而不能婚嫁者 有葬期已盡 而不能埋葬者 誠可哀悶 監司守令 官給資糧 以助支費 毋致失時 或父母歿而 同産一族 利於全執 奴婢財産 不肯婚嫁者 痛行科罪 貪汚官吏 托以貢賦上納 使客支應 官府營繕等事 違法重斂 貽害生民 監司不能覈實 反置最烈 甚乖黜陟之意 自今精察糾理 以恤民生 各官守令 或因一時私怒 非法枉刑 鞭撻無告之民 致傷和氣 監司擧行曾降敎旨 毋致枉濫 以副予欽恤之意 鄕愿品官 元惡人吏 操弄守宰 蠹害良民 而爲守令者 墮其宇籠反以爲能 信任偏聽 委之以事者 間或有之 今後守令 不肯親執庶務 委諸人吏品官者 監司痛行糾理 具名以聞 義夫 節婦 孝子 順孫 義所表異 廣加訪問 開具實迹 啓聞旌賞 水陸戰亡士卒子孫 所在守令 復戶優恤 其有才能可任者 啓聞敍用 懷才抱道 隱於草萊 不求聞達之士 予將顧問 授之以任 監司旁求具名 申聞六曹."

위의 내용을 통해 세종은 제반 정책을 추진함에 있어 愛民·恤民을 왕권유지를 위한 일시적인 선정이 아니라 모든 행정을 이끌어 가는 최대의 착안점으로서 우선적인 가치를 부여해야 하는 정책과제로 설정하였음을 알 수 있다. 이와 함께 세종 원년(1419) 정월, 慶尙·忠淸·江原·咸吉道에 중앙에서 관리를 파견하여 직접 飢民의 구호를 담당하게 하고 지방의 목민관으로서 진휼의 본래 임무를 태만히 하거나 기피한 자를 조사하는 한편 飢死者의 유무도 확인하였다.83)

조선 519년 간 기록에 보이는 재해 수는 총 390회에 달하는데, 다소 소략하게 되어 있지만 당시의 시대 상황에 비추어 그 피해는 상당했을 것이다. 이들 재해를 표로 정리하면 <표 2-3>과 같다.

이 통계는 실제로 발생한 재해 건수보다 훨씬 적을 것이나, 이 기록만 갖고 계산해 보더라도 0.75년에 1회 정도로 재해가 있었다는 결론이 나온다. 게다가 기록에서는 기준이 경미한 재해는 제외했을 것이므로 일반 백성들이 입은 타격은 대단히 컸을 것이다. 재해는 수해가 103건으로 전체 건수의 26%를 차지하고 그 다음이 지진으로서 96건이고, 飢餓는 59건으로 세 번째를 차지하였다. 당시는 수리시설이 변변치 못해 경지는 주로 天水沓이 많았으며, 대규모 저수지가 절대적으로 부족한 상태라 산간계곡에는 洑를 설치하여 농업용수를 해결하는 형편이었다. 이러한 가운데 닥친 水旱은 인간의 노력만으로는 극복하기 어려운 재난으로서, 사회·경제에 큰 타격을 주었다. <표 2-4>는 『세종실록』의 기록을 중심으로 하여 세종대의 재해 상황을 정리한 것이다.

세종대에 닥친 총 재해는 13건으로 그 가운데 水災와 旱災가 각각 5건을 차지하고 나머지는 火災·蟲災·癘疫이 각 1건씩이다. 피해 범위

---

83) 『世宗實錄』 卷3, 世宗 元年 正月 庚戌, "分遣知印四人于慶尙忠淸江原咸吉道 審視守令 賑飢勸怠 及餓死人有無."

<표 2-3> 朝鮮時代의 災害一覽表

王代	王朝	在位	在位年	水害	旱害	飢餓	風害	霜害	雹害	雪害	地震
1	太 祖	1392~1398	7					1			
2	定 宗	1399~1400	2			1					
3	太 宗	1401~1418	18	1	3	1	2	2	2		2
4	世 宗	1419~1450	32	1		2					
5	文 宗	1451~1452	2								
6	端 宗	1453~1455	3		1	1					1
7	世 祖	1455~1468	14		1	1					1
8	睿 宗	1469	1			1					
9	成 宗	1470~1494	25	2	5	1					1
10	燕山君	1495~1506	12			1	1				1
11	中 宗	1506~1544	39	2	2	1					4
12	仁 宗	1545	1			1					3
13	明 宗	1546~1567	22	2	1	2				1	1
14	宣 祖	1568~1608	41	8	7	1	3	3	3	2	9
15	光海君	1609~1623	15		2	2			1		1
16	仁 祖	1623~1649	27	6	5	3	8	6	8	3	16
17	孝 宗	1650~1659	10		1	7	1	1			
18	顯 宗	1660~1674	15	2	3	8					9
19	肅 宗	1675~1720	46	3	8	10	3	6	1	9	23
20	景 宗	1721~1724	4								
21	英 祖	1725~1776	52	9	8	13	2	3	3	3	15
22	正 祖	1777~1800	24	6		1					2
23	純 祖	1801~1834	34	14		1			2		2
24	憲 宗	1835~1849	15	6							1
25	哲 宗	1850~1863	14	21							
26	高 宗	1864~1907	11	20	2				1	1	4
27	純 宗	1907~1910	4								
合計				103	49	59	20	23	21	19	96
總計	27代		519年	390回							

* 이 표는 崔根茂, 「災害小考(中)」, 『全州敎育大論文集』 4, 1969, 229쪽 참조.

<표 2-4> 世宗代의 災害狀況表

年 度	種 類	地 域
卽位年(1418)	水 災	江原, 咸吉, 平安, 黃海, 慶尙, 京畿
	旱 災	忠淸
2年(1420)	旱 災	全羅
3年(1421)	水 災	漢城, 江原
4年(1422)	旱 災	忠淸, 江原, 京畿, 全羅, 平安, 黃海, 咸吉, 慶尙
5年(1423)	旱 災	咸吉, 平安, 慶尙, 江原, 京畿, 忠淸, 黃海, 開城
10年(1428)	水 災	咸吉
	火 災	江原
18年(1436)	旱 災	京畿, 忠淸, 慶尙, 全羅, 江原
19年(1437)	水 災	慶尙
29年(1447)	水 災	平安
	蟲 災	平安, 忠淸, 黃海, 咸吉, 全羅, 京畿, 開城
	癘 疫	漢城 및 諸道

* 이 표는 『世宗實錄』을 참고하여 작성.

는 5도 이상인 경우가 6건으로 전체의 반 정도를 차지하고 있다. 세종
은 이러한 재해가 닥칠 때마다 백성들을 餓死나 病死로부터 구제하기
위해 모든 노력을 아끼지 않았다. 굶주린 자에게는 음식을 방출하고 병
들어 고통을 당하는 자에게는 施療와 藥을 제공했으며,84) 심지어 죄인
도 경범자와 중범자를 나누어 수용하고 性別로 분리 수용하는 한편85)
獄內에 수용된 수인에 대한 건강과 체력관리에도 게을리하지 말라는
교지를 내리기도 하였다.86)

---

84) 『世宗實錄』卷28, 世宗 7年 5月 庚午 ; 卷76, 世宗 19年 正月 癸丑 ; 卷83, 世
　　宗 20年 11月 戊申.
85) 『世宗實錄』卷57, 世宗 14年 7月 丁卯.
86) 『世宗實錄』卷121, 世宗 30年 8月 戊寅.

제2절 救荒政策

1. 救荒實態

조선시대의 진휼의 주요 대상은 국가의 조세와 부역을 담당한 16~ 60세까지의 '丁'이다. 이들은 국가의 중추적인 구성원으로서 그 생활이 안정되지 않을 경우 토지로부터 유리하여 방랑걸식함으로써 조세징수에 결정적인 타격을 가져올 뿐만 아니라 필요시 徭役에도 투입할 수 없게 되어 국가운영상 치명적인 어려움을 초래하게 된다. 물론 '丁'뿐만 아니라 疾病者·鰥寡孤獨·老人·幼兒에 대한 진휼 또한 소홀히 할 수 없는 중요한 것으로서, 이를 天譴으로 여기고 왕의 마땅한 책무로 생각하였다.

조선에서는 신왕이 등극하면 중앙고관 가운데 敬差官·賑恤使·御史·行臺 등을 선발하여 전국 각 도로 파견, 守令·監考·色吏들의 진휼에 관한 행정력과 실적을 파악하게 하였다. 예컨대 定宗 원년 3월 海豊·忠淸·全羅道에 救荒實態와 지방 목민관들의 賑濟狀況을 파악하기 위하여 경차관을 파견하였다.[87] 世宗 卽位 원년(1419) 3월에는 司憲府로 하여금 팔도에 監司官을 파견하게 하였다.[88] 이에 따라 세종 원년 5월에 파견된 감사관들로부터 올라온 보고서에는 京畿·江原·黃海·忠淸·咸吉道에 旱害·水害로 말미암아 많은 이재민이 발생하였다는 내용이 들어 있었다. 세종 원년 7도의 이재민 수는 19만여 명에 달하는

---

87) 『定宗實錄』 卷1, 定宗 元年 3月 甲申, "賑忠淸全羅豊海道飢民 分遣敬差官 于三道 且考守令賑貸能否."

88) 『世宗實錄』 卷3, 世宗 元年 3月 庚戌, "上乃命司憲府 分遣行臺監察尹孟謙 于京畿左道及江原道 鄭夏于右道及黃海道 金宗瑞于忠淸道 安崇善于慶尙道 崔閏溫于全羅道 崔文孫于咸吉道 李益朴于平安道 廉視監司守令 賑濟勤慢."

데, 태종 4년(1404)에 8도의 인구가 32만 2,786명이었고 그로부터 15년 후인 세종 원년까지의 인구의 자연증가율을 감안한다 해도 전 국민의 2/3가 생계를 이어갈 수 없을 정도로 극빈 상태에 놓여 있었음을 알 수 있다.[89] 여기에서 역사상 진휼을 要하는 대상 인구의 정확한 수치가 나타났다는 것은 주목할 만한 사실이다.

　세종 원년의 엄청난 이재민 수는 태종 19년 간 흉년이 들지 않은 해가 없었다 점,[90] 세종 원년(1419) 11월 江原道 平海에서만도 구황하여야 할 戶口 수가 80여 호에 달했다는 점[91]에 비추어, 태종 때부터 연속된 凶荒의 결과이고 당시의 농경기술로는 감당할 수 없는 것이었다.[92] 이에 세종은 원년에 전국의 19만여 명에 달하는 이재민을 위해 막대한 정부 보유곡을 방출하였다.

　세종 3년(1421) 6월에도 수도 한성에서 수해로 민가 75호가 표류 또는 수몰되었으며, 春期에는 전국적인 旱害로 麥秋에 큰 타격을 입었다. 이러한 天災는 국민생활을 절대적으로 위협하여, 전국의 수령들은 난민을 진휼하기 위한 정부 보유양곡의 방출을 요구하였다. 이에 따라 국가는 진휼을 목적으로 平安·忠淸·江原을 제외한 전 지역에 정부 비축

------

89)『世宗實錄』卷4, 世宗 元年 5月 甲寅, “視事忠淸道行臺監察金宗瑞啓　道內
　　各官飢民男女壯弱　共十二萬二百四十九名口　賑濟米穀萬一千三百十一石
　　醬九百四十九石　咸吉道行臺監察崔文孫啓　飢民萬二千二百二十三名口.”
　　『世宗實錄』卷4, 世宗 元年 6月 壬申, “京畿右道各官飢民　總計一萬一千一
　　百二十四名　賑濟米豆雜穀　共九百三十六石　醬二百十五石　黃海道各官飢民
　　總計四千八百九十一名　賑濟米豆　共三百六十三石　醬八十九石　京畿左道各
　　兼江原道行監察啓京畿左道各官飢民　總計五千六百六十一名賑濟米豆雜穀
　　共三百七十八石　醬一百一石　江原道各官飢民　總計四萬四千一百三十九名
　　賑濟米豆雜穀　共二千二百八十四石　醬二百六十二石.”
90)『世宗實錄』卷1, 世宗 卽位年 8月 壬辰.
91)『世宗實錄』卷2, 世宗 卽位年 11月 辛亥.
92) 金鎭鳳,「朝鮮初期 賑恤制度」,『서울 六百年史(1)』, 1977, 639쪽.

<표 2-5> 世宗 元年(1419)의 賑濟活動

道　別	派　遣　官	罹災民數(名)	賑　濟　穀(석)	醬
忠　淸	金　宗　瑞	120,249	11,311	949
咸　吉	崔　文　孫	12,223		
京　畿(右)	鄭　　夏	11,124	936	215
京　畿(左)	尹　孟　謙	5,661	378	101
黃　海	鄭　　夏	4,891	363	89
江　原	尹　孟　謙	44,139	2,284	262
合　　計		198,287	15,272	1,616

* 이 표는 『世宗實錄』을 참고하여 작성.

양곡 31만 2,580석을 방출하였다. 平安·忠淸·江原의 3도가 진휼 대상
지역에서 제외된 것은 자료의 부족으로 詳考할 수 없다. 세종 4년(1422)
에도 전국적으로 旱災가 덮쳐 糊口를 위해 流浪乞食하는 백성이 많아
지자 동년 8월 京中 興福寺에 임시로 賑濟場을 설치하여 죽을 쑤어 飢
饉 行乞者에게 공급하였다. 그 책임자로는 副正 尹誠之와 僧侶 垣宣을
임명하였다.93) 같은 해 10월에는 행걸자 14명에게 의복을 나누어 주기
도 하였다.94) 동왕 5년(1423)에도 전국에 旱魃이 극심하여 크게 흉작이
들자 각 도의 수령들이 진제곡을 요구해 왔고 이에 따라 국가는 막대한
양곡을 방출하였다.

　당시의 흉작 상태가 얼마나 심각했는가는 각 도 및 한성부·개성부
의 진제대상 민호 수와 이들에게 공급된 의창곡·진휼곡의 규모만 보
아도 능히 알 수 있다. 표에 보이는 한성부와 개성부의 진제를 필요로
하는 민호 수가 같은 것으로 되어 있는데 이는 구체적인 구호대상을 파
악한 것이라기보다 정부 차원에서 한성부와 개성부의 비중을 유사하게
파악한 데서 온 것이라고 생각된다.

---

93) 『世宗實錄』 卷17, 世宗 4年 8月 丁亥 ; 9月 甲子.

94) 『世宗實錄』 卷18, 世宗 4年 10月 庚戌.

<표 2-6> 世宗 5年 賑濟狀況[95]

道	民 戶 數(戶)	義 倉 穀(石)	賑 恤 穀(石)	備 考
漢城府	11,056	7,198	3,900	賑濟用
開城府	未詳	10,000	9,750	〃
京　畿	19,627	130,043	40,180	〃
慶　尙	43,284	200,743	120,000	〃
忠　淸	23,098	179,556	4,100	〃
全　羅	15,923	87,125	225,000	〃
黃　海	17,701	108,011	1,224	〃
江　原	15,290	88,011	32,400	〃
平　安	34,609	206,400	40,000	〃
咸　吉	16,787	54,062	60,000	〃
合　　計	197,375	1,069,615	536,554	〃

＊『世宗實錄』卷19, 世宗 5年 9月 甲午을 참고하여 작성.

이에 앞서 세종 5년의 흉작으로 각 도에서 중앙정부에 청구한 양곡의 종류와 청구량 및 방출(民의 입장에서는 갚을) 조건을 정리하면 <표 2-7>과 같다.

청구한 곡물은 米·豆가 주류를 이루고 있으며 경기도에만 雜穀을 포함하고 있다. 31만 7,580석에 달한 청구 양곡을 도별로 보면 경상도가 12만 석이고 그 다음이 전라도와 황해도로 각각 7만 석이며, 그 외의 도는 3만 석 이하로 되어 있다. 양곡의 용도는 陳荒과 種子用으로 되어

---

95) 『世宗實錄』卷19, 世宗 5年 9月 甲午, "國庫毋令輕支 以備軍需 其義倉補添 定數京中民戶 一萬一千五十六 義倉米豆雜穀幷七千一百九十八石 留後司 義倉一萬石 京畿民戶一萬九千六百二十七 義倉十三萬四十三石 慶尙道民 戶 四萬三千二百八十四 義倉二十萬七百四十三石 忠淸道民戶 二萬三千九 十八 義倉十七萬九千五百五十六石 全羅道民戶 一萬五千九百二十三 義倉 八萬七千一百二十五石 黃海道民戶 一萬七千七百一 義倉十萬八千十一石 平安道民戶 三萬四千六百九 義倉二十萬六千四百石 咸吉道民戶 一萬六千 七百八十七 義倉五萬四千六十二石."

<표 2-7> 世宗 5年 各道의 要求穀

道　　　別	請求穀의 種別	請　求　量(石)	備　　　考
留後司及屬縣	米(口粮으로)	5,000	還　　　上
慶　尙　道	豆(種子)	60,000	豆種 不足
	米・豆	60,000	還　　　上
黃　海　道	米・豆(陳荒)	70,000	還　　　上
全　羅　道	米・豆(陳荒)	20,000	口　　　粮
	豆(新)	50,000	口　　　粮
京　畿　道	米・豆・雜穀	22,580	還　　　上
咸　吉　道	米・豆	30,000	還　　　上
合　　　計	米・豆・雜穀	317,580	

* 이 표는 『世宗實錄』을 참고하여 작성.

있는바, 기근이 심각하여 백성들이 種子마저 먹어 버린 상황이었음을 알 수 있다. 아울러 국가의 상환조건은 주로 還上였고 口粮(전라도의 경우)도 있었음을 알 수 있다.

　세종 5년 2월 江原・京畿・平安・黃海道의 농작물 작황에 관한 보고 자료를 보면, 이 해의 작황은 동왕 4년의 흉작 때보다 심하여 수확이 그 절반으로 줄어든 것으로 되어 있다.[96] 그러나 세종 5년에 보고된 飢民 수를 보면, 4년보다 늘어 京畿道 기민이 1만 4,047명, 咸吉道가 7,262명이었다. 함길도의 기민 수가 월등히 많은 것은 他道에서 유입한 자가 많았던 데 기인한다. 이를 포함한 각 도의 전체 기민 수는 2만 1,309명 정도였다.[97] 비교적 적은 수치라 할 수 있는데, 이는 실제로 기민수가 적었기 때문이 아니다.

　이는 진휼을 책임지고 있던 지방수령들이 책임을 회피하고자 한 행

---

96) 『世宗實錄』 卷19, 世宗 5年 2月 丙寅, "戶曹啓 江原平安黃海忠淸京畿等道 今年失農 倍於去年."

97) 『世宗實錄』 卷19, 世宗 5年 2月 癸酉 ; 卷20, 世宗 5年 5月 丁酉.

태와 깊은 관련이 있었다. 예컨대 이들은 진휼사가 도착할 일자를 탐지하여 미리 사람을 보내 통보하고 浮瘴飢民者를 구덩이에 넣어 松皮나 草葉으로 掩葬하여 御史·敬差官 등의 진휼사의 눈을 피하였다. 진휼에 不謹했다는 죄를 모면하기 위하여 진휼사를 구류·감금하는 일도 있었고, 노변에서 아사자가 생기면 그 처벌이 수령·서리·방관자·부근 주민에게 미쳤으므로 이를 은닉하기도 하였다.98) 이 때문에 賑恤使를 埋葬使라고 부르는 일까지 생겼다.99)

또한 수령들은 자기 경내의 안정을 과시하기 위하여 監考·色吏·地方官을 동원하여 외부에서 유입하는 기민을 내쫓고,100) 진휼사에게 자기 관할 하의 賑恤場에 飢民이 한 사람도 없음을 보이기 위하여 걸인들을 다른 賑恤場으로 축출하기도 하였다.101) 유리걸식하러 떠나버린 사람들의 가옥을 철거하거나 방화하여 흔적을 없애기도 하였다.102) 이러한 상황에서 지방에서 보고된 각종 수치는 신빙성을 크게 상실할 수밖에 없으며 거기에 집계 착오까지 있었던 것으로 보이므로 사료에 대한 철저한 검증을 전제하지 않고는 객관적인 연구를 기대하기 어렵다.

세종 5년 강원·충청·평안도의 수령들이 요구한 賑恤穀의 요구량을 보면 다음과 같다.

---

98) 『世宗實錄』卷76, 世宗 19年 正月 癸卯, "議政府啓 賑濟勤漫 分遣敬差官 巡行考察 然各官守令 曾不盡心救恤 及敬差到境之日 四面村落 送人先諭 雖有浮瘴飢死者 互相隱匿."

99) 『中宗實錄』卷66, 中宗 24年 11月 壬子, "祖宗朝 以大臣發遣 以使之賑救 然若有飢餓垂死之民 則其守令及勸農等 皆治罪 故幸有垂死之民 則恐賑恤使見之 納之溝瀆而掩之 非徒不能賑救 而反爲致死者甚多 以此時人語曰 非賑恤使 乃埋葬使也."

100) 『世宗實錄』卷76, 世宗 19年 正月 壬辰.

101) 『世宗實錄』卷21, 世宗 5年 7月 庚子.

102) 『世宗實錄』卷31, 世宗 8年 2月 甲申.

<표 2-8> 世宗 5年 1~2月 賑濟穀 要求量[103]

道　　別	要　求　糧　穀
江　原　道	賑濟穀 8,400석
	償還穀 22,000석
忠　淸　道	30,000석
平　安　道	40,000석
合　　計	100,400석

* 이 표는 『世宗實錄』을 참고하여 작성.

위 표에서 보는 바와 같이 각지의 수령이 요구한 賑恤米는 총 10만 400석이었으나 다음 표로 알 수 있듯이 실제 償還米는 124만 5,883석으로 이를 초과하고 있다.

<표 2-9> 世宗 5年 實際放出穀

放出의 區分	實際 放出한 米穀	備考
還　　上	119만 8,589석	米·豆·醬 포함
賑　　濟	4만 7,294석	
合　　計	124만 5,883석	米·豆·醬 포함

* 이 표는 『世宗實錄』을 참고하여 작성.

세종 5년 2월에 요구한 진휼곡의 수치가 적었던 것은 그 해 영농에 필요한 강우가 충분할 것으로 예상하고 麥秋의 풍작을 기대했기 때문이라고 볼 수 있다. 그러나 진제곡을 청구한 이후 旱災가 발생하여 麥作에 차질을 빚었기 때문에 방출곡이 늘어날 수밖에 없었다. 우리 나라

---

103) 『世宗實錄』 卷19, 世宗 5年 正月 己亥, 己酉, “江原道 …… 賑濟米豆八千四百石 還上米豆二萬二千石 …… 忠淸道米豆雜穀三萬石.”
　　『世宗實錄』 卷19, 世宗 5年 2月 戊午, “平安道 …… 米豆雜穀及種子新雜穀幷四萬餘石.”

최대의 곡창지대인 전라도에서 1~5월까지 救荒民의 賑濟를 위해 방출한 양곡 수치는 다음과 같다.

<표 2-10> 世宗 5年 1~5月까지 全羅道 賑濟穀[104]

月 別	種　　類	數　量(石)
正　月	米·豆·雜穀	5,000
二　月	米·豆·雜穀	30,000
三　月	雜穀	100,000
四　月	米·豆·雜穀·種子·新豆	70,000
五　月	米·豆·雜穀	20,000
合　計		225,000

* 이 표는 『世宗實錄』을 참고하여 작성.

세종 5년 전라도에서 유리걸식한 기민 수 5,848명에는 충청도인 2,300명과 경상도인 1,400명이 포함되어 있었다. 세종 6년 留後司에 보고된 바에 따르면, 전라도를 제외한 7개 도의 진휼대상 민의 집계는 2월부터 4월까지 무려 1만 3,634명에 이르렀다. 이 같은 진휼대상자의 수는 강원·평안도의 경우 점차 감소되는 추세였으나 충청·경상도의 경우는 월별로 계속 급증하고 있다.

---

104) 『世宗實錄』 卷19, 世宗 5年 正月 甲午, "全羅道還上陳米豆雜穀 共五千石."
　　『世宗實錄』 卷19, 世宗 5年 2月 甲戌, "全羅道種子口粮米豆雜穀三萬石 從之."
　　『世宗實錄』 卷19, 世宗 5年 3月 己亥, "戶曹據全羅道監司關啓 請支道內失農各官人民 種子口食 還上雜穀 共十萬石 從之."
　　『世宗實錄』 卷19, 世宗 5年 4月 丙寅, "戶曹據全羅道監司關啓 請加給道內各官 失農人民口粮陳米豆雜穀 共二萬石 種子新豆五萬石."
　　『世宗實錄』 卷19, 世宗 5年 5月 庚寅, "戶曹據全羅道監司關啓 請加支還上米豆雜穀 幷二萬石 從之."

<표 2-11> 世宗 6年의 月別로 본 飢民數[105]

月別 道別 飢民數	2月朔(石)	3月朔(石)	4月朔(石)	5月朔(石)
忠　　清	1,504	3,103		4,607
平　　安	3,435	1,672	1,086	6,193
江　　原	2,426	2,212		4,638
慶　　尙	937	1,853		2,790
京　　畿		4,230		4,230
咸　　吉		399		399
黃　　海			589	589
開城留後司			576	576
合　　計	8,302	13,469	2,251	24,022

* 이 표는 『世宗實錄』을 참고하여 작성.

　이는 어느 시대에서나 볼 수 있는 현상으로, 춘궁기를 맞아 진휼할 구황민의 수가 크게 증가한 데 따른 것이다. 세종 6년 1월에서 5월까지 전라도를 제외한 전국의 飢民數와 진휼 상황을 보면 <표 2-12>와 같다.

　이 표를 분석해 보면, 飢民 1인당 진휼 및 賑貸穀의 양은 평균 0.117 石으로서 이를 斗로 계산하면 약 2斗가 된다. 이것은 성인의 경우 2개

---

105) 『世宗實錄』卷23, 世宗 6年 3月 戊戌, "忠淸道……二月朔道內丹陽淸風等三十七邑飢民一千五百四名……平安道……二月朔道內肅川博川等三十邑飢民三千四百三十五名."
　　『世宗實錄』卷24, 世宗 6年 4月 戊辰, "江原道……二月朔飢民二千四百二十六名……慶尙道……二月朔飢民九百三十七名……京畿……三月朔飢民四千二百三十名……平安道……三月朔飢民一千六百七十二名."
　　『世宗實錄』卷24, 世宗 6年 5月 戊子, "慶尙道……三月朔……飢民一千八百五十三名……忠淸道……飢民三千一百三名……咸吉道……三月朔……飢民三百九十九名……江原道……三月朔……飢民二千二百十二名……開城……四月朔飢民五百七十六名……平安道……四月朔……飢民一千八十六名……黃海道……四月朔……飢民五百八十九名."

<표 2-12> 世宗 6年 飢民數와 賑恤狀況[106]

道 名	飢 民	賑 恤 穀	賑貸穀(醬)	賑濟糧穀(還上穀)
江 原	4,638名	471石 19斗	60石 7斗	
慶 尙	2,790名	220石 16斗	31石 11斗	70,744石 16斗
京 畿	4,230名	458石 12斗	53石 6斗	32,770石 14斗
平 安	2,758名	170石 6斗	22石	30,951石 7斗
忠 淸	3,103名	331石 2斗	37石 14斗	40,079石 7斗
咸 吉	399名	32石 1斗	4石 5斗	
黃 海	589名	63石 14斗	9石 2斗	89,091石 10斗
開城府	576名	81石 11斗	12石 4斗	2,379石 2斗
合 計	13,634名	1,563石 14斗	196石 9斗	266,404石 11斗
3月朔~4月朔까지				

  * 이 표는 『世宗實錄』을 참고하여 작성.

월 식량밖에 안 되지만, 당시와 같은 극한 상황에서는 곡식의 대용식품
을 이용함으로써 양곡 소비를 최소화하였을 것이다. 이와 아울러 주시
할 것은 중앙정부가 사정의 심각성을 감안하여 賑貸보다는 賑恤에 더

---

106) 『世宗實錄』卷24, 世宗 6年 4月 戊辰, "江原道……賑濟米豆 幷二百三石五
    斗 醬三十石二斗慶尙道……賑濟米豆 幷四十四石二斗 醬六石八斗 還上分
    給米豆雜穀 幷一萬二千六百八十二石四斗 京畿……賑濟米豆雜穀 幷四百五
    十八石十二斗 醬五十三石六斗……平安……賑濟米豆雜穀 幷一百五十石六
    斗 醬二十四石 還上分給米豆雜穀 幷三千四百六十一石."
    『世宗實錄』卷24, 世宗 6年 5月 戊子, "慶尙道……賑濟米豆雜穀 幷一百七
    十六石十四斗 醬二十五石三斗 還上分給米豆雜穀 幷五萬八千六十二石十
    二斗 忠淸道……賑濟米豆雜穀 幷三百三十一石二斗 醬三十七石十四斗 還
    上分給米豆雜穀 幷四萬七十九石七斗 咸吉道……賑濟米豆雜穀 幷三十二石
    一斗 醬四石五斗 江原道……賑濟米豆雜穀幷二百六十八石十四斗 醬三十石
    五斗 開城留……賑濟米豆雜穀 幷八十一石十一斗 醬十二石四斗 還上分給
    米豆雜穀 幷二千三百七十九石二斗 平安道……賑濟米豆雜穀 幷一百七十石
    六斗 醬二十二石十斗 還上分給米豆雜穀 幷二萬六千二百二十八石三斗 黃
    海道……賑濟米豆雜穀 幷六十三石十四斗 醬九石二斗 還上分給米豆雜穀
    幷八萬九千九十一石十斗."

큰 비중(88.9%)을 두었다는 점이다.

세종 6년 3월 嶺西民戶 9,509戶 가운데 2,569戶가 流離해서 6,943戶로 감소했으며, 이 같은 농민의 유리로 말미암아 元田 6만 1,790결 가운데 不耕作 陳荒地가 무려 3만 4,430결이나 되었다. 세종 7년 2월에도 和川·平康·淮陽·文登任內 등에 凶荒이 닥쳐 호수가 절반으로 줄었다.107) 지방의 각 관아에서는 이처럼 대량으로 발생하는 유리민을 막기 위해 要路에 把守人을 세우거나 防護所를 설치하였으나,108) 굶주린 백성을 향리에 안착시키려는 安土重遷의 고식적 편법은 근본적인 문제 해결에는 도움이 되지 못하였다. 세종 7년 이후 3년 정도 救荒에 관한 기록이 거의 나타나지 않다가 세종 10년(1428) 6월에 敬差官인 鄭苯이 함길도에 수재가 발생하여 600호가 수몰되거나 표류했다고 보고한 기록이 나온다.109) 또 세종 18년에는 전국적인 大旱災와 아울러 蟲災가 닥쳐 특히 경기·강원·경상·전라도가 극심한 피해를 입었다는 기록이 나오나 구황에 대한 기사는 보이지 않는다.

세종 19년 2월에는 왕이 한성부에 傳旨를 내려 전국에서 유리한 飢民을 한 군데로 모아 거주하게 하면 전염병이 확산될 우려가 있으므로 이들을 우선 東西活人院 賑濟場에 분산시키고 유행병자와 일반 기민을 격리시키게 했다. 그리고 한성부의 郎廳과 5部 관원으로 하여금 구료하고 이들 기민을 담당하게 하였다.110) 세종 19년 3월에는 충청도에 凶荒이 극심하여 무려 70만 1,289명에 달하는 기민이 발생하자 곡창지대인 전라도에서 진휼미 5만 석을 충청도로 운송하여 기민을 급히 진휼하였다.111) 세종 29년에는 전국적으로 水災·蟲災·癘疫이 발생하였

---

107) 『世宗實錄』卷27, 世宗 7年 2月 庚申.
108) 『世宗實錄』卷23, 世宗 6年 正月 丙戌 ; 卷51, 世宗 13年 3月 丙寅.
109) 『世宗實錄』卷40, 世宗 10年 6月 庚寅.
110) 『世宗實錄』卷76, 世宗 19年 2月 癸未.

다. 그리고 같은 해에 황해도에서 4만 6,668명의 기민이 발생했으며,[112] 이보다 3년 전인 세종 26년(1444) 4월에도 함길도에 1,811명의 기민이 발생하였다.[113] 세종 27년에도 大凶荒이 닥쳐 이 재해를 입은 일대를 대상으로 진휼사업이 이루어졌다.[114]

<표 2-13> 世宗 28年 民戶數와 賑恤米[115]

道　名	民　戶(戶)	賑　恤　米(石)
京　畿　道	25,000	637,000
慶　尙　道	42,000	372,000
全　羅　道	29,000	434,000
忠　淸　道	25,000	801,000
黃　海　道	25,000	210,000
江　原　道	13,000	115,000
咸　吉　道	14,000	44,000
平　安　道	44,000	125,000
合　計	217,000	2,738,000

* 이 표는 『世宗實錄』 卷111, 世宗 28年 2月 丁卯을 참고하여 작성.

당시 일반 농민은 긴급한 凶荒對策으로 다소나마 걸식이 용이한 지

---

111) 『世宗實錄』 卷76, 世宗 19年 3月 丙辰.
112) 『世宗實錄』 卷115, 世宗 29年 2月 己酉.
113) 『世宗實錄』 卷104, 世宗 26年 4月 丙申.
114) 『世宗實錄』 卷87, 世宗 21年 11月 庚戌.
115) 『世宗實錄』 卷111, 世宗 28年 2月 丁卯, "去乙丑年 京畿人民二萬五千餘戶 分給義倉穀 六十三萬七千餘石 慶尙道四萬二千餘戶 分給三十七萬二千餘石 全羅道二萬九千餘戶 分給四十三萬四千餘石 忠淸道二萬五千餘戶 分給八十萬一千餘石 黃海道二萬五千餘戶 分給二十一萬餘石 江原道一萬三千餘戶 分給十一萬五千餘石 咸吉道一萬四千餘戶 分給四萬四千餘石 平安道四萬四千餘戶 分給十二萬五千餘石 總計二十一萬七千餘戶 分給之數二百七十三萬八千餘石 餘在米穀 無慮五百九十一萬二千餘石 今丙寅年(世宗28)各道分給米穀 多至一百十五萬三百餘石 而請發義倉者相繼不絶 將來可慮."

역으로 유랑생활을 하였다. 호구지책의 마련을 위한 이러한 대이동은 국가 안위에 심각한 문제를 야기시켰으며, 관청에서는 이들을 위해 賑恤場을 설치하였다. 세종 5년(1423) 2월에 경기도에서 보고한 賑濟者의 수는 1,114명이고,[116] 동년 10월까지 전라도에 流移한 救荒民 수는 5,848명이나 되었다. 경기도에서는 유입된 난민을 청년과 장년, 남과 여, 노인과 유아로 구분하여 수용하였다. 이 때 전라도에 流移된 난민의 출신지는 대부분 남부지방인 충청·강원·경상도였다.[117]

세종 5년의 한재로 인한 재해는 한반도 전역에 막심한 凶荒을 가져왔다. 이 와중에 그나마 작황이 다른 곳보다 나았다고 할 수 있는 전라도로 기민이 몰려든 것은 당연한 일이었다. 눈앞에 닥친 糊口를 위해 자식을 路邊에 버리는 기민이 속출하였다. 세종 4년(1422) 11월에는 守令과 驛丞에게 엄명하여 부모를 잃은 고아를 직접 감독하여 양육케 하였다. 동왕 17년 9월에는 자식을 버린 부모를 추국하고, 이러한 사실을 신고하지 않은 관리는 조사해서 엄벌에 처하라고 명하였다.[118] 세종 18·19·26년에도 난민이 流移중에 버린 고아를 里正이 책임지고 양육하게 하고 관청에서 의복과 양식을 지급하여 구휼하였다.[119] 세종 19년(1437) 전라도로 流移한 기민들 가운데 路邊이나 宿泊家에 자식을 버리고 떠난 사람은 32명이나 되었다.[120] 세종 28년에도 흉년이 들어 전

---

116) 『世宗實錄』 卷19, 世宗 5年 2月 癸酉.

117) 『世宗實錄』 卷22, 世宗 5年 10月 丁巳, "全羅道監司啓 去壬寅年閏十二月以後 道內各官流移到接良賤男女內 京來一百九十名 留後司來六百二十一名 忠淸道來二千三百九十四名 江原道來一千四十三名 慶尙道來一千四百五十五名 黃海道來二十二名 平安道來十名 咸吉道來一百七名 總五千八百四十八."

118) 『世宗實錄』 卷18, 世宗 4年 11月 丙寅 ; 卷69, 世宗 17年 9月 庚午.

119) 『世宗實錄』 卷75, 世宗 18年 10月 壬申 ; 卷103, 世宗 26年 2月 己亥.

120) 『世宗實錄』 卷76, 世宗 19年 正月 癸卯.

국의 수령들이 요구한 진제곡 210만 5,901석 중 국가보유미 193만 1석을 진휼곡으로 방출하였다.

<표 2-14> 世宗 28年 1~4月 賑濟狀況表[121]

道別	月別	要求量	放出量		放出條件	備考
			種類	量		
江原	正月	90,000	米·豆	19,600	還上	
	〃	10,270	米·鬼麥種	10,270	〃	270石
	2月	66,658	種食·雜穀	66,658	〃	軍資·義倉에서 放出
慶尙	正月	237,300	稻種·黃豆種·雜穀種	237,300	〃	稻種 195,200, 黃豆種 36,000
		200,000	口食	100,000	〃	雜穀種 61,000
	3月	100,000	口粮	100,000	〃	
		8,450	穀種	8,450	〃	道內 33주현 실농으로 加給
全羅	正月	20,000	牛料豆	20,000	〃	
	2月	134,728	稻種	134,728	〃	
	〃	5,000	口食	50,000	〃	
	3月	80,000	牛料豆	80,000	〃	
	4月	75,593	豆種	75,593	〃	軍資·義倉에서 支給
	〃	40,000	口食	40,000	〃	軍資·義倉에서 雜穀으로 支給
平安		10,000	牛豆(料)	10,000	〃	軍資·義倉에서 支給
	2月	63,885	稻種·雜穀	63,885	〃	稻種 39,285, 雜穀 24,000
		42,000	口食·雜穀	42,000	〃	
	4月	30,208	雜種	30,208	〃	軍資 義倉에서 支給
		20,000	口粮	20,000	〃	義倉에서 支給
忠淸	2月	76,400	口食	76,400	〃	稻種·雜穀 義倉軍資에서 支給
		80,000	稻種	80,000	〃	
		1,200	雜穀	1,200	〃	
	3月	220,250	稻種·豆種·口粮	220,250	〃	稻種 10만, 豆種 70,250
		50,914	穀種	50,914	〃	軍資에서 支給

道別	月別	要求量	放出量		放出條件	備考
			種類	量		
忠淸	4月	50,940	稻種	50,940	〃	〃
京畿	2月	60,000	米	10,000	〃	
		13,500	穀種	13,500	〃	
	4月	87,670	豆種	87,670	〃	軍資 義倉에서 支給
黃海	2月	25,000	米	25,000	〃	軍資에서 支給
		22,600	口粮雜穀	22,600	〃	그외 醬 千石도 支給
		127,300	稻種·黃豆·雜穀	127,300	〃	穀種 稻 55,900, 黃豆 48,800, 雜穀 22,600
咸吉	2月	3,138	鬼麥種·料豆	3,138	〃	鬼麥種 138, 料豆 3,000
	3月	60,000	穀種·雜穀	60,000	〃	軍資에서 支給
開城府	4月	1,500	豆種	1,000	〃	
京中	4月	1,397	穀種	1,397	〃	軍資에서 支給
合計		2,115,901		1,940,001	〃	

  * 이 표는 『世宗實錄』을 참고하여 작성.

---

121) 『世宗實錄』卷111, 世宗 28年 正月 癸酉, "江原道監司請救荒米豆九萬石 命給一萬九千六百石."

『世宗實錄』卷111, 世宗 28年 2月 壬寅, "議政府據戶曹呈啓 請給平安道牛料豆一萬石 全羅道口食五萬石 忠淸道七萬六千四百石 從之."

『世宗實錄』卷111, 世宗 28年 2月 辛酉, "平安道各官稻種三萬九千二百八十五石 雜穀種二萬四千六百石 全羅道稻種十三萬四千七百二十八石 忠淸道雜穀種一千二百石 以其道君資義倉題給 從之."

『世宗實錄』卷111, 世宗 28年 2月 甲子, "黃海道各官 穀種稻五萬五千九百石 黃豆四萬八千八百石 雜穀二萬二千六百石題給 從之."

『世宗實錄』卷111, 世宗 28年 2月 丙寅, "京畿各官早穀種一萬三千五百石 平安道人民口粮雜穀四萬二千石 咸吉道鬼麥種一百三十八石 牛料豆三千石題給 從之."

『世宗實錄』卷111, 世宗 28年 3月 丁丑, "忠淸道稻種十萬石 豆種七萬二百五十石 口粮五萬石 全羅道牛料豆八萬 慶尙道口粮十萬石題給 從之."

『世宗實錄』卷111, 世宗 28年 3月 丙申, "忠淸道各官穀種 加給君資五萬九百十四石 從之."

세종 29년(1447) 5월에는 수도인 한성에서 여역자 100명을 동서활인원에서 치료받게 하였다. 이 유행병으로 457명이 사망하였으며, 京外에서는 한 도에 사망자가 4,000여 명씩이나 되었다.[122] 세종 18년 정월에

<표 2-15> 世宗 18~29年의 飢死者數[123]

年　　度	道　　名	飢死・癘疫・死亡者數	報告者
18年(1436)	咸 吉 道	900名	都巡撫使 沈道源
		40,000名(道民數 80,000名)	贊成事 河敬復
19年(1437)	京 畿 道	23名	都承旨 辛引孫
	忠 淸 道	25名	
25年(1443)	咸 吉 道	1,752名	禮曹佐郎 鄭軾
		1,600名	司諫院 確認
29年(1447)	漢　　城	457名	司諫院啓

* 이 표는 『世宗實錄』을 참고하여 작성.

『世宗實錄』卷111, 世宗 28年 3월 丁酉, "慶尙道失農三十三州縣穀種 加給八千四百五十石 從之."

『世宗實錄』卷112, 世宗 28年 4月 庚子, "全羅道豆種 以君資義倉七萬五千五百九十三石題給 從之."

『世宗實錄』卷112, 世宗 28年 4月 壬寅, "京畿豆種以君資義倉八萬七千六百七十石題給 從之."

『世宗實錄』卷112, 世宗 28年 4月 丁未, "忠淸道稻種 以軍資五萬九百四十石題給 從之."

『世宗實錄』卷112, 世宗 28年 4月 己酉, "城底十里居民穀種 以軍資監一千四百九十七石 平安道 州縣穀種 以軍資義倉三萬二百八石題給 從之."

『世宗實錄』卷112, 世宗 28年 4月 庚申, "平安道人民口粮 請給義倉米二萬石 從之."

『世宗實錄』卷112, 世宗 28年 4月 癸亥, "全羅道人民口食 以軍資義倉雜穀四萬石題給 從之."

『世宗實錄』卷112, 世宗 28年 4月 丙寅, "開城府豆種一千五百石題給 從之."

122) 서울시사편찬위원회,『서울 육백년사』, 1977, 651쪽.

123)『世宗實錄』卷71, 世宗 18年 正月 辛巳, "會聞咸吉道會寧鍾城等處人民 去

왕이 당시 大司憲이었던 李叔時와 나눈 대담을 보면, 飢民의 절반이 아사하였음을 알 수 있다.124)

세종은 서민들의 고통을 덜어 주기 위한 모든 정책 중에서 특히 진휼 문제를 최우선으로 하였다. 모든 정책을 수행하는 데 있어 매일 啓事하는 중에서도 荒政에 관해서 "以荒政爲首"125)라 한 것은 진휼을 위한 그의 고심을 잘 보여주는 대목이다. 세종은 구황민의 발생은 진휼정책을 담당하는 관리에게 책임이 있다고 생각하여 걸인이나 유행병자가 생기면 목민관을 독려하고 문책하였다. 세종 원년(1419) 8월에 荒政의 책임을 물어 수령 70명, 감고 3명 등을 처벌하고, 그 밖에도 목사·현감 등 합계 101명을 백성들의 진휼에 진력하지 않았다는 이유로 엄벌에 처하였다.

이들 처벌자 외에도 세종은 목민관으로서 진휼에 관심이 없는 자를 즉시 파직하였는데, 이 때 파직당한 成達生의 후임에 金自知를, 강원도 관찰사에는 黃喜를 당일로 임명하였다.126) 또 같은 세종 원년에 凶荒과

　　乙卯飢饉之後　疾疫死者甚多　遂令都巡撫使沈道源　推問死者之數九百餘人
　　矣　令贊成事河敬復　往于其界　以聞於予曰　疫死者過半　予謂其界人民　本八
　　萬餘人　若過半死　則不下四萬餘人矣."
　　『世宗實錄』卷76, 世宗 19年 正月 壬子, "京畿人之死者　至於二十三　忠淸之
　　死者　至於二十五."
　　『世宗實錄』卷102, 世宗 25年 11月 丙午, "咸吉道 …… 因病而死者 一千七
　　百五十二名."
　　『世宗實錄』卷116, 世宗 29年 5月 辛卯, "上命漢城府　檢括五部　死者四百五
　　十七人　又命兵曹."
124)『世宗實錄』卷71, 世宗 18年 正月 辛巳, "…… 大司憲 李叔時啓曰 …… 疫
　　死者過半　予謂其界人民　本八萬餘人　若過半死　則不下四萬餘人矣……."
125)『世宗實錄』卷18, 世宗 4年 12月 丁亥.
126)『世宗實錄』卷21, 世宗 5年 7月 甲午, "義禁府啓 黃海平安江原 三道監司不
　　能奉行敎旨　使道內人民　多至餓莩　均是近民之職而守令則論罪　監司則不坐
　　實爲未便　命平安道監司成達生　經歷金良　江原道監司李明德　經歷高若海等

<표 2-16> 世宗 元年의 救荒怠慢으로 處罰된 者[127)]

官　職	姓　名	處罰事由	刑　量	其　他
和州牧使	許　揆	不謹賑濟	杖 一百	
鐵原都護府使	洪延安 等 8名	〃	〃	
監　考	10名		減 2等 杖 80	
珍城縣監	鄭　簽	飢民 一戶 發生	減 2等 杖 80	
陝川監考	朴　蓄	飢民 一戶 發生	減 3等 杖 70	
德山縣監	柳仲敬 等 3名	任意 分給	笞 50	
	李　棄 等 4名	賑濟米 盜用	杖 80 特免刺字	
鐵原監考	金得全		笞 50	年老昏愚 未減

* 『世宗實錄』卷5, 世宗 元年 8月 丙戌를 참고하여 작성.

기근이 들자 백성의 賑濟를 위하여 각 지방수령들로 하여금 分巡·檢察하여 매월 말에 그 결과를 조정에 보고토록 하였다. 또한 조정에서는 지방에 관리를 파견하여 단 1명이라도 아사자가 발생하였을 때는 이를 중벌로 다스렸다.[128)] 세종 5년 6월에도 강원도 金城縣令 李薰, 監考 金渠相·尹生己에게 진휼 태만의 죄를 물어 杖刑을 내렸고, 洪川縣監 張季魯, 谷山郡知事 慶順道, 高陽縣監 金資敬, 定州牧判事 陳原貴, 臨江縣監 李明義, 定寧縣令 金錯 등에게도 마찬가지 이유로 杖刑·罷職·流配刑에 처하였다.[129)] 동왕 5년 7월 江東賑濟場監考 高貴承은 12세

幷罷職 以私馬上京 黃海道勿論 以其飢民數少也."

127) 『世宗實錄』卷5, 世宗 元年 8月 丙戌, "命上護軍權踐 饋頭目于大平館 上以和州牧使許揆 鐵原都護府使洪延安等八人 不謹賑濟制書有違 杖一百 監考十人 減二等杖八十 珍城縣監鄭簽 以飢民只一戶 減二等杖八十 陝川監考朴蓄 飢民只一戶 減三等杖七十 德山縣監柳仲敬等三人 失於參考 加減分給違令 笞五十 並令收贖 不收職牒 振威記官李棄等四人 盜用賑濟米 杖八十 特免刺字 鐵原監考金得全年老昏愚 未減 笞五十 其餘守令七十人監考三人 所犯皆輕 特免其罪."

128) 『世宗實錄』卷63, 世宗 16年 1月 庚寅.

129) 『世宗實錄』卷20, 世宗 5年 6月 乙卯·丁巳·戊午·己未·甲子.

남아가 구제를 받은 다음 걸을 수 없어 賑濟場에 더 머물러 있기를 청했음에도 이를 거절하고 소에 태워 다른 賑濟場으로 돌려보낸 죄로 杖100에 처해졌다. 동왕 17년(1435) 7월에는 漢城府 判事 田興과 府尹 金孟盛이 기민이 都城에 流移하여 3일 간 걸식했는데 진제치 못하였다고 하여 파직당하였다. 동왕 29년 3월에는 祥原郡에 17명의 기사자가 발생하여 監司 權克和를 義禁府로 壓送하여 推劾하였다.130) 이와 같은 수령에 대한 治罪는 위민정치·왕도정치를 구현하려는 지배자의 의식에서 나왔다고 볼 수 있다. 賑恤使를 파견하여 수령을 감독하게 된 것131) 역시 같은 의도였다.

<표 2-17> 世宗代 賑恤使 派遣現況

年代	派遣 場所
4年	全國 12名 分遣
5年	黃海·平安·江原에 4名 派遣
16年	京畿·黃海·忠淸·全羅·慶尙에 5名 派遣
17年	平安·咸吉·黃海·忠淸에 派遣
27年	京畿道에 派遣

* 이 표는 『世宗實錄』을 참고하여 작성.

세종 27년 2월에는 경기도 飢民賑濟 敬差官인 軍器副正 權蹲에게 「賑恤事目」을 敎示하였는데 그 내용은 다음과 같다.132)

---

130) 『世宗實錄』卷21, 世宗 5年 7月 戊戌·庚子 ; 卷69, 世宗 17年 7月 乙未 ; 卷115, 世宗 29年 3月 戊子.

131) 『世宗實錄』卷16, 世宗 4年 7月 甲子 ; 卷18, 世宗 4年 12月 丁亥 ; 卷18, 世宗 4年 閏12月 己卯 ; 卷19, 世宗 5年 正月 辛丑 ; 卷63, 世宗 16年 2月 壬子 ; 卷63, 世宗 16年 3月 己卯 ; 卷67, 世宗 17年 3月 丙子 ; 卷67, 世宗 17年 4月 甲辰 ; 卷107, 世宗 27年 2月 丁未.

132) 『世宗實錄』卷107, 世宗 27年 2月 丁未.

① 飢民 중에 年老하거나 患者여서 官衙에 출두하여 賑濟를 받을 수
　 없는 사람은 직접 가져다 줄 것.
② 수령이 지난날 還上를 虛錄한 것을 보충하기 위하여 賑濟 題給할
　 때 그 수량을 줄이는지 상세히 살필 것.
③ 春期에 부족한 賑濟米를 보충하기 위하여 救荒食物인 山菜나 菜
　 蕘을 많이 섞어 먹을 것.
④ 여러 날 굶주린 사람은 漿水를 마시게 하면 즉사하므로 먼저 粥水
　 를 식혀 천천히 먹여 공복을 면하게 한 다음 음식을 줄 것.
⑤ 賑濟場은 飢民이 거처하는 장소에서 구휼하고 농번기에는 원래
　 거주하던 장소로 귀향시킬 것.
⑥ 행정구역상 本官과 원거리에 거주하는 飢民은 근처 官衙로 나가
　 賑恤米를 지급받게 할 것.
⑦ 官衙와 相距한 飢民에게 최우선적으로 관심을 기울일 것.
⑧ 賑恤하는 일에 진력하지 않는 監考나 色掌은 즉시 論決하고 당해
　 지역의 수령은 科罪할 것.

　이와 같은 진제의 감독은 司憲府,[133] 義禁府,[134] 刑曹[135]에서 주관하
였다. 그리고 觀察使와 都事가 聽訟事의 번잡으로 진휼사업에 전념할
수 없을 때에는 특별히 중앙의 고관에게 假都事라는 別職을 주어 관찰
사의 지휘를 받게 하기도 하였다. 물론 평소에도 首領, 經歷, 敎諭, 檢
行, 敬差官 등을 수시로 파견하여 지방민의 진휼을 감독하고 집행하였
다.[136]

　이들 진휼관은 진휼을 감독함과 동시에 진휼 업무를 직접 수행하는
두 가지 역할을 병행하였다. 이들이 賑恤을 감사할 때의 着眼點을 世宗

---

133)『世宗實錄』卷20, 世宗 5年 6月 丙子.
134)『世宗實錄』卷20, 世宗 5年 6月 甲子.
135)『世宗實錄』卷21, 世宗 5年 7月 戊戌.
136)『世宗實錄』卷36, 世宗 9年 5月 庚寅.

~成宗代까지 정리해 보면 <표 2-19>와 같다.

<표 2-18> 朝鮮前期 賑恤官名

官職名	記錄된 冊	備考
行臺監察	『太宗實錄』卷31, 太宗 16年 4月 壬辰	守令의 間弊 糾察
敬差官	『世宗實錄』卷19, 世宗 5年 正月 辛丑	剛直慈惠한 朝士中 任命
宦官	『世宗實錄』卷20, 世宗 5年 5月 壬午	賑恤의 監督官
鎭撫	『世宗實錄』卷104, 世宗 26年 4月 丁未	〃
知印	『世宗實錄』卷104, 世宗 26年 5月 申酉	賑恤實務官
別監	『端宗實錄』卷5, 端宗 元年 正月 丁丑	賑恤監督官
注書史官	『成宗實錄』卷137, 成宗 13年 正月 己卯	中央監督官
賑恤使	『成宗實錄』卷190, 成宗 17年 4月 戊戌	〃
間弊使	『成宗實錄』卷236, 成宗 21年 正月 壬子	〃
巡察使	『中宗實錄』卷37, 中宗 12年 2月 癸酉	〃
御史	『明宗實錄』卷7, 明宗 3年 3月 庚子	〃

* 이 표는 『조선왕조실록』을 참고하여 작성.

<표 2-19> 賑恤事業 着眼點

王代	年代	內容
世宗	元年 8月	義倉穀과 飢民數를 고려하지 않고 지급한 자
	元年 8月	賑濟米를 盜用한 자
	4年 11月	境內 飢死者를 발생시킨 자
	5年 正月	飢民을 은닉하고 보고하지 않은 자
	5年 正月	飢饉者를 不飢饉者라 보고한 자
	5年 7月	賑濟米豆를 減給하여 管內飢民이 飢死·浮腫케 한 자
	9年 正月	上部의 명령 없이 자의로 還上穀을 지급한 자
	16年 正月	賑恤의 시기를 놓친 자
	26年 3月	富强者에게 진휼미를 지급하고 貧民에게는 不支給한 자
世祖	3年 5月	賑恤米를 富强者에게 지급한 자
成宗	16年 6月	流民의 居處를 不知한 者, 貧富區分 없이 濫給한 자
	16年 12月	還上을 不給하고 合給記에 허위 기재한 자
		境內 流移空舍를 發生하게 한 자

* 이 표는 『조선왕조실록』을 참고하여 작성.

진휼을 태만히 한 목민관 가운데 3품 이상은 반드시 조정에 문의한 뒤에 처벌하고 4품 이하인 경우에는 중앙에서 파견된 감독관이 杖 80 이하까지는 直決할 수 있게 하였다.137) 진휼을 태만히 하는 자는 重罪로 다스리되, 단 그 처벌은 신분에 따라 斬刑138)에서 容恕139)까지 각양각색이었다. 한편 진휼의 성적이 좋은 관리에게는 포상이 주어졌다.140)

세종은 재위기간 동안 救荒民의 賑濟를 위하여 관이 보유한 양곡을 크게 두 가지로 나누었다. 하나는 흉년 때 방출했다가 작황이 좋을 때 환수하는 還上穀이며, 다른 하나는 무상으로 난민에게 지급하는 賑濟穀이었다. 이 두 양곡의 비율은 25 : 1 정도였다. 그런데 이 양곡은 모두 국가의 창고에서 지출되었던 관계로 군량미를 비축할 수 없는 상태에 놓이게 되었다. 더구나 연속되는 흉년으로 진제곡의 방출이 늘어나면서

<표 2-20> 實錄에 나타난 賑濟對象

對象	實錄 表記
船軍	『世宗實錄』卷6, 世宗 元年 12月 丙戌
無田兩班	『太宗實錄』卷32, 太宗 16年 12月 己未
凋殘驛吏	『世宗實錄』卷17, 世宗 4年 8月 己酉
路上飢病軍人	『世宗實錄』卷15, 世宗 4年 2月 甲寅
老病·産歸·病後弱者	『世宗實錄』卷19, 世宗 5年 2月 乙丑
失火民	『世宗實錄』卷67, 世宗 17年 正月 丙子
慶源·訓戒·美錢·穩城의 胡人	『中宗實錄』卷95, 中宗 36年 6月 乙卯
野人	『世宗實錄』卷95, 世宗 24年 2月 己亥
失火倭人	『世宗實錄』卷23, 世宗 6年 3月 丙申

* 이 표는 『조선왕조실록』을 참고하여 작성.

---

137)『世宗實錄』卷76, 世宗 19年 正月 癸卯.
138)『世宗實錄』卷25, 世宗 6年 9月 己丑.
139)『世宗實錄』卷5, 世宗 元年 8月 丙戌.
140)『成宗實錄』卷76, 成宗 19年 正月 壬辰.

중외의 창고가 텅텅 비게 되어 일년의 저축도 오히려 부족하게 되었다.[141] 당연히 還上되어야 할 貸與米의 회수도 부진했다. 세종은 지방관들에게 강력히 督納을 권유하였지만 특별한 효과를 기대할 수는 없었다. 세종 23년(1441) 3월에 左贊成 河演이 義倉充足之術 15개조로 된 방안을 제시하였다. 그러나 이 방안은 기민이 날로 급증하는 당시의 사회 상황에서는 실제적인 효과를 거두기 어려운 이상론에 불과하였다.

2. 節糧政策

세종대 賑濟를 위해 지출한 진휼미가 실제로 구황민 1명에게 분배된 양은 <표 2-21>과 같았다.

성인의 경우 1일분 진제미가 태종 11년에는 米 1升이었으나 세종 원년에 들면 米 4合과 豆·콩자반 각각 1合으로서 총 6合이 되어 양은 반으로 줄어든 셈이다. 그러나 태종 11년의 성인에 대한 진제미 1升은 실제로 식솔들과 연명하는 데 필요한 양이라고 보아야 옳을 것이다. 생명 연장을 위해 국가가 지급한 쌀이 1개월에 성인 1인당 3斗나 된다는 것은 현실성이 없다. 아동의 경우에는 태종 11년에 米 5合이 지급되던 것이 세종 원년에는 11~15세인 사람에게 米 2合, 豆 2合, 콩자반 半合이 지급되어 그 양은 거의 비슷한 수준이었다.

세종은 연속되는 흉년으로 말미암아 진휼이 다급해졌기 때문에 소요되는 양곡의 재원을 확보하기 위하여 다각적으로 노력을 기울였다. 우선 宮內에 명을 내려 祭享·接賓用을 제외하고는 공용이든 사용이든 用酒를 엄금하였다. 세종 3년(1421) 정월에는 禮曹에 명을 내려 時祭를

---

141) 『世宗實錄』 卷86, 世宗 21年 9月 乙卯, "比年 連歲凶年 民生困匱 窮民皆仰
　　 給賑濟 還上義倉不足 又全糶於軍資 中外倉穀 困以虛渴 一年之儲 尙且不
　　 足."

<표 2-21> 1人에 分配된 賑濟米[142]

年　代	區　分	分　　配(1日)
太宗 11年	飢民(成人)	米 1升
	兒童	米 5合
世宗 元年	靑壯年 男女	米 4合, 豆 3合, 콩자반 1合
	11~15세	米 2合, 豆 2合, 콩자반 半合
	10세 이하~5세 이상	米 2合, 콩자반 半合
世宗 4年 10月	2~3세	5세 이상에 준함

* 이 표는 『조선왕조실록』을 참고하여 작성.

행할 때도 茶로 대신하게 하고 술의 사용은 제사 때로만 국한시켰
다.[143] 세종 17년(1435) 사헌부의 건의에 따라 민생안정과 기아선상에
허덕이는 백성을 위해 다시 금주령이 내려지고, 동왕 26년(1444)에도
祭亨과 進上 및 외국사신이 지참한 것을 제외한 모든 술을 금하는 철
저한 금주령이 내려졌다.[144] 세종이 집권한 시기에 내려진 금주령은 총
여섯 차례나 되는데, 節糧政策의 일환으로서 내려진 금주령은 국가경
제의 측면에서나 건전한 국민정신의 확립이라는 면에서나 대단히 좋은

---

142) 『太宗實錄』卷21, 太宗 11年 4月 丁亥, "敬差官 不敢擅焉 其賑濟也 每一人
　　日給米一升 小者則五合."
　　『世宗實錄』卷3, 世宗 元年 3月 癸丑, "忠淸道觀察使李孟畇啓 去乙未年 戶
　　曹移文 賑濟規式內 壯男女 每一名日支米四合豆三合鼓一合 自十一歲至十
　　五歲 每一名米二合豆二合鼓半合 十歲以下五歲以上 米二合鼓半合 …… 亦
　　依十一歲以上例賑濟."
　　『世宗實錄』卷19, 世宗 5年 1月 庚戌, "戶曹啓 如今力農時 飢民賑濟 依前例
　　壯男女一名 一日米四合豆三合醬一合 自十一歲 至十五歲男女 米二合豆二
　　合醬半合 …… 並一歲以上賑濟 從之."
143) 『世宗實錄』卷4, 世宗 元年 5月 癸亥 ; 卷11, 世宗 3年 正月 丁卯.
144) 『世宗實錄』卷56, 世宗 14年 5月 庚辰 ; 卷69, 世宗 17年 8月 庚戌, "司憲府
　　啓 近來連年飢饉 民生甚難 宜下禁酒之令 以節民食." ; 卷107, 世宗 27年 2
　　月 乙巳 ; 卷123, 世宗 31年 2月 甲子.

효과를 가져왔다.

禁酒 이외에도 節糧政策의 하나로서 세종 원년(1419) 9월에 戶曹에서는 餅과 酒를 일체 엄금하고 관리들의 中食을 중지시켰다. 세종 19년(1439) 정월에는 충청·경상·전라도에 凶災가 들자 貢賦를 탕감하고 관리들의 녹봉도 1·2품은 豆 1石, 3~6품은 각각 豆 2石을 감했으며, 7품 이하는 豆 1石을 감하고 明紬·正布·銅·鐵의 지급을 금지하였다. 이는 관리들의 내핍을 중요시한 정책이었다. 세종 26년(1444)에는 종래에 행해 오던 養老宴마저 폐지시켰다.[145]

한편 세종은 양곡을 보충하기 위하여 왕족이나 고위관리의 免稅地 지급도 대폭 감축시켰다.[146] 宗親의 科田額數 삭감과 아울러 各司의 位田·公廨田·外役田·雜位田 등을 세종 16년과 27년에 國用田으로 귀속시켜 태종 초년에 8만 4천여 결이던 科田이 세종 22년에는 6만 8천여 결로 감축되었고, 방대한 사원의 田地에도 세종 6년부터는 田稅를 부과하였다.[147]

뿐만 아니라 세종조에 들어와서는 종래의 功臣田과 같은 無稅田地의 하사를 일체 금하였다. 국초 이래 개국 및 왕권과 관련된 대사건에서 공을 세워 많은 공신이 책봉되었는데, 이들에게는 막대한 공신전이 지급되었다. 고려 말 이래 성종 2년(1471)까지 지급된 공신전을 보면 총 9회에 걸쳐 372인에게 약 3만 8천여 결이 지급되었다. 공신전은 범죄나 無後한 때를 제외하고는 국가에 반납하지 않는 면세전으로서, 공신전의 확대는 국가경제에 큰 타격을 주었다. 이 공신전은 상속 등 분급과 관련하여 정치 문제화되어 집권관료 사이에 첨예한 이권경쟁을 불러일으

---

145) 『世宗實錄』 卷1, 世宗 元年 9月 壬戌 ; 卷76, 世宗 19年 正月 丙申 ; 卷105, 世宗 26年 閏7月 戊寅.
146) 『世宗實錄』 卷76, 世宗 19年 正月 壬寅.
147) 周藤吉之, 「高麗朝より朝鮮初期に至る田制の改革」, 『東亞學』 3, 1940.

키기도 하였다. 이러한 공신전의 축소 조치는 당연히 공전의 확대를 가져와 국고수입의 증대에 지대한 공헌을 하였다. 이 증대된 국가수입은 진휼사업에 투자되어 빈민구제에 사용되었다.[148]

　한편 적극적으로 賑濟에 노력한 사람에게는 상을 내려 同族相憐과 相扶相助하는 미풍을 진작하고 患難時에 相恤할 줄 아는 국민정신을 배양하였다. 세종 19년(1437)에는 1,100석 이상의 비축이 가능한 富豪에게 自家 소요량을 제외한 나머지를 모두 還上했다가 풍년에 환수하게 하였다. 재해를 당한 일반 국민의 노동력을 증가시키는 동시에 구황을 위해 군인에게는 휴가를 주어 귀향시켜 재난 극복에 도움을 주게 하였

<표 2-22> 『世宗實錄』에 記錄된 災害措置[149]

年　　代	理由	場　　所	措　　置
5年　　2月(1423)	春窮	黃海道：平山・遂安・載寧・豊川・長淵・安岳	補充軍・別軍・守公・螺匠을 代立 京役人을 歸鄕시킴
5年　　9月(1423)	凶荒	平安道	鄕校生徒 來年 秋收期까지 放學
6年　正月(1424)	凶荒	京畿道：朔寧・鐵原 黃海道：瑞興・牛峯	鄕校 學生 歸家, 敎官도 麥秋期까지 本家에 귀향시킴
19年　正月(1437)	凶荒	全國	公・私 營繕을 禁止
21年　10月(1439)	凶荒	忠淸道	鄕校學生의 都會禁止(翌年까지)
26年閏7月(1444)	凶荒	京畿道	鄕校學生의 歸家(秋收期까지)
26年閏7月(1444)	凶荒	全國	鄕校學生 分番登校, 敎官 本家歸家
26年閏7月(1444)	凶荒	京畿・忠淸・黃海道	齋郎・樂工・武工을 4番으로 番은 休暇 大祭時만 合함
27年　　3月(1445)	凶荒	全國	成均館의 春季 科擧制 中止
28年　10月(1446)	凶荒	忠淸・慶尙・全羅道	金銀을 採取하게 함
合　計			10回

＊ 이 표는 『世宗實錄』을 참고하여 작성.

---

148) 韓永愚, 『朝鮮初期 社會經濟研究』, 乙酉文化社, 1983, 69~70쪽.

149) 『世宗實錄』 卷19, 世宗 5年 2月 癸酉, “兵曹啓 黃海道失農 平山安岳遂安海

을 뿐 아니라 校生에게도 放學을 실시하였다. 세종조에 9회에 걸쳐 실시된 災害조치를 연대순으로 정리해 보면 <표 2-22>와 같다.

진휼을 위하여 제반 행사를 과감히 중단하고 군인·학생·학교(향교)의 敎官까지 농업에 전념토록 하여 모든 국민들로 하여금 생활에 안정을 찾도록 노력하였음을 알 수 있다.

조선시대 일반 백성들은 대부분 농업에 의존하였으므로 麥穀과 秋穀의 凶荒이 계속되자 정부가 보유한 비축미만으로는 賑濟에 필요한 양곡이 절대적으로 부족하였다. 이와 같은 진휼의 한계성을 극복하기 위해 세종은 농업에만 의존할 것이 아니라 野生하는 식물 가운데 식용 가능한 잎·열매·뿌리·껍질을 골라 대용식물로 사용하게 하기도 하였다. 이것은 종래의 지역적·개별적으로 이루어지던 기근 극복법을 국가

州載寧瑞興豊川長淵等 各官 住各司皁隷補充軍別軍螺匠守公等 限旱穀成熟 除立番 從之."
『世宗實錄』卷21, 世宗 5年 9月 丁丑, "禮曹據平安道監司關啓 道內失農各官鄉校生徒 限來年秋成放學 從之."
『世宗實錄』卷23, 世宗 6年 正月 丙戌, "吏曹據京畿黃海道監司關啓 京畿鐵原朔寧 黃海道瑞興牛峯等 各官失農鄉校生徒 限旱穀成熟放學 敎官亦許還家 從之."
『世宗實錄』卷76, 世宗 19年 正月 壬寅, "子孫蕃衍 雖云慶事 徒費天祿營繕亦多 恐有感召之災."
『世宗實錄』卷87, 世宗 21年 10月 丙戌, "禮曹啓 忠淸道失農各官 鄉校生徒限秋成放學 從之."
『世宗實錄』卷105, 世宗 26年 閏 7月 戊寅, "乙丑年秋停京外生徒都會 外方鄉校生徒分番 其專失農各官生徒 悉令放學 敎官亦各歸其家 其失農尤甚京畿忠淸黃海各官齋郎樂工武工 亦限乙丑年秋分四番三番常仕 令一番相遞下番大祭時則合番."
『世宗實錄』卷114, 世宗 28年 10月 庚子, "議政府據工曹呈申 去春因年荒停各道金銀採取 然本曹遺在金銀數少 將來可慮 乞失農江原道外 於下三道各一邑 遺人採取 從之."
『世宗實錄』卷107, 世宗 27年 3月 丙子, "以年饑 停成均館春等課試."

적·정책적 차원으로 확대시킨 것이라고 볼 수 있다. 이러한 정책적인 지원 하에 야생 초목에서 식용가능한 식물을 찾은 결과 상당한 성과를 얻을 수 있었다. 대용식물로 활용된 종류는 콩잎·팥잎·竹實·海草·松皮를 위시하여 草實·橡實·黃角·菁根·葛根 등이 있고 심지어 白土·白赤土에 이르기까지 인간이 취식할 수 있는 모든 것을 식용화하였다. 세종조에 있어서 각 지방에서 대용식으로 이용한 식물을 정리하면 다음과 같다.

<표 2-23> 世宗代 代用食物[150]

年 代	場 所	種 類	備 考
元年 8月 (1418)	全國에서 旱風 水災	橡實(상수리나무 열매), 黃角(해초), 豆藿(콩잎·팥잎) 비축	敬差官 파견
4年 6月 (1422)	水災	흉작으로 山郡에서 草實로 主食함	
5年 3月 (1423)	咸吉道：和州 黃海道：鳳山·瑞興	白蠟과 유사한 흙 白土·白赤土	
5年 9月 (1423)	平安道	黃角(해초)이 다량으로 산출됨	황해도의 각 官衙에서 수거하여 보관을 명함
6年 8月 (1424)	전국	橡實을 우선적으로 채취하게 함	大戶 60石, 中戶 40石, 小戶 20石, 殘戶 10石 비축
16年 2月 (1434)	慶尙道	救荒食物로 第1 橡實, 第2 松皮를 채취함	
16年 4月 (1434)	전국	구황식물은 구황 정도에 따라 비축할 것을 지시	民苦가 많으나 용도가 줄어들 때 버리게 됨
18年閏6月 (1436)	전국	菁根(무우) 재배 권유	구황식물로 이용
18年 9月 (1436)	全國	구황식물 채취는 농번기를 피할 것	失農을 막기 위해 농한기를 이용 구황식물 채취
18年 12月 (1436)	慶尙·全羅·忠淸	일본에서 전래된 구황식물로 葛根取食法을 교육	倭通使 尹仁甫 건의 따라 慶尙에 仁甫, 全羅·忠淸에 仁紹 파견 교육

年　代	場　所	種　類	備　考
19年　7月 (1437)	慶尚·智異山·漢城	竹實이 많이 열림. 가구당 10~20석을 收穫함. 三角山에 竹實이 많음	竹實 분말로 만들어 밀가루와 혼합 餅을 만들어 식용
19年　9月 (1437)	京畿	黃角을 番上하는 船軍을 시켜 채취·비축	관찰사의 주청으로 생계를 위해 도망한 농민 1명에 10명이 연루, 풍년이 들 때까지 推刷를 보류
25年　10月 (1443)	江原道		〃
26年　4月 (1444)	海州 30명, 長淵 2명이 식용 사용할 흙을 파다 압사		海州·長淵에 知印 朴思賁를 파견하여 조사 보고케 함

* 이 표는 『世宗實錄』을 참고하여 작성.

---

150) 『世宗實錄』卷5, 世宗 元年 8月 癸未, "戶曹啓 救荒之物 須超節預備 其橡實黃角豆藿等 凡可食草木根莖花葉 令損實敬差官 失農各戶分揀 便之收蓄 以備明年救荒 上命各以所産 隨宜預備 毋致民弊."

　『世宗實錄』卷16, 世宗 4年 6月 癸丑, "是年夏陰雨連旬 麥穗皆腐 五穀種多未出土 初生者亦朽 山郡尤甚 民采草實食之."

　『世宗實錄』卷19, 世宗 5年 3月 甲午, "咸吉道和州 有土色性如蠟 飢民掘而作餅與粥 食之免飢 味與蕎麥食略同."

　『世宗實錄』卷21, 世宗 5年 9月 癸卯, "戶曹據黃海監司關啓 道內失農各官田稅 以穀收納 其官以備明年之種 從之."

　『世宗實錄』卷25, 世宗 6年 8月 辛酉, "戶曹啓 失農各官救荒草食 因無定數 多或至於廢事 小或失於荒政 自今大戶六十石 中戶四十石 小戶二十石 殘戶十石 定爲恒數 以橡實爲先考察 預備其農事稍稔各官 不必拘數 隨宜儲備 從之."

　『世宗實錄』卷63, 世宗 16年 2月 乙亥, "慶尚道賑濟敬差官啓 救荒之物橡實爲上 松皮次之 然禁伐松木之令嚴 而飢民未得剝皮而食."

　『世宗實錄』卷64, 世宗 16年 4月 癸酉, "傳旨戶曹 外方各官 救荒雜物 不願年之農歉徒使多費 因此民力勞瘁 所修之物 積於無用 自今隨其豊歉 新舊間可救之物 量宜畜聚 僅使免飢."

　『世宗實錄』卷74, 世宗 18年 9月 戊戌, "議政府啓 備荒之物 固宜預備 然各

　　조선 초기 일반 백성은 자연재해에 대해 거의 속수무책이었으므로 한 번 농사의 작황이 나쁘면 굶주림에 못 이겨 유리걸식하거나 도적이 되기가 쉬웠다. 세종 19년(1436) 충청·경상·전라도에 火賊이 성행하자, 경상도 지방에서는 甲士·侍衛別將·閑良·公私賤僕을 2番으로 나누어 야간에 순찰하게 하고 그 대신 戶役을 면제해 주었으며, 도적을 잡는 자에게는 상을 주고 성의가 없는 자는 엄벌에 처하기도 하였다.151) 세종 26년(1441) 2월 도적이 전국적으로 성행하자 경기·충청·황해도 및 개성부에 鎭撫使를 파견하여 도적 300여 명을 잡아들였다.152) 이들 도적은 대부분 凶荒을 당한 농민으로서, 호구를 위한 수단으로 일시적으로 山賊·草賊·水賊 등으로 화한 것이었다.

官守令 唯以備荒爲急 嚴督甚迫 已熟之穀 不能超時收歲 風雨鴈鴨 損害頗多 至於雨麥 亦不能超節耕種 願自今待秋收秋耕已畢 各隨土宜 以備救荒之物 從之."

『世宗實錄』卷75, 世宗 18年 12月 癸未, "倭通使尹仁甫尹仁紹等 因旱陳救荒之策 以爲日本人 常食葛根蕨根 若用以救荒 似爲有理 上然之 送仁甫于慶尙道 仁紹于全羅忠淸道 救其採食以法."

『世宗實錄』卷78, 世宗 19年 7月 庚寅, "慶尙道智異山竹多結實 人爭摘取 或二十餘石 或十餘石 曝乾搗末造餠 與木麥米無異 又於京城東北三角山 竹多結實 都人多往採以食."

『世宗實錄』卷78, 世宗 19年 9月 癸卯, "京畿監司 請役番上船軍 採黃角 以備明年救荒 從之."

『世宗實錄』卷102, 世宗 25年 10月 癸未, "江原道損實敬差官 …… 馳啓 本道失稔尤甚 民生可慮 今推刷逃亡人物 以一人之故 連累十餘人 救荒草食尙不得備 請姑待 豊年推刷……."

『世宗實錄』卷104, 世宗 26年 4月 癸卯, "上聞黃海道饑人 民皆堀土食之 遣知印朴思賁往驗之 至是思賁回啓 海州人民堀土食之者 凡三十餘人 長淵縣有二人 堀土食之 壓死 然無大飢饉者."

151)『世宗實錄』卷25, 世宗 6年 8月 丁巳 ; 卷76, 世宗 19年 正月 丙申.

152)『世宗實錄』卷103, 世宗 26年 2月 甲辰.

제3장 朝鮮前期 語文政策과 國防政策

　세종은 재위 32년 동안 백성의 진휼, 鄕藥의 생산, 과학의 진흥, 제도의 정비, 법제의 반포, 국방의 강화, 관리기강의 확립, 雅樂의 정리 등을 이룩하여 그 업적을 일일이 거론할 수 없을 정도다. 이러한 그의 善政 중 단연 최고의 업적으로 꼽히는 것이 우리 민족의 말을 우리 글로 표기할 수 있도록 하여 한민족의 생활에 일대 변혁을 가져온 훈민정음의 창제라 할 수 있다. 광범위한 의미에서 한글창제의 동기는 愛民과 恤民에 있으므로 이를 복지정책의 일환으로 볼 수 있다.

　훈민정음의 창제는 爲民政治의 결정체라 할 수 있다. 중국과의 외교상 통역을 위한 정확한 발음기호가 필요하였으며, 왕조 개창 초기의 각종 제도 및 政令을 국민 모두에게 숙지시킬 수 있는 문자가 필요하였고, 또 여진·일본 등도 자기 문자를 갖고 있다는 사실에서 자극받은 문화적 자존심으로 훈민정음의 창제가 이루어졌다.

　이와 함께 세종은 국민의 안정을 위하여 국방정책에도 전력하였다. 국민이 안전하게 생업을 영위하기 위해서는 무엇보다도 외침이 없어야 한다. 고래로부터 聖君·賢君으로 칭송된 모든 군주는 자국민이 외환에 시달리지 않고 안전하게 생업에 종사할 수 있도록 각별한 주의를 기울였다. 이는 근대적 의미의 국민복지라고 표현해도 될 것이다. 세종은 북으로 여진이, 남으로는 왜구가 침입해 오는 상황에서 북으로 4군6진을 개척하여 성을 쌓고 침입해 오는 적을 물리치고 방어에 전력하였다.

남으로는 여말부터 문제를 일으켜 오던 왜구의 소굴을 토벌하고, 왜구가 연안에 침투하는 것을 방지하기 위하여 성을 쌓기도 하였다. 한편 이러한 北虜南倭의 상황에서 민들을 보호하기 위하여 신병기를 제조하기도 하고 북방으로의 이주정책을 실시하기도 하였다.

본 장에서는 종래 많은 선학에 의해 연구된 훈민정음의 독창성이나 우수성, 국문학적 측면보다[1] 세종이 한글을 창제한 동기와 목적을 밝히고 한글 보급이 국민복지를 생각한 왕의 愛民・恤民思想의 일환이었다는 시각에서 논술하고자 한다. 그리고 세종의 국방정책[2]은 國泰民安이 국민복지정책과 밀접하게 관련되어 있다는 관점에서 국방정책 중에서 東・西北面의 개척과 왜구에 대한 방어책, 신병기의 개발 등을 집중적으로 살펴보고자 한다.

제1절 語文政策

1. 訓民正音 創製의 時代的 背景

한글이 창제되었던 시대적 상황을 살펴보자. 먼저 정치적으로는 위화

---

1) 權在善, 「御製東國正韻과 申叔舟 等의 反切」, 『人文科學研究』 3, 大邱大人文科學研究所, 1985 ; 李玟洙, 「社會保障制度에 對한 歷史的 一考察」, 『韓社大 社會福祉研究』 7, 1978 ; 이성연, 「훈민정음 창제에 관한 몇가지 문제」, 『한국언어문학학술대회자료』, 1984 ; 이성연, 「훈민정음 창제에 관한 몇가지 문제」, 『한국언어학 문화학술대회발표문』, 1987.

2) 宋炳基, 「世宗朝의 兩界行城 築造에 對하여」, 『史學研究』 18, 1964 ; 李載龒, 「朝鮮初期 土官에 대하여」, 『震壇學報』 29・30, 1966 ; 李玟洙, 「世宗朝 國防政策과 國民福祉」, 『歷史教育論集』 13・14, 1990 ; 車勇杰, 「世宗朝 下三道沿海邑城築造에 對하여」, 『史學研究』 27, 1977 ; 深谷敏鐵, 「朝鮮世宗における東北邊疆人の第一次の徙民入居について」, 『朝鮮學報』 14, 1968.

도회군 이후 정치·군사의 실권을 장악한 이성계가 고려왕조를 무너뜨리고 새로운 조선왕조를 개창하여 과감한 정화와 개혁을 실시한 지 얼마 되지 않은 시기였다. 경제적으로는 전제개혁을 통해 고려말 구귀족의 경제기반은 붕괴시켰으나 아직 이들 구귀족의 복고주의적인 야심이 꺾이지 않은 시기였다.3) 사상적으로는 종래 民弊의 진원지였던 사찰의 폐단을 규탄하고 崇儒政策을 표방하는 과도기였다. 특히 불교는 鄭道傳이 중심이 되어 排佛論을 선창하면서 유교와 불교가 사상적으로 격렬한 대립을 보였고, 475년 동안 지속된 고려가 종말을 고하면서 新生 朝鮮은 尊明事大의 관인지배체제로 탈바꿈하였다. 이 시기는 정치와 경제, 학문과 사상 모든 것이 격변하는 추세에 놓여 있었던 것이다.

세종이 등극한 1418년은 개국한 지 불과 26년밖에 되지 않는 시기였다. 따라서 세종 초의 분위기는 신왕조에 대한 거부감과 고려에 대한 복고적 기운이 완전히 사라지지 않았다고 할 수 있다. 아울러 신왕조의 법률·제도·문물 등이 아직 정비되지 못한 시기이기도 했다. 이에 신왕조의 정당성과 역성혁명의 필연성을 역설하고 백성 다수의 지지를 얻기 위해서도 쉽고 간편한 문자의 보급이 절실히 요구되었다. 조선 초기에는 극소수의 지배계층을 제외한 일반 백성들은 無學·無知하였으므로 국가적 차원에서 통치를 위한 법령의 반포나 제도의 홍보에 문제가 있었고, 그 해결법이 요구되고 있었다.4) 이는 일반 백성만이 아니었다. 실제로 조선 개국의 중심인물 가운데는 신흥무장 출신이 상당수 포함되어 있었는데, 형이상학적인 理氣哲學으로서의 性理學에 대한 교양을 거의 갖추지 못한 사람들이 많았다. 여기에 신생국가로서 明과 적극적인 외교를 펴야 했던 조선으로서는 對明外交에서 漢語를 정확히 통역할 수 있는 譯官이 절실히 필요했다. 이와 같은 국내외적 요구에 따

---

3) 金雲泰, 『朝鮮王朝行政史』, 博英社, 1982, 16~17쪽 참조.

4) 洪以燮, 『訓民正音』, 세종대왕기념사업회, 1975, 220~221쪽 참조.

라 한글창제의 필요성이 점차 높아져 갔다.

세종 2년(1420) 3월 학문의 연구, 서적의 출판, 정책자문기관의 역할을 담당할 수 있는 集賢殿이 설치되었다.5) 동왕 18년(1436)에는 집현전 전문학자의 수를 20명으로 증원하고, 書吏와 奴婢 등도 보충하여 배속시키는 한편 도서를 구입하여 비치하였다. 또한 집현전의 年少學者를 위하여 휴가를 주어 山寺에서 학문연구에만 몰두하도록 배려해 주기도 하였다. 일종의 왕립연구소의 성격을 가진 이 집현전에서는 학자 10명에게 經筵에 進講케 하고, 10명에게는 書筵에 참석하게 하였다. 이들은 유교적인 儀禮를 연구하였으며 일부는 史官의 임무를 겸하게 하였다. 이 집현전은 신왕조가 지향한 유교이념을 확립하고, 국가 통치이념을 연구·정리·보급하는 기관으로 삼으려는 취지 하에 설립되었다. 실제로 집현전 설치 이후 학자들 사이에 한자 습득과 한문 연구가 왕성해져 性理學의 발전에 중요한 역할을 하였다.6)

익히 알려져 있다시피 이 집현전의 學士들이 바로 훈민정음 창제작업을 담당하였다. 집현전 학사들은 그 시대 다른 관료들의 숙원이었던 보직과 陞階에는 별 관심이 없었다. 세종도 학사들에게 이러한 점을 강조하였다. 이러한 상황은 세종 26년(1444) 훈민정음을 창제한 학자들의 任官年數가 평균 5년에서 10년 정도 되는 年富力强한 중진학자들이었던 데서도 잘 알 수 있다.

好學의 군주였던 세종은 문자의 창제를 위해 장기간에 걸쳐 집현전을 계속 확장하면서 年少하고 多才한 英才를 선발하여 학자를 보강해

---

5) 조직체계는 正一品 領殿事, 正二品 大提學, 從二品 提學을 他職과 兼務하여 각각 2명을 補任하였다. 그 아래 전문학자인 正三品 副提學, 從三品 直提學, 正四品 直殿, 從四品 應敎, 從六品 副修撰, 正七品 博士, 正五品 校理, 從五品 副校理, 正六品 修撰, 正八品 著作郞, 正九品 正字 등을 임명하고 당대의 고명한 학자 10여 명을 專任敎授로 임명하였다.

6) 兪昌均, 『新稿 國語學史』, 螢雪出版社, 1976, 43~44쪽 참조.

나갔다. 세종 2년(1420)부터 9년까지는 집현전의 관원 수를 그대로 운용해 오다가 동왕 10년(1428)에 집현전의 학사를 16명으로 대폭 증원하여 연구에 박차를 가하게 하였다. 동왕 16년(1434)에는 鄭麟趾·崔恒·朴彭年 등을 집현전에 入殿시켜 연구요원을 보강하고, 17년(1435)에는 32명으로 정원을 증가시켰다. 18년에는 李塏, 20년에는 成三問, 21년에는 申叔舟, 22년에는 姜希孟과 李亨이 집현전 연구원으로 入殿하였다. 이러한 인적 자원을 바탕으로 세종은 본격적으로 훈민정음 창제작업에 들어갔다. 창제의 완성단계에는 당대의 巨儒였던 李善老가 보강되었다. 당시 훈민정음이 거의 완성단계였음을 고려하면 역시 최후로 이선로를 가담시킨 것은 창제보다는 文字의 解例를 위한 것으로 보인다.

　세종은 어문정책의 지속적인 수행을 위하여 수시로 집현전 학사들의 인사이동이나 陞階에 특전을 베풀었다. 신문자를 창제하는 데 주축을 이룬 협찬자의 승진 기간과 직책, 직급을 정리해 보면 다음과 같다. 신숙주는 종9품에서 3년 만에 부수찬인 종6품, 성삼문은 정6품에서 5년 만에 부교리로서 종5품이 되었다. 박팽년은 종7품에서 10년 만에 부교리로 종5품, 최항은 종7품에서 10년 만에 교리로서 정5품에 올랐다. 이개는 8년 만에 부수찬으로 승진하였으며 종5품이었다.[7]

2. 世宗의 語文政策

　세종이 재위한 조선 초기에는 排佛崇儒와 尊華·慕華를 국가의 통치이념으로 삼았다. 그리고 한반도의 지정학적 위치상 선진문물의 유일한 창구인 중국으로부터 대륙문화를 적극 수입한 시기였다. 세종은 위로 讓寧大君과 孝寧大君의 두 형을 제치고 권좌에 등극한 인물로, 이

---

　7) 이성연, 「훈민정음 창제에 관한 몇가지 문제」, 『한국 언어문학 학술자료』 2, 1984.

러한 등극은 적장자상속이라는 사회통념에 위배된 것이었다. 게다가 그가 즉위한 이후 연속적으로 발생한 자연재해는 민심을 흉흉하게 만들었다. 전통적으로 동양사상에서 人事가 순리로 되지 않으면 洪水, 루害, 旱霜, 태풍, 植物의 生育不進, 疾病의 流行, 天體의 異變 등이 일어난다고 생각하였다. 따라서 당시의 빈번한 재해는 왕위계승이 天理를 배역했기 때문이라는 해석이 나오는 것은 당연하였다. 새로 등극한 세종이 안은 심리적인 부담을 짐작할 수 있다. 게다가 고려말 이래 조선 초까지 계속된 倭寇의 침입은 세종을 더욱 불편하게 만들었다.

이처럼 불안한 시기에 삼국시대 이래로 지배계층이 상용해 온 漢字를 全廢하고 훈민정음을 全用한다는 것은 매우 어려운 일이었다. 이 점은 세종도 충분히 고려에 넣고 있었다. 한글은 지식계층을 위한 것이라기보다 일반 민들을 위한 것이었다. 그 취지는『訓民正音』序文에 "國之語音 異乎中國 與文字不相通 故愚民有所欲言 而終不得伸其情者多矣"라 한 데서도 잘 나타난다. 즉 세종의 신문자 창제의 가장 근간을 이룬 것은 愛民・基民思想이었던 것이다.8) 훈민정음 창제를 국민복지의 차원에서 볼 수 있는 것은 이 때문이다.

1) 動機

훈민정음의 창제는 세종의 愛民政策과 恤民을 위한 국민복지적 내용을 명백히 보여주는 것이었다. 훈민정음의 서문 내용은 세종이 국민복지를 위한 일념을 갖고 있었던 군주라는 사실을 확인케 해 준다. 한편『訓民正音諺解本』이나『釋譜詳節』의 서문을 보면 훈민정음은 당시 양반이나 지배계층보다는 일반 국민의 필요에 따라 창제되었음을 알 수 있다.9) 예컨대 훈민정음은 세종의 愛民・愛族의 숭고한 국민복지정신

---

8) 이성연, 앞의 논문, 1984, 147~148쪽.

9) 유창균, 앞의 책, 46쪽.

이 백성들의 문자소유 욕구와 어우러짐으로써 가능하였다고 볼 수 있다. 그리고 이는 漢文 지상주의 사상이 전 지식인을 지배하던 사회에서 우리 민족의 존재와 독자성을 찾으려는 노력이었고 자아발견을 위한 노력이었다.10)

한편 중국대륙의 문화를 수입하여 한민족의 문화로 승화시키기 위해서도 대중이 상용할 수 있는 문자가 필요하였다. 정인지는 그 解例本 안에서 훈민정음의 정확도와 다양성에 대해 설명하기를, "雖風聲鶴唳 鷄鳴狗吠 皆可得矣"라 하여 바람소리, 학의 울음소리, 닭의 울음소리, 개 짖는 소리까지 모두 표기할 수 있다고 하였다. 이는 훈민정음이 세상의 모든 소리를 표현할 수 있다는 자부심의 표출이다. 이것이 가능했던 것은 무엇보다도 훈민정음 창제의 주역들이 갖고 있던 탁월성에 기인한다. 정인지를 비롯한 당시의 집현전 학자들은 뛰어난 학자였을 뿐 아니라 성운학에 해박한 지식을 갖추고 있었다.11) 세종도 또한 이 방면에 뛰어났다는 것은 다음과 같은 지적에서도 뚜렷이 드러난다.

우리 世宗莊憲大王께서 韻學에 유의하여 그 깊은 데까지 몸소 연구하시어 훈민정음 약간 자를 창제하시니 西方 萬物의 소리를 모두 전할 수 있다.12)

훈민정음은 '國民을 가르치는 바른 音'이라는 그 명칭으로도 알 수 있듯이 그 창제는 지극히 愛民적인 왕도정신의 발로이며 동시에 漢字로부터의 탈피를 통한 자주·자립사상의 표현이라고 볼 수 있다. 물론 당시 동아시아 세계의 중심은 중국이었고, 조선으로서도 이 중국은 문

---

10) 서정수 외, 『신국어학개론』, 형설출판사, 251~252쪽.

11) 姜信沆, 『世宗朝文化硏究(2)』, 한국정신문화연구원, 1984, 17~18쪽.

12) 申叔舟, 『洪武正韻』 譯訓序文.

화의 원류이자 선진문화의 중요한 창구였다. 따라서 훈민정음 창제에는 이러한 우수한 문화를 담고 있는 중국문자를 정확히 표현하고자 하는 요구도 포함되어 있었다.13) 이를 부정하거나 매도해서는 안 될 것이다. 세종이 살았던 조선 초의 시대적 상황에서는 오히려 당연한 사고라고 할 수 있다.

2) 目的

훈민정음 서문에는 신문자의 창제 정신과 목적이 "國之語音 異乎中 國 與文字不相流通 故愚民有所欲言 而終不得伸其情者多矣 予爲此憫 然 新製二十八字 欲使人人易習 便於日用矣"라고 간명하게 서술되어 있다. 사람마다 쉽게 익혀 날로 씀에 편안하게 하기 위한 것이라 했으 니, 훈민정음의 창제정신을 爲民精神이요 나아가 國民福祉精神이라고 할 수 있는 것이다.

그런데 훈민정음이 창제된 이후에도 각종 저술에는 여전히 많은 漢 字가 사용되고 있다.14) 『龍飛御天歌』, 『月印千江之曲』, 『釋譜詳節』 등 이 모두 그 같은 예다. 예를 들면 『龍飛御天歌』 제1장은 "海東六龍이 ᄂᆞᄅᆞ샤 일마다 天福이시니 古聖이 同符ᄒ시니……"로 시작되고 있다. 『龍飛御天歌』는 조선 개국의 필연성과 합리성을 주장함으로써 王家에 누대로 전승되어 온 德을 선양하고자 하는 데 주요 목적을 둔 歌辭다. 그렇다면 당연히 새로 지은 훈민정음만으로 기술하여 일반 민이 쉽게 읽도록 해야 함에도 불구하고 한문을 혼용하고 있다. 이는 『龍飛御天 歌』의 주 독자층이 일반 백성이 아니라 한문을 상용한 지배계층·지식 계층이었기 때문이다. 이는 종교서적이라 할 『釋譜詳節』에서나 『月印

---

13) 姜吉云, 「訓民正音創製의 當初目的에 대하여」, 『국어국문학』 55·56·57합, 국어국문학회, 1972, 14~15쪽.
14) 姜吉云, 위의 논문, 7~9쪽.

千江之曲』도 마찬가지다. 모두 지배계층·지식계층을 염두에 둔 것이다.15) 뿐만 아니라 국가 공문서 등 중요한 서류도 여전히 한자로 작성되었다. 세종의 한글창제가 한자의 전면 폐기를 전제로 하지 않았음을 보여주는 예다.

세종의 한글창제는 무엇보다 국민교화에 큰 목적을 두고 있었다. 鄭麟趾는『訓民正音解例』序文에 "昔新羅薛總始作吏讀 官府民間 至今行之 然皆假字而用 或澁或窒 非但鄙陋無稽而已 至於言語之間 其不能達其萬一焉"이라고 하였고, 세종 자신도 "吏讀製作之本意 無乃爲其便民乎 如其便民也 則今之諺文 亦不爲便民乎"라고 하였다. 모두 이두 제작의 본뜻이 便民에 있었듯이 지금의 諺文(創製) 역시 便民을 위한 것이라는 지적이다. 鄭麟趾는『訓民正音解例』서문에서 "글을 배우는 사람이 뜻을 몰라 괴로워하다가 훈민정음이 창제된 후에 글을 읽어 그 뜻을 알게 되었다"고 하였다. 이는 일반 백성의 好學氣風이 신문자의 창제로 진작되었음을 보여준다. 실제로 세종과 집현전 학자들은 興學·好學에 획기적인 풍토를 조성하였고, 국민을 교화하는 치국의 도로서 신문자가 절대적으로 필요하다고 보고 한글창제 작업을 추진하였다.

여기에서 훈민정음 창제의 목적을 정리해 보면 다음과 같다. 첫째, 신문자의 창제는 당시 일부 지배계층이나 유학을 전문으로 하는 지식인의 상용문자인 한자가 일반 백성들이 익히기에는 매우 어렵다는 점을 고려하여 쉽게 배우고 익혀 자기의 의사를 표현할 수 있게 하려는 愛民·恤民的 國民福祉 차원의 정책이었다.

둘째, 세종은 讓寧大君과 孝寧大君을 제치고 권좌에 등극함으로써 조선시대 왕위계승의 통념인 적장자 상속원리를 위배하였다. 그러다 보니 세종이 등극한 이후 계속해서 발생한 자연재해도 천리에 순종하지

---

15) 金宗鎭,「世宗代의 語文政策에 대한 硏究」,『省谷論叢』3, 1984, 188~194쪽.

않아 일어난 현상으로 여겨졌다. 이에 세종은 민의를 수렴하고 善政을 적극적으로 홍보해야 했으며, 그 일환으로서 일반 민도 쉽게 익힐 수 있는 신문자의 창제가 요구되었다.

셋째, 조선은 尊明事大外交를 중요한 정책으로 추진하였고, 그 수행 과정에서 필연적으로 한자의 정확한 이해와 표기가 필요하였다. 조선을 개창한 태조의 宗系辨誣事件도 근본적으로는 明과의 의사소통이 원활하지 못한 데서 기인한 것이었다. 중국의 입장에서도 변방민족과의 교류를 위해서 정확한 언어소통이 필요하였을 것이다.

넷째, 세종이 등극한 때는 조선이 개국한 지 26년에 해당되는 시기로, 새로운 법률·제도·문화 등을 국민에게 주지시키고 나아가 국민을 교화하며 이들로부터 적극적인 협조를 얻어 내야 했던 시기다. 이러한 협조를 확보하기 위해서도 대중성 있는 신문자가 요구되었다.

다섯째, 세종은 고려의 구신이나 백성들의 복고적인 민심을 수습하고 신왕조 창립의 필연성을 주지시켜야 하는 과제를 안고 있었다. 이에 따라 훈민정음을 창제하여 조선 개창의 필연성을 강조하고, 好佛의 군주로서 佛經을 諺解하였으며, 농경민족의 필독서인 農書를 출간하여 국리민복의 정책을 구현하려고 하였다. 세종은 왕도정치를 펴기 위한 일환인 국민복지의 수행 차원에서 훈민정음을 창제하였던 것이다.

3) 普及策

전술한 바와 같이 세종의 훈민정음 창제는 ① 爲民·恤民精神 ② 對明事大의 手段 ③ 주변국들의 文字所有 및 투철한 自我意識 등 다양한 필요성에서 이루어졌다. 훈민정음을 완성하였을 때 세종은 "是月 上親製諺文二十八字 …… 字雖簡要 轉換無窮 是謂訓民正音"[16]이라 하

---

16) 『世宗實錄』 卷102, 世宗 25年 12月 庚戌.

고, "癸亥冬　我殿下創製正音二十八字　略揭例義以不之　名曰訓民正音"[17]이라 하였다. 즉 세종 25년(1443) 12월 왕이 친히 諺文 28자를 지었는데 글자는 古篆을 모방하여 初·中·終聲으로 나누었다. 이를 합한 연후 成字하고, 文字는 본국(조선) 俚語를 모두 쓸 수 있게 하였다. 글자는 비록 簡要하지만 전환이 무궁하니 이를 '訓民正音'이라 불렀다.

　이렇게 완성된 훈민정음의 보급은 주로 서적의 편찬·배포를 통해 이루어졌으며, 제도적으로도 이를 뒷받침하였다. 훈민정음 창제는 민족의 위대한 문화소산이며 일반 백성을 문맹에서 해방시키는 작업임에 틀림없지만, 창제 당시 한글은 별로 환영받지 못하였다. 그 대표적 사례가 崔萬理 등이 올린 극렬한 한글반대 상소문이다. 崔萬理, 辛碩祖, 金汶, 鄭昌孫, 河緯地, 宋處儉, 趙瑾 등은 상소에서 한글의 효용성을 근본적으로 부정하고 있으며 九州之內에 數個의 夷狄이 문자를 가지고 있는 것에 대해서도 족히 말할 것이 못 된다고 하였다. 여기에 더하여 중국문자를 사용하고 있다는 점에서 吏讀가 한글보다 더 興學에 일조하고 있다고 주장했다.[18]

　이러한 반대 속에서도 세종은 훈민정음의 보급에 박차를 가하였다. 세종 26년 2월에는 『韻會諺解』를 편찬하고 신문자의 실용성과 효용성을 점검하였다.[19] 이에 대해 崔萬理 등은 "新文字는 필요 없는 것으로, 吏輩를 모아 훈민정음을 익히게 하고 기술자를 수십 명씩 모아 글자를 새기고 있다"[20]고 반대상소를 하였다.

　같은 해 왕은 鄭麟趾에게 명하여 『訓民正音解例』를 짓게 하였다. 그

---

17) 鄭麟趾, 『訓民正音解例』序文.
18) 『世宗實錄』卷103, 世宗 26年 2月 庚子.
19) 『世宗實錄』卷103, 世宗 26年 2月 丙申, "命集賢殿校理崔恒 …… 詣議事廳以諺文譯韻會　東宮與晉陽大君瑈　安平大君瑢監掌其事　皆稟睿斷賞賜稠重供億優厚矣."
20) 『世宗實錄』卷103, 世宗 26年 2月 庚子.

序文에 보면, 諸臣에 하명하여 새로 창제된 문자의 연원과 精義의 妙를 널리 알리어 스스로 배워 깨닫게 하기 위하여 훈민정음의 解例를 짓게 되었다고 되어 있다. 그 내용을 보면 훈민정음 본문에 解例가 붙어 있고, 製字의 원리, 製字의 기준, 각 문자의 聲價, 運用의 方法, 表記의 例, 창제 이유 등이 상세히 기술되어 있다.[21] 이 책은 세종이 신문자인 훈민정음의 창제로 그치지 않고 문자의 정확한 해설서까지 출간하여 훈민정음의 보급에 진력하였음을 보여준 것이라 하겠다. 세종은 이미 25년에 신문자의 교육을 위하여 『御製訓民正音』이란 책을 간행한 바 있다. 이 책은 지식계층을 위한 교재로서 『御製東國正韻』의 音聲을 기호로 나타낸 것인데, 세종이 친히 音韻書를 찬술할 정도로 음운에 통달해 있었음을 알 수 있다. 그런데 훈민정음은 일반 백성의 교화를 근본목적으로 하였으므로 창제 이후부터 대중을 대상으로 이를 교육시키고자 했을 것으로 그리하기 위해서는 교재를 필요로 했을 것이다. 그러나 한글 보급을 위해 출간된 신 교재는 사료에 나와 있지 않다.

초기에 훈민정음의 보급대상은 吏胥階層이었다. 이서는 관아에서 일반 서민과 접촉하고 국가의 명령을 집행하는 말단의 행정 실무요원이었다. 따라서 신문자인 훈민정음을 일반 대중에게 알리기 위해서는 이들 吏胥부터 교육시킬 필요가 있었다. 이에 群議를 博採하지 않고 吏輩를 모아 훈민정음을 배우고 익히게 하고, 工匠人 수십 명을 시켜 신문자를 새기게 하여 이를 천하에 廣布하려고 했던 것이다.[22] 서적도 신문자로 출간하게 하였는데, 『龍飛御天歌』가 그 대표적인 것이다. 세종 31년에는 『釋譜詳節』과 『月印千江之曲』 등을 출간하고 유교경전인 四書의 국역도 진행시켰다. 『古今諺解』와 『洪武正韻』의 譯訓, 그리고 『四聲通攷』와 『東國正韻』은 漢語 발음 그대로 표기하고자 하였다. 그

---

21) 鄭麟趾, 『訓民正音解例』序文.

22) 『世宗實錄』卷103, 世宗 26年 2月 庚子.

러나 당시 우리 나라 사람들이 俗韻에 너무 오랫동안 익숙해져 있어서 갑자기 변화시키거나 강제로 가르칠 수 없다고 하여 학자로 하여금 뜻에 따라 하도록 하였다.23)

세종대의 集賢殿과 議事廳 등의 기구는 훈민정음 연구뿐 아니라 각종 서적의 편찬도 진행시켰으며 한글 보급에도 지대한 역할을 하였다. 불교를 신봉했던 세종은 동왕 30년 궁궐 내에 內佛堂을 설치하고 불교 경전을 편찬하였는데, 이 경전을 諺解하여 반포함으로써 훈민정음 보급에도 크게 기여하였다. 또한 일반 서민을 위한 참고서로서『農事直說』을 諺文으로 찬술하였다.24) 당시 조선 경제의 기반은 농업이었고, 농업의 진흥은 곧 國富를 의미하는 것이었다. 세종은 農書를 대중화하는 데 신문자 훈민정음을 활용하였으며, 역으로 農書의 간행은 훈민정음의 보급에 중요한 몫을 담당하였다.

아울러 세종은 제도적인 측면에서도 훈민정음의 보급에 노력하였다. 즉 이조에 전지를 내려 이후부터 吏科·吏典의 取才時에는 반드시 훈민정음을 시험하여 義理에 비록 능하지 않더라도 合字에 능하면 선발하라고 하였다.25) 吏科·吏典의 取才 때 훈민정음에 능한 사람을 선발토록 한 것은 그야말로 한글 보급을 위한 획기적인 제도였다. 세종 27년 4월에는 과거시험에서도 咸吉道의 子弟로서 吏科에 응시하는 자에게는 먼저 훈민정음을 시험하고 여기에 합격해야 다른 시험도 응시할 수 있게 하였다. 또한 各司의 시험에도 經書와 함께 훈민정음을 포함시켰다.26) 관리 등용에까지 적용된 이러한 세종의 훈민정음 보급정책을 통해 훈민정음은 관인사회에도 효과적으로 보급되었을 것으로 사료된

---

23) 위와 같은 조.
24)『世宗實錄』卷105, 世宗 26年 閏7月 壬寅.
25)『世宗實錄』卷116, 世宗 28年 12月 己未.
26)『世宗實錄』卷116, 世宗 29年 4月 辛亥.

다.

세종은 대궐 내에서 명령을 하달할 때 직접 훈민정음을 사용하기도 하였다. 즉 臺諫의 罪狀을 諺文으로 일일이 적어 宦官인 金得祥으로 하여금 義禁府·承政院에 보내는 등 세종 스스로 궁중에서부터 시범적으로 한글을 보급하고자 노력하였다.[27] 훈민정음으로 작성된 이러한 국왕의 명령서는 당연히 훈민정음의 보급과 아울러 일반 국민의 교화와 학습, 통용에 큰 영향을 미쳤을 것이다.

제2절 國防政策

한국 민족은 성읍국가 이후 전국에 城을 축조하여 외침에 대비하였다. 崔潤德은 "城郭國之襟袍 所以捍外而衛內"[28]라 하여 조선에서 城의 비중이 얼마나 큰지에 대해 말하고 있다. 조선의 城을 크게 나누어 보면, 평안도 방면에는 주로 중국과의 통로에 위치한 관계로 그 교통로를 따라 平壤·安州·義州 등 大邑에 성곽이 위치하였으며, 그 밖에 安寧行城·碧潼行城·昌州口子行城·理山行城·涓原行城·滿浦口子行城·虞芮行城·趙明口子行城 등이 있었다. 동북지방인 咸吉道 방면에는 穩城에서 출발하여 鍾城·會寧을 연결하는 行城과 三水行城 및 甲山行城 등이 存置되었다.[29] 이들 여러 성은 북방민족으로부터의 방어와 대중국 조공로의 확보라는 중요한 의의를 가지고 있었다.

조선 전기는 북방민족의 외침을 막고 동시에 삼국시대 이래로 계속되어 온 倭寇에 대처해야 하는 과제를 안고 있었다. 특히 세종 원년에

---

27) 『世宗實錄』 卷114, 世宗 28年 10月 甲辰.

28) 『世宗實錄』 卷13, 世宗 3年 8月 甲寅.

29) 宋炳基, 「世宗朝의 兩界行城 築造에 대하여」, 『史學研究』 18, 192~193쪽.

거국적으로 단행한 李鍾茂의 對馬島征伐 이후 왜의 침입을 우려하여 이에 대비하여야 하였다. 이에 성을 쌓아 항시 왜의 보복에 대처할 준비를 해 두어야 한다는 최윤덕의 건의[30]를 받아들여 세종은 연해안을 중심으로 여러 곳에 성을 수축·신축하였다. 당시 왜구에 대항하기 위해 만든 城은 慶州府邑城·金海府邑城·昆陽郡邑城·洪州牧邑城 등 경상도에 읍성 12개 소, 충청도에 8개 소, 전라도에 20개 소로서, 海岸·江岸은 철옹성 같은 성벽으로 둘렀다. 이러한 일련의 조치는 倭와의 관계 악화에서 국민을 보호하고 안녕을 유지하며 일반 백성이 생업에 전념하도록 함으로써 국가의 발전과 산업의 융성을 도모하고자 한 것이었다. 이는 국가 정책을 수행하는 초석이며, 유교를 지배이념으로 하는 국가의 이상인 國泰民安, 즉 복지국가를 이룩할 수 있는 전제였다.

1. 東北 및 西北邊境의 開拓

조선은 건국과 함께 事大交隣을 외교정책의 기본으로 삼았다. 明에 대해서는 尊明事大의 자세를 취하면서, 塞外民族인 野人이나 일본에 대해서는 交隣의 관계를 유지하였다. 野人·倭人에게는 명예관직을 제수하고, 그들은 1년 또는 수년마다 조선 국왕에게 肅拜함으로써 주종관계를 유지하였다. 무역은 조공품으로서 進上品을 받고 그 대가로 回賜品을 부여하는 공무역 형태였으나, 사신 및 그 수행원에 의하여 밀무역·사무역이 이루어지기도 하였다.

野人은 東北滿洲에 거주하던 민족으로 고려시대에는 金에 속하였으며, 契丹族의 遼와 蒙古族의 元과 함께 동북아시아에서 패권을 다툰 민족이다. 이들 야인은 일찍이 蒙古의 지배를 받아 오다가 여말선초에

---

30) 『世宗實錄』, 卷88, 世宗 22年 3月 癸卯.

이르러 몇 갈래로 갈라졌다. 첫째가 어로를 생업으로 삼아 연해주와 흑룡강 유역에서 거주하던 野人女眞이고, 둘째 두만강·압록강 北岸에서 수렵과 농업을 주로 하던 建州女眞, 셋째 하얼빈과 송화강 연안 및 長春 지방에서 생활하던 海西女眞 등이 그것이다. 이들은 고려말 元과 明이 교체되자 滿洲平野의 지배권을 두고 다투었다.

당시 野人은 대부분의 생활필수품을 명과 조선을 통해 조달하였는데, 조선에서는 정벌과 회유로 그들을 무마하였다. 조선에서는 귀화한 야인에게 가옥·노비·의복·鞍馬·식량 등을 지급하고 在京侍衛를 하도록 하고 조선여자와 혼인하여 정착할 수 있도록 유도하였다. 그들의 추장에게는 비록 명예직이긴 하지만 知中樞院府使나 護軍·司直·司正·都萬戶·萬戶·千戶·百戶 등의 관직을 하사하기도 하였다. 태종 6년(1406)에는 鍾城과 慶源에 貿易所를 두어 野人側의 牛馬를 조선의 소금과 鐵로 교환해 주었고, 사신이 한양에 도착하면 동대문 내의 北平館에 유숙하게 하였다.

한편 두만강 연안은 지역적으로 조선의 개창자인 태조 이성계의 父 李子春이 朔方道萬戶兼兵馬使로서 장악한 지역이었다. 이 建州衛에서 생활하던 斡朶里와 毛衛의 兀良哈이 내항하자, 태조는 즉위년(1392) 8월에 芳遠을 보내 그들의 영토인 孔州(현재 慶興古邑)에 있던 조선의 追尊王 穆祖와 그의 妃 李氏의 陵에 제사를 지낸 바 있다. 1394년, 태조는 당시 東北面安撫使로 있던 李之蘭으로 하여금 甲州·孔州에 城을 개축케 하여 국토를 확장하였으며, 동왕 7년(1398)에는 鄭道傳을 東北面都宣撫巡察使로 명하여 국경을 확정하기도 하였다. 이 때 孔州를 慶源府로 하고 현재의 端川 이북의 軍糧米 1천 석을 경원부로 수송하였으며, 豆滿江上에 10척의 兵船을 띄워 야인의 침략에 대비하였다.

태종 9년(1409) 寧古塔에서 남하하는 兀狄哈이 蘇多老(현재의 慶源東方)에 내침하고, 동왕 10년에는 兀良哈族과 兀狄哈族이 합세하여 蘇

多老에 재침하여 兵馬使 韓興寶가 사망하였다. 이에 조선에서는 趙涓을 察理使로 임명하여 兀良哈 부족을 대파하고 그 추장을 죽였다. 이후에도 조선의 국경 수비군과 야인 사이에 부단한 충돌이 일어나 兵馬使 郭承祐가 사망하기도 하였다.[31] 국경의 진퇴가 번번하자 조선은 孔州의 2陵을 咸州(현재의 함흥)로 이장하고 경흥부를 鍾城으로 옮겼다가 다시 富寧으로 옮겼다. 그러나 北方野人의 약탈이 계속하자 府를 다시 楡城으로 옮겼다.

세종대에는 祖宗의 국토를 한치도 축소시킬 수 없다는 강력한 국방정책으로 선회하였다. 동왕 14년(1432) 金宗瑞에게 군사를 주어 북방개척에 박차를 가하였다.[32] 동왕 15년 兀狄哈族과 斡朶里族 사이에 쟁란이 일어난 호기를 이용하여 동왕 16년(1434)부터 咸吉道都節制使 金宗瑞는 北境의 六鎭開拓에 진력하였다.[33]

함길도 방면 야인들의 계속되는 조선침략은 실로 국가의 존망을 위태롭게 할 정도였기 때문에 세종은 국방문제의 해결책 모색에 부심하였다. 함길도도절제사 김종서로부터 野人의 변화무쌍함과 그 폐해를 상세히 보고받은[34] 세종은 영의정 黃喜에게 일러 "斡木河는 본시 우리나라의 地境內에 있었는데 혹 監察 등이 他處로 이주하고 强敵이 와서 斡木河에 생활하게 되면 영토를 잃게 될 뿐만 아니라 강적이 생기게 되니, 나는 이 빈틈을 타서 寧北鎭을 斡木河로 옮기고 慶源府를 蘇多老로 옮겨 祖宗의 뜻을 계승하고자 한다"라고 하였다. 황희는 경원부를 蘇多老 동북으로 북상시키는 세종의 제안에 적극 동조하였다. 이에 따

---

31) 『太宗實錄』 卷19, 太宗 10年 2月 己丑 · 庚子.

32) 『世宗實錄』 卷75, 世宗 18年 11月 庚子.

33) 조선 초기에 야인은 定宗代 1회, 태종대 8회, 세종대 10회에 걸쳐 六鎭方面을 유린하였다.

34) 『世宗實錄』 卷75, 世宗 18年 11月 庚子.

라 동왕 16년(1434) 2월, 세종은 黃喜·孟思誠·權軫을 불러 慶源과 寧北(현재의 함경북도 富寧郡)을 점령하여 北邊을 경영하라는 하교를 내렸다. 동왕 16년에는 會寧鎭을 신설하고 이를 會寧府로 삼았다.[35]

한편 조선사람들을 이들 지역으로 이주시키는 徙民政策도 적극 추진하여, 세종 15년에는 함길도 이외에 강원도·충청도·전라도에서 희망자를 모아 이들을 변경지방으로 입거하게 하였다. 下三道의 良民이 변경으로 이주할 경우에는 土官職을 주고, 鄕吏와 驛吏는 면역하고, 賤民은 良民化시켜 주었다. 이러한 사민정책에도 불구하고 야인의 내침은 여전하였다. 세종 23년(1441) 9월 함길도체찰사 황보인, 출척사 정갑손, 함길도도절제사 김종서 등으로 하여금 鍾城郡의 治所를 伯顔愁所(卽 行營)에서 현재의 종성으로 移置하게 하고, 多溫平에 穩城郡을 설치함으로써 會寧·富寧·慶興·慶源과 함께 6개 소의 國防鎭이 설치되기에 이른다. 동왕 24년에는 현재의 慶源郡 訓戎에서 會寧郡 북단까지(禿山烟台) 長城을 쌓고, 동왕 31년(1449)에는 현재의 富寧郡 石幕의 舊地에 富寧府를 설치하였다. 이후 두만강 연안을 왕래하면서 한민족을 부단히 괴롭히던 야인들이 당분간 잠잠해지고 조선의 국경선은 두만강까지로 확립되었다.

세종은 東北方의 개척뿐 아니라 西北方面으로의 확장에도 힘을 썼다. 동왕 14년(1434) 12월 婆猪江(현재의 佟佳江) 연안의 野人酋長 李滿住가 閭延 등지를 약탈하고 동왕 15년 4월에 다시 閭延을 침략하자, 平安道體察使 崔潤德이 병사 11만 5천을 이끌고 江界로부터 압록강을 건너 야인 170명을 참살하고 남녀 200여 명을 牛馬와 함께 포획하였다. 그는 다시 佟佳江으로 진격하여 야인의 부족을 대파하니, 왕은 都巡按察理使 최윤덕으로 하여금 서북변경을 수비하도록 하였다. 동왕 17년

---

35) 『韓國史 - 近世前期篇 - 』, 乙酉文化社, 1968, 122~123쪽.

(1435)에는 野人 兀良哈이 7천여 기병으로 閭延을 포위하자 閭延郡守 金允壽와 鎭撫使 張思祐가 이를 격퇴하고 李滿住가 약탈해 간 물품을 탈환하였다. 동왕 19년(1437) 4월에 이만주 등을 토벌하고, 동년 9월에는 李藏에게 야인정벌령을 내려 佟佳江 연안의 야인을 토벌하였으며, 閭延郡과 江界郡 사이에는 慈城郡을, 閭延郡 동방에는 茂昌郡을 설치하였다. 또한 閭延郡과 慈城郡 사이에는 虞芮郡을 설치하여 강력한 對野人政策을 시행하였다.

이상과 같이 세종의 북방개척은 압록강과 두만강 연안을 경략하여 조선의 북쪽 경계선을 확고히 함으로써 끊임없이 내침해 오는 북방이민족을 격파하고자 하기 위한 것이었다. 이러한 세종의 구상은 이민족으로부터 자민족을 보호하고 평안하게 생업에 종사하게 하여 유족하게 살도록 하려는 데서 나온 것이니 역시 국민복지사상과 직결된다.

세종은 北邊에 行城(長城)을 축조하여 야인들이 조선의 지배영역을 한치도 넘볼 수 없도록 하였다. 행성 수축의 역사를 보면 먼저 우의정 申槩의 제안을 받아들여 축조한 義州에서 慶源에 이르는 장성이 있다. 신개는 천리에 달하는 長城까지는 아니더라도 적의 침입로에 참호를 파고 柵을 세우면 2~3개 읍의 인민이 이를 의지하여 安居할 수 있다고 하였다.36) 이러한 행성의 축조에 동조한 金墩, 兵曹判書 皇甫仁, 參判 辛引孫이 협의하여 함길도와 평안도 양도의 都節制使로 황보인을 임명하여 압록강과 두만강 연안에 城堡의 增減을 檢察하게 하였다. 신개가 행성의 필요성을 역설하고 불과 3일 만에 이루어진 쾌거였다. 황보인이 건의한 행성의 후보지는 총 130개 소로,37) 이를 정리하면 다음 표와 같다.

---

36)『世宗實錄』卷88, 世宗 22年 2月 乙未.
37)『世宗實錄』卷88, 世宗 22年 2月 乙未 ; 卷90, 世宗 22年 7月 己巳.

<표 3-1> 皇甫仁이 건의한 行城 候補地

場所	個數	場所	個數	場所	個數	場所	個數
義州 北面	4	甲山 西面	2	理山 西面	3	會寧 北面	5
義州 東面	4	甲山 北面	2	理山 北面	4	會寧 西面	3
昌城 西面	1	吉州 西面	1	江界 西面	7	鍾城 西面	13
昌城 北面	7	鏡城 西面	3	慈城 西面	3	慶源東西面	17
碧潼 西面	6	鏡城 北面	1	閭延 西面	12	慶源 北面	3
碧潼 北面	3	會寧 南面	9	閭延 東面	7	慶興 北面	5

＊ 이 표는 『世宗實錄』을 참고하여 작성.

동왕 22년(1440) 가을부터는 赴防軍을 동원하여 행성 공사에 착수하였다.[38] 당시의 토목사업은 주로 국민의 인력에 의존할 수밖에 없었기 때문에 이로 인한 폐단도 없지는 않아, 총 11년에 걸쳐 행성 축조가 진행되면서도 輪參官이었던 鄭而漢의 上言에서 볼 수 있듯이 축성의 이해를 둘러싸고 群議가 분분하였다. 그러나 결과적으로 보면, 그 전에는 趙明干口子가 요충지를 1년에 2~3차씩 침입해 들어왔던 데 비해 성이 축조된 후에는 단 한 번의 침략도 없어, 축성의 효과는 컸다고 할 것이다. 구체적으로 행성을 만들기 전 세종 23년(1441)에 야인이 침입한 횟수를 보면, 함길도가 年 8회, 평안도가 17회였으나 축성 이후에는 함길도가 年 1회, 평안도가 年 3회로 대폭 줄어들었다. 당시 행성이 국토방위에 얼마나 중요한 의미를 지녔는지를 잘 보여준다 하겠다.

2. 倭寇掃蕩策

왜구의 침입은 고려 초기부터 간헐적으로 있었지만, 13세기 초 이후 그 빈도수가 늘고 忠定王 2년(1350) 이후에는 더욱 기승을 부렸다. 이들은 간단한 무장을 갖추고 선박을 타고 다니며 전국 각지의 해안에 상

---

38) 『世宗實錄』 卷90, 世宗 22年 9月 甲寅.

류하여 촌락을 약탈하였다. 이를 견디다 못한 농민들이 내륙으로 이주하게 되니 해안지대의 비옥한 농토는 황폐해져만 갔다. 이들 왜구들은 對馬島·五島·平戶·九州·四國·中國 등지의 邊民으로 麗·元軍의 東征 이후 더욱 약탈행위가 심해졌고,39) 한반도에는 공민왕이 즉위한 이래 해마다 계속 침입해 들어왔다. 새로 건국한 조선의 시급한 과제 중 하나도 왜구의 방지였다. 먼저 일본을 평화적으로 회유하기 위해 交隣政策을 추진하였다. 이는 일본의 입장에서 보면 對馬島를 비롯한 西部日本의 土豪 및 足利幕府의 경제적 이익을 도모하는 것이었다.40)

세종도 등극한 후 왜구의 침입을 방어하는 데 많은 노력을 기울였다. 우선 對馬島를 정벌하여 왜구의 근거지를 없애고 下三道 연안에는 城을 축조하여 그들을 막아내고자 하였다. 對馬島 정벌 문제가 논의에 오르게 된 것은 개국 초부터 사대교린 정책에 따라 왜구문제를 평화적으로 해결하려 했던 조선의 노력이 크게 효과를 거두지 못했음은 물론 연안지방에 대한 그들의 약탈이 심화되면서 상당한 경제적 손실을 감수

---

39) 『高麗史』 卷37, 忠定王 2年 2月.

40) 당시 일본은 足利氏가 京都 室町에 幕府를 열고 대대로 將軍으로서 권력을 장악하고 있었다. 조선의 태조가 즉위했을 때는 足利幕府의 제3대 將軍 足利義滿의 통치 하에 있었는데, 유력 寺社와 지방호족이 결탁하여 朝貢 형식의 對明貿易을 행하여 막대한 이득을 취하였다. 明은 이 對日貿易의 대가로 일본이 중국 해안에 창궐하던 왜구를 자진 진압해 주기를 바랬다. 이에 주로 明에 대해서는 周防의 大內氏, 豊後의 大友氏, 薩摩의 島津氏 등 일본 서해안의 호족들이, 조선에 대해서는 對馬島의 宗氏가 公貿易을 보장받는 대신 왜구의 진압을 책임지게 되어 왜구의 활동은 상당히 뜸해졌다. 한때 足利幕府 제4대 將軍 足利義持가 무역을 중단하면서 왜구가 다시 극성을 부렸으나 제6대 將軍 足利義敎가 공무역을 재개하면서 진정되었다. 그럼에도 불구하고 왜구의 발호는 좀체로 종식되지 않아 태종 말까지도 거의 매년 수건씩 침략이 있었고, 慶尙·全羅의 海岸은 물론 平安道 해안까지 침범하여 소란을 피웠다.

해야 했기 때문이다. 따라서 태종 때도 7년(1407)부터 부득이 倭船의 정박지를 부산포와 내이포로 한정하고 浦와 加背梁에 倭舘을 설치하여 왜인의 출입을 통제하기 시작하였다. 水軍도 강화하여 적극적인 왜구 체포에 나서면서 왜구의 숫자는 크게 줄어들게 되었다. 그러나 통제력이 약한 중국의 연안은 왜구의 침략과 약탈이 여전하여 明은 왜구 토벌을 심각하게 논의하였고 조선도 여기에 동조하는 입장을 취하였다. 우리 나라에서 왜구 토벌 문제가 본격화된 것은 明에서 돌아온 賀正使 林密이 明의 사정을 보고하면서부터다. 賀正使는 明의 對倭 토벌책이 결정되었음을 정식 외교경로를 통하여 조선에 통보하였고,41) 조선은 명의 對倭討伐에 따른 대비책을 서둘러 강구하게 되었다. 무엇보다도 한반도가 왜구의 토벌로가 될 경우 백성에게 고통이 전가될 것이고 정벌이 실패할 경우 정치적 문제가 발생할 것이므로 武臣 80여 명을 沿海에 배치하여 방어망을 강화하자는 건의도 나왔다.42) 이와 때를 같이하여 明은 東北地方의 野人을 토벌할 계획을 구체화하고 있었는데,43) 明에게 쫓겨난 야인이 조선 경내로 들어올 경우 본의 아니게 조선이 피해를 볼 가능성도 있었다. 이에 따라 그에 대한 대비책도 마련해야 했는데, 일본과 연합하여 만약의 사태에 대비하자는 건의까지도 나오게 되었다.44) 이처럼 조선은 明의 對倭討伐과 對東北野人征伐 논의에 대해 민감한 반응을 보이며, 외교적 통로를 통해 명의 직접적인 군사행동을 저지하기 위한 노력을 전개하는 한편 군사적으로는 강경책을 써서 전후로 적과 대치하는 일이 없도록 하였다. 이에 당시 明을 약탈하고 돌아가는 왜적을 격파하거나 왜적의 침입을 명에 알려 주기도 하였다.45)

---

41) 『太宗實錄』 卷25, 太宗 13年 3月 己亥.

42) 위와 같은 조.

43) 『太宗實錄』 卷26, 太宗 13年 7月 癸卯.

44) 위와 같은 조.

이러한 분위기 속에서 세종 원년 5월 충청도 庇仁縣 都豆音串에 倭船 50여 척이 침입하여 우리 병선을 포위하고 불사르는 사건이 발생하였다.[46] 上王[47]은 즉시 명을 내려 충청도의 侍衛別牌와 下番甲士 守護軍을 징집하여 當下領船軍과 함께 엄하게 준비하여 왜구를 막게 하고 總制 成達生을 京畿·黃海·忠淸水軍都處置使에, 上護軍 李恪을 京畿水軍僉節制使에, 李思儉을 黃海道水軍僉節制使에, 前總制 王麟을 忠淸道水軍都節制使에 명하고, 海州牧使 朴齡은 黃海道水軍節制使를 겸하게 하였다.[48] 이는 서해를 끼고 있는 해안의 경비를 강화함과 동시에 각 방면에 지휘관을 임명하여 유사시에 적극적인 대응을 할 수 있도록 하는 조치였다.

對馬島 정벌은 朴訔이 "國家待倭人極厚 而今乃侵 我邊鄙無信如此"[49]라고 하여 對倭政策인 交隣이 실패하고 있으므로 왜에 대해 강경책을 취할 것을 주청한 데서도 알 수 있듯이 왜구의 침략이 계속되고 있었던데다, 明의 對倭討伐 대책이 알려지는 등 어려움에 직면하게 되자 사대의 명분과 백성의 고통을 덜기 위해 본격적으로 논의하기에 이르렀다.

> 兩上이 유정현·박은·이원·허조 등을 불러 "허술한 틈을 타서 對馬島를 치는 것이 좋을까 어떨까"를 의논하니, 모두 아뢰기를, "허술한 틈을 타는 것은 불가하고, 마땅히 적이 돌아오는 것을 기다려서 치는 것이 좋습니다" 하였다. 그러나 유독 조말생만이 "허술한 틈을 타

---

45) 『太宗實錄』 卷35, 太宗 18年 3月 庚午.
46) 『世宗實錄』 卷4, 世宗 元年 5月 辛亥.
47) 당시는 세종이 즉위해 있었지만 실권은 상왕인 태종이 여전히 장악하고 있었다.
48) 『世宗實錄』 卷4, 世宗 元年 5月 辛亥.
49) 위와 같은 조.

서 쳐야 합니다"라고 하였다.50)

이는 어전회의의 對馬島 정벌 논의의 분위기를 보여주는바, 모든 重臣이 乘虛征倭는 불가하다고 한 반면 趙末生만이 가하다고 하고 있어 당시 조정에서는 전쟁을 원치 않는 의견이 많았음을 알 수 있다. 그러나 상왕은 征倭를 주장하여, "왜구를 소탕하지 않고 매양 침략만 당하면 漢이 凶奴에게 욕을 본 것과 무엇이 다르겠는가? 틈을 타서 정벌하는 것만 같지 못하다"51)라고 하였다. 이는 倭에 대한 交隣政策을 불가피하게 폐기할 수밖에 없음을 단적으로 나타낸 것이다. 이어서 조선의 對倭 작전계획이 설명되고 있다. 즉 군사작전을 통해 그들의 처자식을 잡아온 후 우리 군사가 巨濟島에서 기다리고 있다가 중국을 약탈하고 돌아오는 적을 공격하여 그 배를 빼앗아 태우고, 商人과 九州에서 온 倭人을 모두 억류하여 경동하는 일이 없도록 하자고 하였다.52) 對馬島 정벌은 일종의 군사적인 전시효과를 노린 것이고 실제 왜구의 토벌은 南海에서 실시하려 하였음을 알 수 있다. 倭人 억류 작전은 군사상의 보안을 유지하여 만약에 있을지도 모르는 왜구의 역습에 대비하려 한 의도로 판단된다. 이렇게 기본 작전이 설정되자 이에 따라 軍團이 편성되었다.

곧 장천군 李從茂를 三軍都體察使에 명하여 中軍을 거느리게 하고, 우박·이숙묘·황상을 중군 절제사로, 유습을 좌군 도절제사로, 박초·박실을 좌군 절제사로, 이지실을 우군 도절제사로, 김을화·이순몽을 우군 절제사로 삼아, 경상·전라·충청의 3도 병선 200척과 下

---

50) 『世宗實錄』 卷4, 世宗 元年 5月 戊午, "兩上命召柳廷顯朴訔李原許稠等 議乘虛征對馬便否 僉曰 不可乘虛 當待賊還而攻之 趙末生獨曰 可乘虛擊之."
51) 위와 같은 조.
52) 위와 같은 조.

番甲士, 別牌, 侍衛牌 및 守城軍營屬과 才人과 禾尺·閑良人民·鄕吏·日守·양반 중에서 배 타는 데 능숙한 軍丁들을 거느려 왜구의 돌아오는 길목에서 기다리고, 6월 초8일에 각 도의 병선들과 함께 見乃梁에 모이기로 약속하였다.53)

이와 같이 지휘부를 편성하고 兵船·軍士 동원의 기본계획을 확정하면서 上王은 왜구의 살인·방화·약탈로 백성들이 고통을 당하고 있으므로 부득이 對馬島 정벌을 단행하게 되었음을 밝히고 있다.54) 對馬島 정벌에 대한 당위성과 심리적 일체감을 형성시키기 위해서였을 것이다.

마침내 세종 원년(1419) 6월 17일 대규모 병선과 군사를 동원하여 對馬島 출정 길에 오르게 된다.55) 그러나 이 날은 逆風으로 인하여 巨濟로 다시 돌아와야 했고, 6월 20일 원정군은 다시 對馬島를 향해 출발하여 午時에는 10여 척의 배가 먼저 對馬島에 이르렀다. 이어 大軍이 豆知浦에 정박하니 놀란 왜인들은 모두 도망하고 50여 명만이 대항하였지만 중과부적이었다. 우리 군사는 도망자를 수색하는 한편 크고 작은 敵船 129척을 빼앗아 20척을 고르고 나머지는 불태웠다. 가옥 1,939戶를 불사르고 114명을 참수하였으며 21명은 포로로 삼았다.56) 그런데 6월 26일 中軍이 상륙을 시도하던 중 左軍節制使 朴實이 적의 복병을 만나 크게 패하는 바람에 중군의 상륙이 저지되었다. 7월 6일 밤 李從

---

53) 위와 같은 조, "郎命以長川君李從茂爲三軍都體察使 將中軍 以禹博李叔畝 黃象爲中軍節制使 柳濕左軍都節制使 朴礎朴實左軍節制使 李之實右軍都節制使 金乙和李順蒙右軍節制使 將慶尙全羅忠淸三道兵船二百艘 下番甲士別牌侍衛牌及守城軍營 屬才人禾尺閑良人民鄕吏日 守兩班中 有能騎船者 及騎船軍丁等 以邀倭寇還歸之路 約以六月初八日 各道兵船 並集見乃梁以待."

54)『世宗實錄』卷4, 世宗 元年 6月 壬午.

55)『世宗實錄』卷4, 世宗 元年 6月 庚寅.

56)『世宗實錄』卷4, 世宗 元年 6月 癸巳.

茂가 보낸 鎭撫 宋有仁이 啓하기를, 군사가 거제로 돌아왔는데 戰艦의 함몰은 없었다고 보고하였다.57) 이로써 보면 7월 6일까지는 모든 원정군이 거제로 철수하였음을 알 수 있고, 애초에 목적한 바를 달성했음을 알 수 있다.

한편 조정 내에서는 左議政 朴訔처럼 이 기회에 왜구의 소굴인 對馬島를 완전히 정벌하여 다시는 왜구가 침입하는 일이 없도록 하자는 의견이 나오고58) 논공행상을 실시하여 사기를 높이자는 견해가 표명되었다.59) 그러나 태종은 柳廷顯을 불러 일단 對馬島 再征伐을 중지시키고 전라·경상도의 要害를 엄히 방비하고 지나는 적을 기다려 잡으라고 명하였다.60) 이렇게 해서 對馬島 정벌은 일단 군사적 시위라는 효과만 얻고 실제적인 이득은 별로 얻지 못한 채 막을 내리고, 對倭政策은 다시 交隣으로 전환되었다.

태종은 7월 17일 對馬島에 항복을 권유하는 글을 보내어 항복만 한다면 죽이지 않고 諸州에 나누어 살게 하고 衣食을 지급하겠다고 하면서 그렇지 않을 경우 다시 정벌을 단행하겠다는 의사를 강력히 시사하였다.61) 그러나 對馬島 守護 都都熊瓦는 교묘한 말로써 조선의 요구를 거절하였다.62) 이에 태종은 對馬島를 경상도에 예속시키고 관찰사를 통해 보고케 하는 강경조치를 취하고63) 九州摠管의 進貢64)과 일본 西海道 肥前州 平寓鎭 駿州牧 源省의 貢物을 바치고 억류되고 있던 왜

---

57) 『世宗實錄』 卷4, 世宗 元年 7月 己酉.
58) 『世宗實錄』 卷4, 世宗 元年 7月 己酉.
59) 『世宗實錄』 卷4, 世宗 元年 7月 庚戌.
60) 『世宗實錄』 卷4, 世宗 元年 7月 乙卯.
61) 『世宗實錄』 卷4, 世宗 元年 7月 庚申.
62) 『世宗實錄』 卷7, 世宗 2年 閏正月 己卯.
63) 『世宗實錄』 卷7, 世宗 2年 7月 壬辰.
64) 『世宗實錄』 卷7, 世宗 2年 7月 壬申.

인의 석방을 거절하는 등 외교적 압박을 강화하였다. 이에 對馬島 宗貞은 일반적으로 對馬島는 일본의 변경으로 인식되고 있으므로 이를 공격하는 일은 곧 일본 자체를 공격하는 것과 같음을 강조하였다.[65] 사실 조선이 목적으로 하는 바는 일본과의 전쟁이 아니라 왜구의 소탕이었다. 따라서 태종이 승하한 세종 5년 이후에는 宥和策을 써서 일본과의 내왕을 회복하게 된다. 그러나 무역상의 통제와 해안 경비를 강화하였기 때문에 왜구의 준동이 그치고 침범하더라도 남해안을 넘지는 못하였다.

한편 왜구를 방어하기 위하여 축성을 활발히 하여, 먼저 下三道에 關防을 설치하였다. 沿海郡縣에 城을 축조한 것은 왜구에 대한 방어라는 의미뿐만 아니라 방비 상태를 과시함으로써 감히 침구할 생각을 못하도록 하기 위해서였다.[66] 이러한 목적 하에 고려시대부터 전해 온 城을 仍舊改築 退築한 것이 세종대에만 40여 개에 이르렀다.[67] 이러한 城을 축조하기에 좋은 위치로는, 都巡察使 崔潤德에 따르면

충청도 庇仁·保寧의 두 縣은 海寇들이 가장 먼저 발길을 들여놓는 지대인데, 비인의 邑城은 평지에 위치하여 있고 보령의 읍성은 높은 丘陵에 위치하고 있어 모두 성터로 맞지 않습니다. 또 雜石을 흙과 섞어서 축조한지라 보잘것이 없고 협착한데다가 또한 우물과 샘[泉]마저 없으니, 실로 장기간 보전할 땅이 아닙니다. 비인현 竹寺洞의 새 터와 보령현 古邑 池內里의 새 터는 삼면이 험준한 산을 의지하고 있는데다가, 그 내면도 넓고 샘물 또한 풍족하여 읍성을 설치하기에 마땅합니다.[68]

---

65) 『世宗實錄』卷11, 世宗 3年 4月 己亥.

66) 『世宗實錄』卷88, 世宗 22年 3月 癸卯.

67) 車勇杰, 「世宗朝 下三道 沿海邑 城築造에 대하여」, 『史學研究』27, 1977, 3쪽 참조.

라고 하여 平地도 高丘도 좋지 않고 삼면이 험한 산에 의지하고 안쪽은 넓어야 하며 城內에는 식수가 풍부하여야 한다는 점을 지적하고 있다. 이 같은 조건은 방어에 유리한 것으로서, 특히 邑城이 연해에 많이 축조되었던 것은 왜구의 침입이 잦은 지역의 주민들을 보호하려는 데 목적이 있었다. 그러나 모든 邑城이 이러한 조건을 갖춘 것은 아니고 慶州府城처럼 평지에 축조된 것도 있었다. 세종대에 축조된 下三道 沿海邑城의 실태를 살펴보면, 慶尙道에 총 12개, 忠淸道에 8개, 全羅道에 19개였다. 전라도와 경상도는 해안선이 길었기 때문이기도 하고, 對馬島의 왜구들이 중국 연안을 약탈하면서 왕래한 길목에 위치했던 것도 城이 많았던 원인이라고 할 수 있다.

3. 新兵器의 發明

전쟁에서 무기는 승패를 좌우할 정도로 큰 역할을 한다. 火藥은 고려 말 공민왕대에 제조되었고, 우왕 3년에는 崔茂宣에 의한 기술 개발로 火㷁都監이 설치되면서 큰 발전을 이룩하였다. 조선 초에도 최무선의 아들 崔海山이 軍器副正이 되어 연구를 거듭하였다. 태종 9년에 火車를 시험하였고, 15년에는 火㷁軍을 늘리고, 17년에는 軍器寺에 火藥監을 두었다.

그러나 본격적인 무기 개발이 이루어진 것은 세종대에 들어와서다. 세종은 태종이 사망한 이후 무기 개발에 크게 관심을 기울였다. 신무기의 개발은 북방의 개척과, 왜구의 침입으로 인한 피해가 커지면서 군비

---

68)『世宗實錄』卷49, 世宗 12年 9月 壬戌, "忠淸道庇仁保寧兩縣 最是海冠初程 而庇仁邑城則平地 保寧邑城則高丘 皆不合城基 又以雜石交土造築 低徵狹 窄 且無井泉 非久安之地 庇仁縣竹寺洞新基 及保寧縣古邑池內里新基 則三 面據險 內且寬闊 水泉亦足 宣置邑城 …… 從之."

를 강화할 필요성이 대두되면서 박차를 가한 것으로 보인다. 먼저 해안을 침략하는 왜구를 격퇴하기 위해서는 倭船보다 속력이 빠른 兵船이 필요하였기 때문에 倭船·唐船·琉球船의 장점을 취하여 방어에 알맞는 甲船의 개발에 힘썼다. 많은 무기도 개량·제작되었다. 우선 화살의 경우, 사정거리를 길게 하고 명중률을 높이며, 많은 화살을 한꺼번에 쏠 수 있는 방법을 강구하였다. 화약의 경우는 원료의 입수가 어려웠으므로 화약의 소모량을 줄이는 쪽으로, 火器는 무게를 줄이는 쪽으로 개량이 이루어졌다.

　兵器 중에 銃筒火器라는 것이 있는데, 이는 구리로 만든 銃筒에다 화약을 채우고 불을 붙여 화약이 폭발할 때 그 힘으로 鐵丸이 날아가 적을 살상하는 무기다. 그런데 이것이 鐵과 火藥의 소모량이 많아 비경제적이었고,[69] 銃筒의 성능이 좋지 못하여 전술적인 운용에도 어려움이 많았고 사정거리와 명중률도 떨어졌다. 口徑을 크게 하면 몇 가지 문제점을 해결할 수 있겠지만 그럴 경우 중량이 너무 무거워질 뿐 아니라 화약 소모량이 더욱 커지게 되는 단점이 있었다. 이 화포의 비경제성을 보완하기 위해 만들어진 것이 黃字火砲였다. 물론 "前黃字火砲不過五百步"[70]라 해서 유효 사정거리가 500보를 넘지 못하는 흠이 있었으나 일단 화약 소모량을 크게 줄일 수 있었기 때문에 종전의 天字火砲·地字火砲·玄字火砲보다 성능은 떨어졌으나 경제적이었다. 이 밖에 화포의 전술적 효과를 높이기 위하여 세종 14년 雙箭火砲를 시험케 하였으나 성능은 많이 떨어졌다. 이에 따라 四箭火砲라는 것을 개발하였으나 이 또한 성능이 좋지 않아 곧 폐기되었다. 이후 등장한 것이 架字火砲로 원래 사정 거리가 200~300보밖에 되지 않았는데 개량 후에

---

69)『世宗實錄』卷72, 世宗 18年 6月 申丑. 혹은 복숭아씨나 자갈을 주워 두었다가 사용하기도 하였다.

70)『世宗實錄』卷107, 世宗 27年 3月 癸卯.

는 화살 한 개를 쏘면 600보, 4개를 쏘면 400보를 날아갈 정도로 성능이 향상되고 화약도 적게 들어 경제적이었다.[71] 이 밖에 細火砲는 대단히 가볍고 화약도 적게 들었으나 사정거리가 200보 미만으로 전술적 가치는 없었다.[72] 이에 따라 세종은 行宮 근처에 대장간을 만들게 하여 여러 차례의 시험을 거쳐 우수한 火砲와 火筒을 만들어 내는 데 성공하였다.[73] 이 때 銃統을 보다 정교하게 만들고 총통의 화약 폭발력에 맞추어 火箭을 규격화시켰으며 發射法도 개선하였다.

세종대의 銃統에는 장거리용인 長銃統 二箭筒 三箭筒 四箭筒 八箭銃筒 中小神機筒 細銃筒 細長銃筒이 있었다.[74] 이 총통에 사용되는 火箭으로는 次大箭 中箭小箭 次小箭 細長箭 次細長箭 鐵箭 등이 있었다.[75] 세종은 성능이 우수한 화기를 개발하는 데 성공하자, 이것을 各鎭에서 직접 제작·활용토록 하게 하기 위해 銃筒謄錄을 편찬케 하여 春秋館·軍機監에 1冊씩, 各道節制使와 處置使에 1冊씩 보냈다.[76] 당시 사용되던 화기들은 주로 전대에 또는 당시 사용하고 있던 것을 제작·개량한 것들이었다. 이처럼 실험과 연구를 바탕으로 화포를 대신할 수 있는 가벼우면서 구리를 사용하지 않은 火箭을 발명하여 함길도와

---

71) 『世宗實錄』卷107, 世宗 27年 3月 癸卯.

72) 세종 26년, 왕은 화포의 성능을 조사하도록 하였다. 이 때 조사된 각종 화포들은 성능도 떨어지고 경제적이지도 못하였다. 地字火砲와 玄字火砲는 화약은 많이 든 데 비해 사정거리는 500보에 불과하고 화살도 빗나가는 것이 절반이나 되었다. 黃字火砲는 화약이 적게 들고 사정거리는 400~500보, 크기는 玄字火砲보다 작았다. 架字火砲와 細火砲는 화약도 적게 들고 가벼워 사용하기에는 편리하였으나 사정거리가 200~300보 미만이라 병기로서의 가치는 별로 없었다.

73) 『世宗實錄』卷107, 世宗 27年 3月 癸卯.

74) 『世宗實錄』卷118, 世宗 29年 11月 甲辰.

75) 『世宗實錄』卷112, 世宗 30年 12月 戊午.

76) 『世宗實錄』卷121, 世宗 30年 9月 丙申.

평안도 兩界의 防衛軍에 보냈으며, 그 구조와 성능을 자세한 설명한 책도 펴내었다.

이 기록에 나오는 무기 중 하나로 火鞘라는 것이 있는데, 적이 근접해 와도 방어할 힘이 없을 때 金鏃을 화약과 혼합하여 만든 金鏃小走火彈을 이 火鞘 속에 박으면 金鏃彈이 폭발하여 파편이 비산, 人馬를 살상케 하니 적이 두려워 감히 접근하지 못할 것이라고 되어 있다.[77] 일종의 수류탄과 같은 무기였을 것으로 생각되는데, 근접전이 많았던 당시로서는 획기적인 무기로 간편성에서도 뛰어난 무기였다. 그러나 대롱 속에 들어 있는 鞘火가 얼마나 보존되었을지 의문이고, 폭발력을 강화시키기 위해서는 많은 화약을 필요로 하였을 것이므로 화약의 소모량이 많다는 단점도 있었을 것으로 생각된다. 그러나 火鞘는 근접전에서 병사를 보호하고 밀폐 용기가 폭발하면서 나는 소리가 적에게 심리적 압박감을 주었을 것이므로 백병전을 단시간 내에 끝내는 데는 좋은 무기였을 것임에 틀림이 없다.

이처럼 신무기로 개발된 火鞘의 이점이 의외로 크다는 것이 확인되자 화초에서 발사되는 金鏃小走火彈도 더욱 개량되어 각종 走火의 발명을 낳게 하였다. 走火는, 말을 타고 달리면서도 휴대하여 발사할 수 있으므로 기동력을 향상시키고 일단 몸에 맞게 되면 치명상을 입힐 수 있으므로 심리적 효과와 아울러 적에게 큰 위협이 될 수 있었다. 그리고 夜戰에서 사용할 경우 폭발시 일어나는 섬광으로 적의 기선을 제압할 수 있을 뿐만 아니라 사람이 접근하기 어려운 곳에 사용하여 불의의 습격으로 인한 아군의 피해를 줄일 수도 있는 장점이 있었다. 그러나 정확한 조준·발사가 불가능하고 화약의 소비량이 많아서 함부로 사용하기가 어렵고 화약인 관계로 취급에는 특별한 주의를 요한다는 단점

---

77) 『世宗實錄』 卷94, 世宗 23年 10月 甲子.

이 있었다.[78]

세종은 개발한 火器를 각 鎭으로 보내고 그 훈련을 위한 지침을 시달하였다. 연습시에는 四箭銃筒을 사용하고, 兩界에서는 매월 1회, 기타 諸道에서는 3개월에 1회씩 연습하되 각각 한 번에 10柄씩 하고, 一銃筒八箭銃筒 四箭長銃筒 細銃筒 中小神機箭은 양계지방에서 매년 한 번, 기타 諸道에서는 2년에 한 번 연습을 하도록 하였다.[79] 이렇게 차등을 두어 연습을 하게 한 것은 양계지방이 접경지대이며, 화약 생산이 많지 않은 관계로 전쟁위협이 농후한 지방의 병사에게 중점적으로 훈련을 시키기 위한 것으로 생각된다.

이상에서 세종의 東·西北邊境 및 왜구에 대한 정책과 화기 개발에 대하여 살펴보았다. 조선은 고려시대 이래로 계속되는 왜구의 침입으로 인한 피해를 줄일 필요가 있었고, 게다가 왜구정벌안을 내놓은 明의 직접적인 군사행동을 저지할 필요가 있었다. 거기에 전통적으로 견지해 오던 왜구와의 교린관계가 조선에 대해 경제적인 압박을 가중시켰다. 이에 對馬島 정벌을 단행하였으나 소기의 성과를 거두지는 못한 것 같고, 이후 관방의 설치를 통해 방어에 주력하게 되었다. 火器의 개발도 外族의 잦은 침입에 따라 국방을 강화할 목적으로 제작되었는데, 북방 여진족의 침입에 사용하여 큰 성과를 거두었다. 이러한 국방강화 정책들은 궁극적으로 백성을 보호하여 그들의 복지를 증진시키려는 데 목적이 있었다. 세종의 과학정신은 신무기의 개발로 이어져 효과적인 국방정책을 수립하게 하고 이러한 국방의 강화 속에서 문화의 꽃이 피어나게 된 것이다.

---

78) 『世宗實錄』 卷118, 世宗 29年 11月 辛亥.
79) 『世宗實錄』 卷122, 世宗 30年 12月 戊午.

4. 福祉的 側面에서 본 國防

봉건사회에서의 복지란 전 국민의 사회생활의 안정과 발전에 공헌하는 일체의 사회적 시책을 총칭한다. 복지적 측면에서의 국방 문제는 여말 이후 끊임없는 北虜南倭의 침략 속에서 백성이 안정된 생업을 누릴 수 없었던 시대적 상황을 염두에 두면, 이는 당시 사회복지의 최우선 과제였다고 할 수 있다. 빈번한 외적의 침입은 아무리 잘 정비된 사회체제와 복지정책을 가졌다 하더라도 그 실시를 근본적으로 불가능하게 만들기 때문이다.

세종대의 국방 문제를 주로 徙民政策과 土官制度를 통하여 살펴보자. 세종은 즉위와 더불어 남쪽의 왜구문제를 해결 짓고 다음으로 북방문제의 근본적인 해결을 생각하게 되었는데, 여기에는 두 가지의 커다란 이유가 있었다. 첫째는 咸吉道가 조선의 '興王之地'로서 중요성을 갖고 있었고, 둘째는 北進이 고려 이후 계속된 민족적 숙원이었다는 점에서였다. 이러한 북방에 대한 중요성이, 소극적인 방어만을 위주로 하던 정책에서 적극적인 정책으로 전환하게 하여 대대적인 北征을 실행함으로써 압록강과 두만강을 경계로 하는 국경선을 확립할 수 있었다. 세종은 영토의 확장과 확보에만 열중하지 않고 이미 확보된 새로운 영토의 방어와 그 충실화를 위한 여러 가지 시책을 동시에 베풀었다.

세종은 방위수단으로서는 赴防의 강화와 長城 축조에 힘썼으며, 새롭게 확보된 영토의 충실화를 위해서는 하삼도 지역의 민을 여러 차례에 걸쳐 이주시키는 사민정책을 실시하였다. 또 이들 지역의 토착인과 이주민의 민생을 위한 土官制度도 적극적으로 추진하였다. 세종조에 北征 이전에는 주로 변경을 방위하기 위해 각 읍마다 城을 쌓거나 木柵을 설치하여 그 주위의 주민을 入保시키고 赴防軍에게 이를 수비하도록 하였다. 入保란 수확이 끝나는 가을에서 다음 해 봄까지 여진이

침략해 오는 지역의 백성을 성내에 거주케 하여 방위하던 것을 말한다. 그런데 농한기뿐만 아니라 농번기라 하더라도 적의 침략이 있으면 入保를 해야 했기 때문에 이는 영농에 막대한 지장을 주어 백성들의 생활을 곤궁케 하였다. 이러한 불편을 시정하기 위해 北征을 실시한 이후에는 여진침략로의 要所에 煙臺를 설치하고 신호가 있을 때마다 산재해 있는 주민을 급히 入保케 하여 피해를 최소한으로 줄이고자 하였다.[80] 그러나 이러한 入保만으로는 변경지역 주민의 생활을 안정시킬 수가 없었다. 이에 崔潤德은 화포의 개조와 보급, 평안도 지역의 閑散人을 取試하여 防備軍을 충실히 할 것, 道路 및 城池의 수축, 民力의 休養, 軍器의 개조와 兵糧의 충실, 군복의 간편화 등 備邊事宜 24개조를 건의하였다.[81] 이 가운데 우리의 관심을 끄는 것은 平安道人을 防備軍에 적극 가담케 한 점과 民力의 休養이다. 이것은 확보된 새로운 영토를 지키기 위해 세종이 적극 추진한 徙民政策 및 土官設置와 맥락을 같이 하는 것이었다.

徙民政策은 인구가 조밀한 경상·충청·전라도 등지에서 백성을 변방으로 이주시키는 정책을 말하는데, 이는 대략 두 가지 방침 하에 시행되었다. 하나는 범죄인을 平安·咸吉道 변경으로 徙民시키는 것이며,[82] 다른 하나는 下三道人에게 特典을 부여하여 北方徙民을 장려하는 것이었다. 세종은 태종대에 일단 정지되었던 徙民政策을 다시 적극 추진하였는데, 동왕 15년 慶源府를 會叱家에, 寧北鎭을 伯顔愁所에 설치하고 먼저 함경도 남부의 민호 2,200호를 이 곳으로 옮기고, 會寧·鍾城·穩城·慶興 등 諸鎭을 신설함에 있어서도 편의상 먼저 함경도내 남부의 주민을 이에 이주케 하였다.[83] 그런 다음 함경도내 남부에는 下

---

80) 『世宗實錄』 卷59, 世宗 15年 正月 丁卯.
81) 『世宗實錄』 卷68, 世宗 19年 4月 甲寅.
82) 『世宗實錄』 卷96, 世宗 24年 5月 丙寅 ; 『經國大典』 卷5, 刑典 逃亡.

三道로부터 移民을 모집하여 그 빈 곳을 충실화한다는 방침이었다. 즉 두만강 연안의 방비를 견고히 하기 위하여 吉州以南 諸邑의 正軍 1,600호를 抄出移住케 한 까닭에 吉州以南 諸邑의 田宅이 空虛하고 民戶가 감소하였고, 따라서 하삼도의 인구가 조밀한 지역에서 1,600호를 선출하여 徭役 면제의 특전을 부여함으로써 吉州以南 諸邑에 배치한다는 것이었다.84) 이러한 사민정책은 함경도에만 국한된 것이 아니고 평안도도 마찬가지였다. 세종 20년 평안도 각지에서 邊邑인 閭延·慈城·江界·理山·碧潼·昌城 등지로 이주시키기 위해 抄出한 호수는 平壤 200호, 安州·永柔 각 65호, 中和·成州 각 50호, 祥原 40호, 肅川·咸從 각 35호, 順川 32호, 寧邊 殷山·德川·价川·江東·江西 각 35호, 順安 28호, 三和 25호, 定州 20호, 慈山·甑山 각 15호, 三登 13호, 陽德 12호, 孟山 11호, 宣川·龍川 각 6호, 隨川·郭山·嘉山·泰川·雲山·博川·熙川 각 5호, 鐵山 4호로 도합 1,000호였다.85) 물론 이러한 사민정책에는 많은 문제가 뒤따랐다. 세종은 그 폐단을 최소한으로 줄이기 위해 이들에게 요역 면제의 특전을 부여하였으며, 이와 함께 土官設置를 확대시켜 나갔다.

土官制度는 고려대의 鄕職에서 유래한 것으로, 고려의 집권체제가 정비되면서 중앙정부가 향리들을 회유하기 위해 그들을 토관으로 임명하여 지배기구의 말단에 위치시켰던 것이다. 그러나 북방지역 토관 설치의 경우는, 이들 지역이 오랫 동안 元의 지배 하에 있었다는 점을 염두에 두지 않을 수 없었다. 즉 元이 이들 지방을 지배하기 위해 이들 지방세력을 포섭하여 통치하였던 것이다. 따라서 이들 지역이 元으로부터

---

83) 『世宗實錄』 卷1, 世宗 元年 8月 己亥 ; 卷62, 世宗 15年 11月 庚子 ; 卷63, 世宗 16年 10月 壬戌 ; 卷68, 世宗 17年 5月 甲辰.
84) 『世宗實錄』 卷92, 世宗 23年 5月 癸丑.
85) 『世宗實錄』 卷81, 世宗 20年 5月 壬辰.

還屬된 이후에도 고려정부로서는 토관 설치를 통해 이들 유력자를 회유하지 않을 수 없었다.[86]

이러한 사정은 鮮初에 양계지방에 토관을 설치할 때도 마찬가지였다. 우선 麗末鮮初 북방지역에 토관이 설치된 지역을 도표화해 보면 다음과 같다.

<표 3-2> 麗末鮮初 土官設置

年代	地域	備考	出典
恭愍王18年	和寧(和州)		『高麗史』卷58, 志12 地理3
太宗 6年	平 壤	土官數 600명	『太宗實錄』6年 6月 癸亥
太宗 7年	永 興	太宗 元年 100명으로 줄임	『太宗實錄』卷13, 7年 3月 癸酉
世宗 7年	濟 州	土官數 629명	『世宗實錄』卷29, 7年 7月 壬午
〃 10年	慶 源	東西班	『新增東國輿地勝覽』卷50, 慶源都護府條
〃 11年	寧邊府	西 班	『世宗實錄』卷43, 11年 3月 壬申
〃 14年	吉 州	〃	『世宗實錄』卷55, 14年 2月 辛卯
〃 14年	義 州	〃	『世宗實錄』卷56, 14年 4月 辛丑
〃 16年	寧北鎭(富寧府)		『世宗實錄』卷63, 16年 正月 甲申
〃 16年	會 寧		『新增東國輿地勝覽』卷50, 會寧府條
〃 18年	鏡城府	東西班	『世宗實錄』卷73, 18年 閏6月 丙寅
〃 23年	穩城府		『世宗實錄』卷94, 23年 閏11月 壬午
〃 23年	鍾 城		『世宗實錄』卷94, 23年 閏11月 壬午
〃 24年	江 界	東西班	『世宗實錄』卷97, 24年 9月 戊寅
〃 25年	慶 興		『新增東國輿地勝覽』卷50, 慶興府

* 이 표는 『高麗史』·『太宗實錄』·『世宗實錄』·『新增東國輿地勝覽』 등을 참고하여 작성.

위에서 볼 수 있듯이 함경·평안 兩道에는 건국 초 永興과 平壤·和

---

86) 李在龒, 「朝鮮初期의 土官에 대하여」, 『震檀學報』 29·30, 1966, 135~137쪽 참조.

州에만 설치되어 있던 토관이 세종조에 12개 소로 확대되었다. 세종 연간의 토관 설치는 앞에서 설명하였듯이 사민정책과 북방토착인의 복지 문제와 밀접한 연관을 가지면서 진행된 것이다.

『新增東國輿地勝覽』卷50, 慶源都護府條에 "世宗十年 又移府治于會叱家之地 徙南界民戶 以實之 置土官"라고 하였듯이 토관의 설치는 날로 감소하는 인구의 충실을 꾀하기 위한 것이었으며 민생안정을 희구한 것이었다. 토관의 설치를 통한 인구의 충실화와 민생안정의 구체적인 내용은 세종 13년 兵曹의 啓言을 통해 알 수 있다. 즉 寧邊府를 세움에 있어서 토관을 두고 田稅를 면제하고 徭役을 감해 주는 조치를 취함으로써 인민을 소집하여 巨鎭을 만들 수 있다는 것이다.[87] 이는 토관의 설치가 다분히 백성에 대한 사회복지적 성격을 띠고 있었음을 말해 준다. 토관의 임명과 선발에서 東班은 觀察使가, 西班은 節度使가 本道人 중에서 뽑도록 되어 있었으며, 토관의 職階는 軍系統의 千戶·百戶·鎭撫와 吏屬系統의 知印·令史가 있었다.[88] 이러한 직계에는 閑良으로 북방지방에서 상당히 높은 지위에 있는 사람이나[89] 補充軍·防牌·火砲軍 혹은 習射에 優秀合格者·入屬徙民 중 재간이 있는 자[90] 등을 임용하여 국방의 충실과 민생의 안정을 꾀하고자 하였다. 또한 이들에게는 상당한 祿地를 주어 그들의 생활 안정을 보장해 주기도 하였다.[91]

---

87) 『世宗實錄』卷53, 世宗 13年 9月 甲申.
88) 『世宗實錄』卷37, 世宗 9年 8月 癸未.
89) 『世宗實錄』卷28, 世宗 7年 4月 庚子.
90) 『世宗實錄』卷60, 世宗 15年 6月 戊戌 ; 卷96, 世宗 24年 5月 壬申.
91) 『太宗實錄』卷14, 太宗 7年 9月 辛亥.

제4장 朝鮮前期 醫療政策과 鄕藥政策

古今을 통하여 어떤 형태의 국가든 건강한 自國民을 유지한다는 것은 국가경영에서 중요한 일이다. 의료정책을 통한 질병의 퇴치와 예방, 환자의 치유 등은 정도의 차이가 있으나 한국의 역사에서 늘 있어 온 국민복지를 위한 善政이었다. 전통적으로 국가의 통치자는 국민이 국가의 최대자원임을 깊이 인식하고 있었다. 君王의 善治가 건강한 戶口의 증가에 있다는 확고한 인식이 그 證票였다.

전염병의 유행은 天遺를 奉行하는 君王에게는 德治나 仁治를 행하지 않아 天이 노하여 나타나는 현상 또는 신의 경고로 받아들여졌다. 그리하여 지극한 치성이나 극진한 선정을 베풀어 天命대로 王道를 실시하여 天怒와 神怒를 진정시켜 용서를 기원하기 위한 정책으로서 전염병을 치료하고 예방하는 오늘날의 의료복지정책을 적극 실시하였다.

한국의 의료처방 기술은 삼국시대에 벌써 일본에 의원을 파견하거나 의서를 수출할 정도로 높은 수준을 보여주었다. 국내에서도 단편적이지만 施療의 사례를 볼 수 있다. 고려시대에는 의술과 약재의 제조기술을 가르치는 의료교육기관이 창설되었고, 환자를 전담해서 치료하는 병원이 설립되어, 제한적이지만 국민을 위한 의료복지의 惠政을 제공하고 있었다.[1] 이러한 施療政策은 조선의 건국과 함께 더욱 활발해졌는데,

---

1) 李玟洙, 「世宗의 福祉政策에 관한 研究」, 『東峰金成俊先生 停年紀念史學論叢』, 1985, 142쪽.

이는『朝鮮王朝實錄』을 통하여 비교적 명확히 질병에 관한 통계 등을 집계해 볼 수 있다.

본 장에서는 의료정책과 향약정책에 대하여 살펴보고자 한다. 기존의 연구에서는 의료제도나 의학사와 관련하여 제한적이고 개괄적인 연구는 있어 왔지만[2] 醫學과 藥學을 통치자의 필요성과 국민복지 향상이라는 차원에서 考究된 예는 없었다.

제1절 醫療政策

조선 건국 이후 李成桂는 신왕조의 정치제도를 확립하면서 의학과 한약 등 의료 분야도 함께 정비하였다. 먼저 약재의 재배를 장려하고 신의학의 서적을 撰集하여 의료복지정책을 괄목할 수준으로 발전시켰다. 고려시대에 설립되어 많은 국민에게 혜택을 주었던 惠民局과 東·西大悲院 제도를 원활히 활용하고, 典醫寺는 典醫監으로 개칭하고,[3] 관직은 判事·監·少監·丞·直長·博士·檢藥·助敎 등 고려시대에 통용된 직명을 그대로 襲用하였다. 태조 6년 8월에는 濟生院을 설치하고 惠民局의 예와 같이 각 도에서 鄕藥을 輪納하게 하였다.[4]

태조 원년 8월에는 鄭道傳에게 명하여 종래 전래되어 온 민간요법을 수집하여 濟生院에서『鄕藥濟生集成方』30권을 편집 반포하였다. 같은

---

2) 金斗鍾,『韓國醫學史』, 탐구당, 1979 ; 盧正祐,「韓國醫學史」,『韓國文化史大系(6)』, 고려대학교 민족문화연구소, 1979 ; 三木榮,『朝鮮醫學史及疾病史』, 自家出版, 1927.

3) 盧正祐,「韓國醫學史」,『韓國文化史大系(6)』, 고려대학교 민족문화연구소, 1979, 788쪽.

4)『太祖實錄』卷12, 太祖 6年 8月 壬寅, "置濟生院 令各道每歲輪納鄕藥村 如惠民局例."

해 정도전이 제정한 入官補吏法에 보면, 門蔭으로 出仕한 양반의 初入 仕路의 7科에

> 入官補吏法을 제정하였다. 대개 처음에 流品에 入仕하는 것을 7科로 만들어 ‘門蔭’이니, ‘文科’니, ‘吏科’니, ‘譯科’니, ‘陰陽科’니, ‘醫科’니 하는 것은 吏曹에서 이를 주관하고, ‘武科’니 하는 것은 兵曹에서 이를 주관하였다.5)

라 하여 의료직을 중시하고 인사발령을 하였다. 태조 5년(1396) 3월 4일에는 醫療職이 禮曹로 이관되었다.6) 조선 초기의 중앙 의료기관으로는 內藥方, 典醫監, 惠民局, 東西大悲院, 濟生院, 種藥色, 醫學 등이 있었다. 지방 의료기관으로는 醫員, 醫學敎授官, 醫學院, 醫學丞 등이 있었다.7) 태종 6년(1406) 3월에는 童女 수천 명을 선발하여 醫藥, 脈理, 鍼灸學 등을 교습케 하여 부인병 전문의로서 진료를 담당하게 하였다.

조선 초기의 의료기관의 설립 연대와 그 역할을 보면 <표 4-1>과 같다.

조선시대의 의료인의 품계는 최고 官品者가 堂上官인 정3품 判事에서 最下位官이 종9품 助敎에 이르며, 각 기관마다 종사자의 수는 다양했다.

조선 초기의 이러한 의료제도는 대부분 고려시대에 존재했던 제도를 그대로 답습한 것이다. 그러나 세종대에 들어오면서부터는 의료체계 및 인원을 대폭적으로 정비하여 보다 효율적인 운영을 기하게 되었다.8) 각

---

5) 『太祖實錄』卷1, 太祖 元年 8月 辛亥, “定入官補吏法 凡初入流品 作七科 日文蔭 日文科 日吏科 日譯科 日陰科 日醫科 吏曹主之 日武科 兵曹主之.”
6) 『太祖實錄』卷9, 太祖 5年 3月 辛酉.
7) 김두종, 앞의 책, 196쪽.
8) 金斗鍾, 앞의 책, 196쪽 참조.

<표 4-1> 朝鮮의 醫療機關

區分	機關名	治療 對象	設立 年代
中央醫療機關	內藥方	王室用藥 製造	태조 원년(1392) 7월
	食醫	國王進上用鑑別醫員	〃
	典醫監	王室主治醫 兼 朝官들의 치료	國初
	惠民局	신분을 불문하고 치유	開國初
	東西大悲院(東西活人院)	일반 서민 치유, 太宗 14년(1414) 東西活人院으로 개명	태조 원년 7월
	濟生院	國民疾病治療, 醫書刊行 無依無托者保護 女醫兩性	태조 6년(1398) 8월
	種藥色	藥材의 재배가 주임무였으나 太宗 11년(1413) 6월 폐지	불확실
地方醫療機關	醫員	各首界와 各道에 설치, 醫療 및 醫員養成과 醫學敎授官을 둠	태조 2년(1393) 정월
	醫學敎論	醫學敎授官의 명칭만 변화, 직능은 承襲	태종 16년(1416) 8월
	醫學院	평양 및 각 도의 醫藥 관장함	태종 6년(1406) 6월
	各道學敎	醫員 양성	태종 5년(1405) 3월
	醫學丞制度	永興府에 醫學丞을 둠	태종 7년(1407) 9월

* 『太祖實錄』卷1・11 ;『太宗實錄』卷9・11・12・13을 참조하여 작성.

<표 4-2> 醫療人의 品階 및 人員數

職名	人員數	品位
判 事	2	정3품
監	2	종3품
少 監	2	종4품
丞	2	종5품
兼 丞	2	종5품
主 簿	2	종6품
兼主簿	2	종6품
直 長	2	종7품
博 士	2	종8품
檢 藥	4	정9품
助 敎	2	종9품

의료기관별로 정원수를 보면, 조선 초기 醫療人의 정원은 45명이었는데 세종 5년에 이르러서는 그 수가 크게 감소하고 있다. 당시의 의료기관별 인원 변화 상황을 보면 다음과 같다.

<표 4-3> 世宗 5年 醫療人의 變動

醫療機關	職名	초기 定員	변동 후 定員
惠民局	提　調	4명	2명
	副提調	1명	0명
	別　坐	4명	2명
西活人院	提　調	4명	1명
	副提調	2명	1명
	別　坐	4명	3명
	茶　房	4명	0명
濟生院	提　調	3명	1명
	副提調	1명	0명
	提　學	2명	3명
	別　坐	7명	4명
東活人院	提　學	2명	1명
	別　坐	7명	1명

이 때부터 의료인의 임용은 그들의 체험과 임상실습에 기준을 두는 동시에 이론과 醫書에 대한 지식에도 큰 비중을 두었다. 즉 의료인의 陞品이나 敍用에는 그들의 治病 업적을 참작하였던 것이다.9) 세종 15년(1433)에는 濟生院에서 환자를 치료한 효과가 많은 생도들에게는 醫書의 講習을 면제하고 陞階시키기도 하였다.10)

세종 26년(1444) 6월의 다음 기사는 內醫院, 典醫監, 濟生院 관원에

---

9) 『世宗實錄』卷11, 世宗 3年 3月 庚辰, "吏曹啓 業醫者 只讀方書 以考藝進級 爲務 不用心於理病 自今幷考療病多小 敍用."

10) 『世宗實錄』卷62, 世宗 15年 11月 癸卯, "吏曹啓 濟生院治療癨生徒 除講醫書擇其所業精熟 療病最多者一人 隨品敍用 從之."

대한 加資와 포폄의 기준을 정한 것이다.

　의정부에서 예조의 呈文에 의거하여 아뢰기를, "內醫院 의원을 勤
慢을 상고하지 않고 30개월이 차지 않아서 前例로 한 資級을 더하는
것은 실로 옳지 못하오며, 또 典醫監 醫員은 그 수가 이미 많고 밤낮
을 분별 없이 질병을 치료하여 勤苦가 막심한데도, 1～2년을 격하여
다만 바꾸어 가면서 遞兒職을 받을 뿐이며 加資를 받지 못하기 때문
에, 여러 가지로 핑계하고 仕進하려 하지 않으니, 권하고 장려하는 방
법이 未盡한 바가 있습니다. 청하옵건대, 지금부터 내의원 의원과 전
의감·제생원 의원 내에서 試才하지 않는 자는 모두 勤怠를 상고해서
포폄하도록 하고, 30개월이 차거든 殿最를 참고해서 다른 예에 따라
加資하여 권장하게 하며, 그 前衛으로 30개월이 찬 자도 역시 이 예에
의하여 그 포폄을 상고해서 가자하여 서용하게 하소서" 하니, 그대로
따랐다.[11]

　이와 아울러 內醫院에 배속된 의료인에 대해서는 규율을 엄히 하여
타 직종과의 겸무를 금하였다. 內醫院은 원래 태조 원년(1392)에 설치
한 典醫監을 개칭한 기관으로 御用服藥의 제조를 담당한 最高官署로
서 특별한 권위를 지닌 醫療陣이 배치되어 있었다.
　내의원 기구의 조직표는 다음과 같다.

---

11)『世宗實錄』卷104, 世宗 26年 6月 己亥, "議政府 據禮曹呈啓 內醫院醫員 不
　　考勤慢 未滿三十月 例加一資 實爲不可 且典醫監醫員 則厥數旣多 不分晝
　　夜 治療疾病 勤苦莫甚 而隔一二年 但迭受遞兒職而已未得加資 故多方托故
　　不仕 勸勵之方 有所未盡 請自今 內醫院醫員 及典醫監 濟生院醫員內 不得
　　試才者並令考其勤怠 以爲褒貶 滿三十月 則參考殿最 依他例加資勸勵 其以
　　前御滿三十月 者亦依此例 考其褒貶 加資叙用 從之."

<표 4-4> 內醫院의 組織

官　名	品　階	定　員	備　　考
都提調	정3품	1명	
提　調	정3품	1명	
副提調	정3품	1명	承旨가 兼務
僉　正	종4품	1명	
判　官	종5품	1명	
主　簿	종6품	1명	
直　長	종7품	3명	孝宗時 減 3명
奉　事	종8품	2명	
副奉事	정9품	2명	
參　奉	종9품	1명	
鍼　醫	?	22명	孝宗時부터
女　醫	?		

　내의원에 소속된 의료진은 王室專門醫로서, 세종 27년 4월에는 특별히 일이 많은 내의원 의원의 경우 入番으로 말미암아 御藥 諸事에 착오가 있을까 우려하여 의원 중 2인은 藥色으로 정하여 거기에만 전념토록 하였다. 이는 상황이 급할 때는 일을 分遣하게 되어 폐단이 있으니 別坐 2인을 加置하여 朝官의 時散官을 논하지 말고 差任하여 藥色 醫員과 더불어 鄕藥 諸事 및 院中公務를 專掌케 해 달라는 요청을 받아들인 것이다.12)

　그러나 조선시대 의료인은 雜職系統으로 사회적 통념상 천인시되고 있어서 그 중요성에 비추어 인재를 뽑아 쓰기에 어려움이 있었다. 다음 기사는 이러한 상황을 잘 보여준다.

---

12) 『世宗實錄』卷108, 世宗 27年 4月 甲寅, "承政院啓 內醫院醫員 因諸處家病 互相入番 院中公務 不得專後 御藥諸事 或致差誤 曾令醫員二人 定爲藥色 除他務專掌其事 然有緩急 亦令分遣 弊復如前 請加置別坐二亭 擇朝官勿論 時散差任 與藥色醫員 專掌御藥諸事及院中公務 從之."

세자가 또 말하기를, "醫學은 사람들이 모두 천하게 여기는 바이나, 관계되는 것이 심히 중하다. 지난번에 良家의 子弟로서 나이 젊고 聰敏한 자 약간을 뽑아서 그 업을 익히게 하였으나, 이들이 醫業을 천하게 여기고 다투어 서로 면하기를 꾀하니, 지금 登科한 자로 하여금 익히게 하려고 하는데 어떠한가" 하니, 황수신이 아뢰기를 "등과한 자는 좋은 벼슬을 고루 거치려고 하는데, 지금 의업을 익히게 하면 반드시 마음을 쓰지 않을 것입니다. 옛날에 漢學 講肄生을 등과한 사람으로 시켰는데 효과가 있지 않았으니, 이것이 그 경험입니다"라고 하였다.13)

그러나 세종은 27년 의료인의 업이 중요하다며 良家宅의 총명하고 민첩한 청소년 가운데 선발하여 의료교육을 습득하게 하도록 명하고 있다.14) 세종은 의료인이란 의학에 대해 전문적인 지식을 가지고 있어야 함은 물론, 經書를 熟讀하여 일반적인 유학의 소양도 갖추어 인성을 배양하고 인간존중 및 박애정신을 배양할 것을 강조하고 있다. 따라서 의료인으로서 환자의 治病에 태만한 자에 대해서는 엄벌에 처하도록 교지를 내리고 있다.15)

이러한 세종의 적극적인 의료정책은 앞서도 지적했듯이 그의 왕도정치 사상에 바탕을 둔 것이지만 스스로 평생 동안 다양한 병으로 고생을 하였기 때문이기도 하다. 『世宗實錄』에 나타나는 세종의 病歷을 연대순으로 정리해 보면 다음 표와 같다.

---

13) 『世宗實錄』 卷110, 世宗 27年 10月 辛酉, "世子又曰醫學 人所共賤 然所係甚重 向者擇良家子弟 年少聰敏者若干人 俾習其業 然此輩以醫業爲賤 爭相窺免 今欲使登科者習之何如 守身曰 登科者 固欲揚歷 華秩 今令習醫 必不用心 昔漢學講隷生 以登科者爲之 未有其効 此其驗也."

14) 『世宗實錄』 卷110, 世宗 27年 10月 辛酉, "醫學人所共賤 然所係甚重向者擇良家子弟 年少聰敏者若干人 俾習其業."

15) 『世宗實錄』 卷10, 世宗 2年 1月 乙丑.

<표 4-5> 世宗의 病歷表[16]

年齡	年代	病名	備考
41歲	19年 (1437)	承政院에 명하여 중대한 국사 이외에 일반적인 것은 세자가 專決하도록 할 의사 표명(正月 己亥) 群臣들이 반대하므로 취소(4月 庚申) 上未寧(8月 辛酉)	7月 貢法 실시 8月 貢法 폐지
42歲	20年 (1438)	건강상의 이유를 들어 世子의 섭정을 대신들에게 논 의케 함(4月 辛巳) 上未寧(4~5月) 上未寧(4~5月) 上未寧(6~7月) 富平地方에 溫水가 나온다는 소문이 있어 확인하게 함(11月 戊子) 당시 세종의 症狀 : 引飮之病 背上浮腫·淋疾·氣 力不足·記憶力 衰退 등	7月 慶尙·全羅 道에 貢法 시행
43歲	21年 (1439)	국왕은 자신이 현재 氣力이 微弱하고 重患 狀態이므 로 세자의 섭정이 불가피하다고 經筵에서 주장. 당시 국왕의 질환은 左·右則 안질이었음(6월 정유) 실제 당시 국왕은 당뇨병, 배상부종, 임질, 안질편각 통 등으로 고통받고 있었음 上未寧(2月) 세자의 섭정을 논의케 함(7月 戊申) 국왕은 자신이 중환자 상태임을 표명(7월 庚戌) 세자의 섭정이 자신(국왕)의 건강 때문에 부득이하다 고 하고 經筵을 중단(3月부터)	2月 濫刑禁止
44歲	22年 (1440)	溫水縣(溫陽)溫泉에 다녀와 효험을 봄(3月 甲辰~4 月 丁丑까지) 富平 溫泉에 다시 관심을 둠(8月 丙申)	제2차 국왕의 療 養
45歲	23年 (1441)	안질환자인 副校吏 崔恒, 前縣監 鄭仲虔 등이 典醫 인 裵尙文과 平山溫泉에 가서 시험함(正月 丁未).	7月 충청도에 貢 法 施行

---

16) 『世宗實錄』卷3, 世宗 元年 4月 庚寅, "以兩肩痛 劇不卜日 卽命醫朴允德灸
之領議政 柳廷顯參判李明德等 請勿灸 辛溫泉治療 上王曰 病甚 不可動身
行辛."；卷29, 世宗 7年 7月 丙申；卷57, 世宗 14年 9月 乙未；卷94, 世宗
23年 閏11月 癸未.

年齡	年代	病名	備考
45歲	23年 (1441)	成均館 金鉤를 온양으로 파견(正月 丁巳), 成均館 博士 鄭自英을 平山 派遣 眼疾 치료를 시험(正月 丁巳). 判官 金晏民을 松岳山 北 安和洞에서 溫泉을 발굴. 왕비와 함께 3월 甲寅에 漢城을 출발하여 丁巳日에 溫陽에 도착하여 요양. 6月 丁酉日에 行宮을 출발하여 庚子日에 還宮, 1개월 반 동안 轉地하여 요양. 국왕의 치병 상태가 好轉되자 溫水縣을 溫陽縣으로 개명. 江原道 伊川에 溫泉이 있다 하여 관심을 가짐(7月 丙辰). 伊川 현장에 있던 注書 辛永孫에게 溫泉場의 造營 상황을 往報케 함(10月 辛卯). 동대문 밖 中良浦에 溫水가 나온다 하여 實査하게 함(11月 辛丑).	3일 만에 到着(片道 3日) 제3차 요양, 45일간 요양함 溫水縣을 溫陽縣으로 개칭
46歲	24年 (1442)	중궁과 함께 伊川溫泉에 3월 甲子日에 출발하여 丁丑日에 도착. 4月 丙午日에 1개월 만에 伊川을 출발하여 5월 庚申日에 還宮. 안질이 심해져 세자에게 섭정시키려 하나 군신들이 극력 반대함(6월 乙巳). 眼疾과 風症, 刺痛이 甚함(11月 丁卯).	제4차 요양
47歲	25年 (1443)	兩眼이 不明하고 右手가 마비(正月 乙未). 다시 온양으로 가려 했으나 民弊를 고려하여 3월에 가서 4월에 還宮(1個月間).	4월 세자의 政事 攝行 6월 內醫院 設置 제5차 요양 11月 田制詳定所 설치, 훈민정음 창제, 田分六等 年分九等制 決定
48歲	26年 (1444)	淸州의 椒水에 가서 冷泉治療을 위하여 內瞻寺尹 金俒之에게 準備하게 함(正月 丁丑) 京畿·忠淸 兩道의 관찰사에게 國王의 숙소, 점심, 휴식처 등에 일반 백성의 접근을 금하게 함. 자신의 안질이 백성들에게 전염될 것을 우려하였기 때문(2月 癸未)	제6次 요양. 제7次 요양.

年齡	年代	病名	備考
48歲	26年 (1444)	2월 戊申~3월 壬申까지 중궁과 함께 椒水에 도착 5월 壬子~丙辰日에 만 60일의 치료를 마치고 환궁 7월 己巳日에 金俒之를 재차 椒水里로 파견하여 行宮 수리 윤7월 壬辰日에 중궁과 함께 椒水里로 가서 9월 辛丑日에 환궁 때까지 60일간 치료. 이 행차에 대해 승정원은 旱災時라는 이유를 들어 극력 반대했으나 重臣 河演·權踶·黃喜 등이 적극적으로 권유	
49歲	27年 (1445)	세종은 26년 12월 廣平大君의 사망, 27년 정월 平原大君의 死亡에 정신적 타격을 받아 건강이 더욱 악화됨. 세자에게 禪位의사 표명(正月 壬辰) 군신들의 반대로 좌절됨. 국왕이 자기의 保身을 위하여 神位하려 하는데 어찌 群臣들이 반대하느냐고 함(5月 甲戌)	10월 醫方類聚 편찬.
50歲	28年 (1446)	중전 승하(3月 辛卯) 수전증 발생(4月 丁卯) 노쇠 현상이 극심해짐. 多種의 질환이 尤甚, 宗親家로 移御다님	2월 還上分級의 法詳定. 10월 公文書에 한글 사용.
51歲	29年 (1447)	宗親家로 轉轉하고 심리적 갈등이 심해짐	
52歲	30年 (1448)	宗親家로 轉轉 群臣들과 崇佛問題로 충돌	4월 元孫 弘暐 (端宗)을 王世孫으로 책정.
53歲	31年 (1449)	宗親家로 轉轉 神經性的인 心臟病 발생(12月 己酉), 語澁病이 발생 白川溫泉으로 요양할 계획에 착수, 행로가 육로냐 문제를 두고 前慶州府尹 鄭揆와 姜孟卿이 논의	
54歲	32年 (1450)	白川溫泉行을 단념, 지병이 심화됨(2月 辛卯) 왕자 영응대군가에서 승하(2月 壬辰)	端宗 王世子로 피봉.

* 이 표는 『世宗實錄』을 참고하여 작성.

위의 표를 통해 알 수 있듯이 세종의 지병은 실로 다양했다. 소화기・호흡기 질환을 위시하여 임질・당뇨병・안질・신경통・風症(高血壓)・背上浮腫 등을 앓았을 뿐 아니라 이외에도 노쇠현상인 노인병까지 합해 총 10여 종에 이르고 있다. 이와 같은 질병으로 32년이란 긴 시간 동안 투병생활을 하였음에도 불구하고 그는 예민하고 다정다감하며 실용적이며 실리주의적인 군주였다.17) 따라서 그의 이 같은 지난한 투병은 오히려 의료진의 정예화와 의료기관의 확충에 박차를 가하게 한 직접적 요인이 되었다고도 볼 수 있다. 이는 "병고에 시달려 보지 않은 자는 환자의 심경을 잘 모른다"는 우리의 통념으로도 충분히 예상할 수 있는 점이다.

이 때문에 세종은 병으로 고통받은 자는 그 직위와 신분 고하를 막론하고 施惠의 대상이 되어야 한다고 보았다. 그 일례로 세종 19년(1437)에는 刑曹에 다음과 같은 傳旨를 내려 지배계층이 혐오하거나 관심조차 두지 않으려 했던 囚人들에 대한 처우개선에도 신경을 쓰도록 하였다.

형조에 전지하기를, "獄이라는 것은 본래 악한 것을 징계하자는 것이요 사람을 죽게 만드는 것이 아닌데, 옥을 맡은 관리가 마음을 써서 규찰하지 아니하여, 옥에 갇힌 사람들이 혹은 병에 걸리고, 혹은 얼고 굶주리거나, 혹은 옥졸의 핍박과 고문으로 인하여 원통하게 생명을 잃는 자가 없잖아 있으니, 지금 서울 안의 獄囚로서 죽은 자가 있거든 죄의 경중을 분별할 것 없이 모두 다 사연을 갖추어 아뢰라. 외방에서는 다만 죄수의 죽은 자를 형조에만 보고하고 계달하지 아니하니, 서울과 외방의 법이 달라 실로 온당치가 못하였다. 금후로는 외방의 옥수로서 致死한 자도 또한 경중을 불문하고 本犯의 죄명과 처음에 가둔 월일과 병에 걸린 일시와 치료한 약과 병 증세와 訊杖의 때린 횟

---

17) 李崇寧, 「世宗大王의 個性의 考察」, 『大同文化研究』 3, 성균관대학교, 1966, 60~61쪽.

수와 죽은 일시를 갖추어 기록하여 형조에 移文하고, 또 따로 계문하
되 恒式으로 만들라"라고 하였다.[18)

　司獄官吏가 마음을 써서 규찰하지 아니하여 獄에 연계된 사람이 혹
病에 걸리거나 추위에 떨고 굶주리거나 獄卒의 侵逼으로 인하여 殞命
致冤하는 자가 있음을 들어, 이런 일이 없도록 하라는 것이다. 이보다
12년 전인 세종 7년(1426) 5월에도 刑曹에 傳하여 "獄者 所以懲有罪
本非致人於死"[19)라 하였다.
　세종 14년(1432)에 형조에 내린 傳旨에 의하면,

　　형조에 전지하기를, "각 고을에서 혹은 獄을 만들지 않고 境內의 죄
　인들을 다른 고을로 옮겨 가두어, 왕왕 獄事를 助長하게 되니 매우 폐
　단이 있다. 비록 이미 만든 것이라도 매우 좁아서, 죄수들이 群聚하매
　매양 추운 절후와 더운 절후를 만나면 병이 발생하여 상하게 된다. 지
　금부터 각 고을에 옥이 없는 것은 새로 짓고, 좁은 것은 고쳐 수리하
　고, 남자·여자와 경하고 중한 죄수가 거처하는 데를 구별하여, 겨울
　에는 따뜻하게 하고, 여름에는 서늘하게 하여 欽恤之仁을 넓히도록
　하라"고 하였다.[20)

---

18)『世宗實錄』卷76, 世宗 19年 正月 癸丑, "傳旨刑曹 獄者 本以懲惡 非致人於
　　死 而司獄官吏 不用心糾察 繫獄之人 或罹疾病 或因凍餓 或因獄卒侵逼榜
　　掠 隕命致冤者 不無有之 今京中獄囚 有致死者 則不分罪之輕重 並皆具辭
　　以啓 外方只報死囚之致死者於刑曹 而又不啓達 京外異法 實爲未便 今後外
　　方獄囚致死者 亦不問輕重 具錄本犯罪名 始囚月日 得病日時救藥病證 訊杖
　　次數 致死日時 移文刑曹 且別啓聞 以爲恒式."
19)『世宗實錄』卷28, 世宗 7年 5月 庚午.
20)『世宗實錄』卷57, 世宗 14年 7月 丁卯, "傳旨刑曹 各官或不造犴獄 境內罪
　　人 移繫他官往養獄 甚爲有弊 雖已管構 或頗隘陋 罪囚群聚 每遇寒暑 生病
　　致傷 自今各官 無獄者新構 隘陋者改修 區別男女及輕重 罪囚所處 令其冬
　　燠夏凉 以廣欽恤之仁."

비록 囚人이지만 男과 女, 죄의 輕과 重을 판별하여 별도로 수용하고 기후에 따라 적합한 보호조치를 강구토록 하라는 지시다. 다음의 지시도 같은 내용을 담고 있다.

의정부에서 아뢰기를, "감옥의 죄수를 보호하는 법이 슈甲에 기재되어 있는데도 오히려 부족할까 염려하시어, 여러 차례 德音을 내리시와 함께 긍휼하게 여기게 하였사옵니다. 근년 이래로 외방의 감옥 죄수들이 잇따라 사망하는데, 감옥을 맡아서 지키는 관리의 승직하고 貶黜하는 법이 서 있지 않는 까닭으로, 奉行에 태만한 것이 아닐까 그윽이 의심스럽습니다. 원하옵건대, 지금부터는 만일 죽은 자가 있사오면 감사가 정밀하게 살피고 검사하여, 그 혹시 고문하는 데에 법제를 어겼다던가, 飢寒을 박절하게 하였다던가, 의원의 치료를 부지런하게 하지 못하여 죽게 한 것이면 그 수령은 즉시 죄를 科하여 파면하게 하옵고, 만약 애매한 듯하여 結案을 보지 못하였으나 1년에 2人 이상을 죽게 한 자이면, 殿最할 때에 이르러서 憑考하여 시행하게 하옵시며, 의금부의 典獄이 죄수를 죽게 하였사오면, 사헌부로 하여금 추핵하게 하는 것으로써 恒式을 삼게 하옵시며, 京外의 옥졸들 역시 吏典爲首條에 의거하여 논죄하여 결단하게 하소서" 하니, 그대로 따랐다.[21]

한편 환자들을 위한 여러 가지 편의와 복지를 도모하는 여러 가지 조처도 마련하였다. 즉 여름철 한더위 때에는 환자가 많이 모이므로 더위를 피하여 쉴 수 있도록 城底十里에 松木을 栽植케 하였다.[22] 환자들의 料糧도 陳米가 아니라 新米로 지급하게 하였으며, 따뜻한 때 환자들이 한 곳에 모였다가 서로 병이 전염되어 사망하는 일이 많은 것을 염려하여 환자와 無病者를 가려서 환자는 活人院으로 옮기고 무병자는

---

21) 『世宗實錄』 卷83, 世宗 20年 11月 戊申, 議政府啓.
22) 『世宗實錄』 卷23, 世宗 6年 正月 丁酉, "禮曹據西活人院呈啓 盛熟時 病人多聚會 無乘凉蘇息之處 請令城底十里住院 屬佃戶栽松 從之."

本家와 族親에게 나눠 주게 하였다. 본가나 족친이 없는 자는 巫家로 나누어서 모두 급료를 지급하게 함으로써 질병이 서로 전염되지 못하게 하였다.[23)

 세종은 집단생활을 하고 있는 在京 軍人들에게도 관심을 보였다. 축성공사를 위해 상경한 군인의 醫務 일체를 惠民局과 濟生院에서 담당하게 하고, 그들에게 필요한 약재는 가능한 한 자급할 수 있는 鄕藥으로 하도록 했다. 산모의 건강에도 관심을 보여 종전에 노비의 신분으로 출산한 산모에게 허용되던 요양 기간 7일을 세종 12년 무려 100일까지 연장시키는 조처를 취하였다.[24) 세종 4년 정월 도성을 수축하였을 때는 鼎淸・彰義 2門을 열어 군인출입로를 만들고 도성 동서에 救療所 네 곳을 두어 惠民局提調 韓尙德에게 醫員 60명을, 大師 坦宣에게 僧徒 300명을 거느리고 군인 가운데 질병과 傷折者들을 救療하라는 명령을

---

23) 『世宗實錄』 卷48, 世宗 12年 5月 戊午, "西活人院提調鄭招啓 院中病人 多不過二十 而其所供饋 皆給陣米 久疾之人 不能甘食 日益羸瘦 度其一年之費 不過六七十石 請而新穀 相半給之 且汗蒸所用柴木 轉輸爲難 請以司宰監船隻 屬于本院 以時輪運 以救疾病 上令戶曹 東西活人院病人料 勿給陳米 皆用新米 令工曹 西活人院輸運柴炭船隻 隨報卽給."
 『世宗實錄』 卷76, 世宗 19年 3月 戊戌, "傳旨京畿忠淸全羅慶尙道監司道內自設賑濟場 就食飢民之數 及物故之數 其悉以啓 且未及賑濟場 中路死者幾人 已到而死者幾人 其病死者 以何證乎 當時得病者 還本者 見在者 道路流移致死者之數 及疫疾有無 並須速啓 京中賑濟場飢民致死者 初意飢困之人 過飽所傷 近漢城府啓 當此日暖時 會聚一處 疫氣相染 多致死亡 予命移病者于活人院 無病者有本家及族親則分授之 無則量分于巫家 並皆給料 府及五部官 巡行考察 其餘飢民 隨宜散處各場之旁 雖有疫疾者 不使相染 道內若有疫氣則依此例布置."
24) 『世宗實錄』 卷50, 世宗 12年 10月 丙戌, "上謂代言等曰 古者公處奴婢 必令産兒 七日後立役者 矜其棄兒立役 以傷小兒也 曾命加給百日 然臨産而立役身勞 則未及其 家而産者或有之 若臨産月 除役一朔何如 彼雖欺罔 豈過一月乎 其令詳定所 幷立此法."

내렸다. 또 前留後 呂稱과 檢校參贊 許衛에게 명하여 이를 감독하게
하였다.25)

조야의 전·현직 관원은 典醫監을 활용하였다. 이 의료기구는 국왕
이 하사하는 약재를 취급하고, 궁중에 사용될 약품도 함께 관장하였는
데, 서울 중앙인 堅平坊에 위치하고 있었으며 그 조직은 다음 표와 같
았다.

<표 4-6> 典醫監의 組織

官　　名	品階	定員	備考
提　　調	정3품	1명	
副　　正	종3품	1명	續大典에는 없음
僉　　正	종4품	1명	
判　　官	종5품	1명	
主　　簿	종6품	1명	
醫學教授	종6품	2명	續大典에는 1명
直　　長	종7품	2명	
奉　　事	종8품	2명	續大典에는 1명
副 奉 事	정9품	4명	續大典에는 2명
醫學訓導	정9품	1명	
參　　奉	정9품	5명	續大典에는 3명
習 讀 官		30명	

이 典醫監과 內醫院이 당시 지배계급을 위한 의료기구였다면, 濟生
院과 惠民局은 일반 서민에게 醫療施惠를 한 기관이었다고 할 수 있
다. 濟生院은 태조 6년에 설치되어 약재 구입과 서민을 위한 제약 담당

---

25)『世宗實錄』卷15, 世宗 4年 正月 癸酉, "始修築都城 太上王 遣都摠制權希
　　達 上遣總制元閔生 奉宣醞勞提調于太平館 開肅淸彰義二門 以通軍人出入
　　之路 置救療所四處于都城東西 命惠民局提調韓尙德 率醫六十人 大師坦宣
　　率僧徒三百名 救療軍之疾病傷折者 又命前留後呂稱 檢校參贊許衛監之."

을 主務로 하다가 세조 6년(1460)에 惠民局으로 병합되었다. 惠民局은 고려 말인 공양왕 3년(1391)에 惠民典藥局을 개칭한 것으로, 判官 4명이 이를 담당하였다. 도성에서 거리가 멀리 떨어진 서민들의 치병을 위해서는 東西大悲院이 운영되었다.[26] 이들 의료기관은 일반 서민의 치료로만 그치지 않고 飢寒者의 救療와 無依無托한 자를 수용하고 구호하는 사회사업까지 겸하고 있었다. 조직은 使 1명, 副使 1명, 錄事 1명, 記事 1명, 書者 1명으로 후일 東·西活人院으로 개칭되었다.

세종이 의료진이나 의료기구에 대해 이처럼 지대한 관심을 가졌던 것은 앞서 지적했듯이 愛民一念의 왕도사상과 스스로 오랜 시일에 걸쳐 병마와 투병한 데서 나온 것이었다.『世宗實錄』을 보면 그는 세자 때까지 별다른 질환 없이 무병한 건강인이었으나 등극한 이후에는 거의 영일 없는 투병생활의 연속이었다. 그가 재위 32년 동안 신병과 내내 싸우면서도 한국사에서 길이 빛나는 성군으로 추앙받을 수 있는 군주로서 善治한 것을 보면 실로 극기의 군주였음을 알 수 있다.[27]

세종의 예에서도 뚜렷하듯이 조선시대 의료정책은 실제로 당시 국왕의 질병과도 연관이 많다. 조선시대 519년 간 국왕들의 발병 횟수를 『조선왕조실록』을 중심으로 살펴보면 다음과 같다.

<표 4-7> 朝鮮時代 國王의 疾病回數

王名	태조	태종	세종	문종	단종	세조	성종	연산군	중종	명종	선조	광해군	인조
回數	2	1	21	5	1	3	4	3	32	35	23	16	19

王名	효종	현종	숙종	영조	정조	순조	헌종	철종	고종	隆熙	庚戌	총수	
回數	12	50	71	50	17	14	3	4	8	6	1	401	

---

26) 金斗鍾,「漢城府 創設期에 설치된 의료제도와 그 임무」,『향토서울』 4, 1958, 21쪽.

27) 이문수, 앞의 논문, 1987, 118쪽.

당시 국왕들의 질병 횟수는 실제 이것보다 많을 것이다. 그리고 국민
들이 당한 질환은 이보다 더욱 다양하였다.[28] 실록에 기록된 질환으로
사망한 인명의 기록은 극히 소략하고 통계수치 또한 대단히 부정확하
지만 후대로 오면서 그 통계는 비교적 상세해지고 있다. 역대 국왕별로
본 사망자 수는 다음과 같다.

<표 4-8> 君王別 疾患死亡者數

王名	세종	연산군	중종	명종	선조	광해군	인조	현종	숙종
死亡者	1,357	650	37,094	12,392	106,000	2,000	12,670	94,082	93,336

王名	영조	정조	순조	고종	광무	융희	1910	합계	
死亡者	810,931	129,000	25,000	60,000	10,000	1,302	698	1,396,512	

위의 표들에 나타난 질병의 수인 401회라는 숫자의 신빙성도 의심스
럽고 유행병으로 사망한 인원 또한 정확하지는 않다. 다음 표는 수를
추정할 수 없는 계수를 나타내고 있다.

<표 4-9> 『朝鮮王朝實錄』 중 疾病記事

年　代	表　記　內　容
세종 9년(1427) 7월	漢城府 疾疫殞命者 多數屍體棄置不葬
세종 14년(1432) 7월	漢城府 奴婢多數死亡
세종 20년(1438) 3월	全局 惡病大發 全道波及 死亡者多數
문종 2년(1452) 3월	京畿道 疾疫死亡者多數
문종 2년(1452) 3월	京畿疾疫死亡者續出 民家全滅
성종 15년(1484) 11월	西北面 癘疫 …… 全家死亡者多數
연산군 9년(1503) 2월	京畿道 疫疾死亡甚多
중종 21년(1526) 3월	咸鏡江原 癘氣侵染 死亡者甚多

---

28) 崔昌茂, 『朝鮮王朝 前期의 救貧制度에 관한 硏究』, 대구대학교 박사학위논
　　문, 1978, 63쪽.

年　　代	表　記　內　容
중종 35년(1540) 6월	全羅道 癘疫熾發 民多死亡
중종 36년(1541) 1월	忠淸道天安木川 癘疫熾發 民多死亡
중종 37년(1542) 2월	江原道洪川 癘疫熾發 民多死亡
중종 37년(1542) 12월	咸鏡道今年死亡者 前年比倍增
명종 2년(1547) 1월	忠淸道 癘疫熾發 民多死亡
명종 2년(1547) 1월	江原道 癘疫熾發 民多死亡
명종 2년(1547) 3월	平安忠淸道 癘疫大發 民多死亡
명종 2년(1547) 5월	全羅道 癘疫大發 民多死亡
명종 2년(1547) 6월	漢城府 癘疫大發 民多死亡
명종 2년(1547) 7월	全羅道 癘疫大發 民多死亡
명종 2년(1547) 11월	江原道 癘疫熾發 民多死亡
명종 3년(1548) 1월	全道 癘疫流行 京城尤熾
명종 3년(1548) 3월	黃海道 癘疫流行
명종 3년(1548) 5월	黃海道 癘疫大發 多數
명종 4년(1549) 3월	京畿道 癘疫熾發 民多死亡
명종 4년(1549) 5월	京畿江原 癘疫大熾 死亡者多數
명종 4년(1549) 12월	咸鏡道 癘疾漸熾 死者十中一
명종 17년(1562) 6월	江原道 癘疫大熾 民多死亡
명종 18년(1563) 6월	忠淸道海美 癘疫大熾 民多死亡
명종 21년(1566) 4월	忠淸道洪州 癘疫大熾 民多死亡
선조 10년(1577) 1월	忠淸道天安 癘疫大熾 民多死亡
선조 10년(1577) 2월	平安道黃海道 癘疫大熾 民多死亡
선조 10년(1577) 3월	兩界 癘疫大熾 民多死亡
선조 10년(1577) 12월	平安道黃海道 癘疾大熾 死亡者拾萬名
광해군 4년(1612) 12월	關北 癘疾熾發 死亡數千名
광해군 5년(1613) 10월	全國 癘疾 死者甚多
인조 3년(1625) 1월	全國 癘疾大熾 死亡者相繼
인조 21년(1643) 3월	全國 癘疾饑餓 死亡者相繼
인조 21년(1643) 11월	漢城府 癘疾饑餓 死亡者相繼
인조 23년(1645) 4월	嶺南 癘疫最甚 黃海道死者 大邑百餘人 小邑六七十餘人 全國波及
인조 25년(1647) 3월	漢城癘疫大熾 死者甚多

年　代	表 記 內 容
효종 원년(1649) 1월	黃海道 癘疫大熾 死者甚多
효종 원년(1649) 2월	咸鏡道 癘疫大熾 死者甚多
효종 4년(1653) 3월	全國 癘疫大熾 死亡甚多
현종 6년(1665) 8월	平安道 染病熾盛
현종 6년(1665) 9월	平安道 死亡者多
현종 11년(1670) 12월	全國 饑饉之餘 癘疫熾發 諸路死亡之報 殆無此日 京畿死亡多數
현종 12년(1671) 2월	八道人民 饑饉癘疫及痘疫死者 不可勝紀 而三南尤甚 死亡之慘 有加於壬辰兵禍
현종 12년(1671) 4월	京中三賑所 病人或萬餘或七八千或五六千 死亡五百餘人 各道飢死病死萬餘人 慶尙全羅飢民就粥之數 合一道多則二十餘萬 小不八~十萬
현종 12년(1671) 6월	全國 士夫 遘癘死者 指不勝屈 …… 死者 亦至十數
현종 12년(1671) 12월	尹敬敎疏曰 死於飢癘者 今日國計之其數幾至百萬
현종 13년(1672) 6월	飢病死者數十人
숙종 9년(1683) 윤6월	咸鏡平安 癘疫熾發 民多死亡
숙종 10년(1684) 3월	全國 癘疫熾發 死亡亦多
숙종 14년(1688) 4월	京畿慶尙 癘疫熾發 死者亦衆
숙종 14년(1688) 4월	安邊 怪疾死者亦多
숙종 14년(1688) 7월	全國是歲 癘疫大熾 京外死者 幾至萬餘人
숙종 30년(1704) 3월	京畿道 癘疫大熾 死者數百人
숙종 32년(1706) 11월	咸鏡黃海 餘疫大熾
숙종 32년(1706) 12월	黃海道 癘疫大熾
숙종 33년(1707) 4월	平安道 紅疫死亡 前後一萬數千人
숙종 33년(1707) 4월	全國死亡無算 …… 小兒爲稀少
숙종 44년(1718) 6월	八路旱災疫死聞者鎭日相續 京外民兵死者不知其幾十萬
숙종 44년(1718) 7월	全國都城人民 死於癘疫者 不可數計
숙종 44년(1718) 9월	咸鏡平安京畿黃海 死亡甚衆
영조 6년(1730) 1월	都城 紅疹熾盛 五部死亡 幾以萬數
영조 8년(1732) 2월	慶尙道 癘疫熾發 民多死亡
영조 8년(1732) 5월	全羅道 癘疫熾發 死亡甚多

年　代	表　記　內　容
영조 8년(1732) 윤5월	京師及幾內 癘疫日熾 死亡多數
영조 8년(1732) 윤5월	全羅濟州 癘疫日熾 死亡多數
영조 8년(1732) 6월	忠淸 癘疫日熾 死亡多數
영조 8년(1732) 9월	全羅 癘疫日熾 死亡多數
영조 16년(1740) 2월	平安道 癘疫熾發 人多死亡
영조 17년(1741) 5월	關西 癘疫大熾 死者以千計
영조 18년(1742) 1월	兩西 癘疫大熾 死亡相續
영조 18년(1742) 4월	京外 癘疫大熾 死亡不可計
영조 18년(1742) 8월	全國京外 死者不可計
영조 18년(1742) 11월	全國京外 死者不可計 八道大疫死亡不可討
영조 18년(1742) 12월	全國京外 死者不可計
영조 19년(1743) 4월	是年諸道癘疫大熾 死亡者六七萬人
영조 25년(1749) 12월	全國自夏至冬 死者五六十萬人
영조 26년(1750) 5월	領議政趙顯命曰 以各道報狀觀之 癘疫死亡十二萬四千餘名 而藉外流焉 總以計之少不下三十餘萬 雖有兵焱豈如是哉
영조 28(1752) 11월	全國京外無人不痛 死亡甚多
영조 31년(1755) 6월	京畿三南 如疫又大熾 死亡相繼
영조 33년(1757) 8월	京畿咸鏡兩道尤熾 死亡者無數
영조 45년(1769) 12월	癘疫熾 死者相繼
정조 17년(1793) 6월	湖南湖西嶺南 癘疫多死者
순조 21년(1821) 8월	平壤 …… 怪疾 吐瀉關格 頃刻殞斃 旬日之內 死亡千餘 全國無名之疾 …… 十無一二生 …… 卿宰以上死亡十餘人 庶僚士民不計其數 死者 總京外 爲累十萬餘人 十月 諸道輪疾流行八路積尸如山
순조 22년(1822) 7월	都下怪疾 死亡甚多 海西 死亡萬餘人
순조 22년(1822) 10월	全國疹癘連年 死亡遍於八路 濟州癘氣熾盛死亡數千以上
순조 34년(1834) 1월	癘疫 …… 死亡相繼
헌종 3년(1837) 3월	癘疫漸盛 死亡甚多
철종 10년(1844) 9월	全國癘疫漸盛 死亡甚多
철종 11년(1860) 6월	沴氣大熾 死亡甚多

年 代	表 記 內 容
철종 13년(1862) 7월	平壤 輪患泄證 死亡相續
고종 16년(1879) 7월	癘疾 京外流行 死亡甚多
광무 6년(1902) 9월	全國京外虎列棘流行 死者幾至一萬名

이상과 같이 통계를 낼 수 없는 숫자의 기록이 많다. 조선시대에서 疾病의 유행은 당분간 국력의 회복이 불가능한 지경으로까지 끌고 갔다. 그 실례로 숙종 19년(1693)과 동왕 25년(1699) 11월의 전국 호구와 인구를 비교해 보면, 25만 3,391호가 줄어든 129만 3,083호, 인구는 141만 6,274명이 감소된 577만 2,300명으로 나타난다. 물론 凶荒으로 인한 饑饉과 傳染性 疾病에 의해 인구가 격감된 결과다.

그러나 비록 조선시대의 질병에 의한 정확한 사망자 수와 의료혜택을 본 수혜자의 통계를 낼 수는 없으나 상당한 수준의 의학기술과 제약기술을 바탕으로 대국민 의료복지정책을 실시한 것만은 분명하다.

이상에서 살펴본 바와 같이 세종의 의료정책은 신분의 고하를 막론하고 광범위하게 이루어졌으며, 특히 일반 양인이나 천민의 입장에서 보면 지대한 救療 효과가 있었다고 할 수 있다.

제2절 鄕藥政策

백성들을 병고로부터 해방시키기 위해서는 鄕藥政策의 수립이 요청되었고 그에 따라 향약의 양산이 필요하였다. 희귀한 외국산 약재보다 국산약재를 산야에서 채집하여 국민의 건강을 증진시키는 것은 여러 가지로 효과적이었기 때문이다. 국산약재는 우리 국민의 체질에 적합하며 질병이 발생하였을 때 적시 적소에 투약이 가능하므로 질병퇴치에

보다 효과적일 수 있었다. 또한 향약자급책은 외국산 약재를 구입하는
데 지불하는 재화를 절약할 수 있게 하였으므로 국가재정에도 큰 보탬
이 되었다. 주지하는 바와 같이 '鄕藥'이란 국산약재를 뜻하고, 중국으
로부터 유입한 약재는 唐藥이라 하였는데, 당시에는 이 두 가지 약재가
통상 혼용되었다. 고려 중기 이후에 간행된 『鄕藥救急方』을 토대로 하
고 역대 국왕들의 적극적인 장려책에 힘입어 조선시대에 와서는 향약
의 채집이 크게 확대되었고 실효도 또한 컸다. 특히 세종은 자국산 약
재가 자국민의 治病에 효과적이라는 土宜性을 강조하였다.[29]

세종은 일찍이 6년에 이미 鄕藥 사용을 권장한 바 있고, 14년(1432) 6
월에는 濟生院이 당시 우리 나라에 약재가 없는 것이 없음에도 불구하
고 헛되이 산림 속에 내버려져 있음을 안타깝게 여겨 이를 채취하였다
가 사람을 구제할 것을 요청하였다.[30] 또한 忠淸道處署使가 上啓하여

충청도 水營 및 左右道 各浦의 各官醫生으로 하여금 그 곳 所産藥
材를 가지고 每浦에 각각 1명씩 교대로 立番하여 船軍에 질병이 있
으면 증세에 따라서 救療하도록 하소서.[31]

---

29) 金斗鍾, 『韓國醫學史』, 探求堂, 1966, 266쪽.

30) 『世宗實錄』 卷56, 世宗 14年 6月 丙辰, "濟生院提調上言 昔神農氏播百穀以
代民食 嘗百草以有醫藥 後世聖帝明王莫不以務農養民 醫藥濟生爲重焉 吾
東方 自前朝設典醫監惠民局 各有僚屬 專掌醫藥 然人不稱任 惠不及民 名
實相殊 開國之初 崇重醫學 增置員額 施藥非一所 治病非一手 歲在丁丑 太
祖太王 以天地之心好生之德 別立濟生院 乃以仁濟徒爲名 親押其文 納米布
爲寶 存本取利 以爲買藥之貸 屬奴婢若干足任使喚 又爲採藥之人 且令諸道
州郡所産藥材 採取以納 蓄積旣多 故几有求者 不待價而與之 頃者獻議革弊
之時 獨有本院藥材上納之數 太半減削 臣等竊念 外方各官 皆有醫院 有生
徒馬 有採藥人焉 趁時採藥 固無難焉 且本國藥材無乎不在 與其虛棄於山林
執若採取救人之爲愈也 乞令攸司 將本院原定貢案施行 下禮曹磨勘 禮曹啓
請因本院元貢分其緊慢 移文戶曹加定 從之."

31) 『世宗實錄』 卷23, 世宗 6年 3月 丁亥, "水營及左右道各浦 請令 各官醫生 將

하였다. 아울러 他道에도 文書를 보내도록 하고 있다. 동왕 15년(1433)
에는 咸吉道監司가 백성들이 질병으로 고생하고 있음에도 불구하고 약
을 먹지 못하고 있다고 보고하였다.

咸吉道의 경원·경성·갑산 등지의 거주민들이 질병을 만나도 약을
먹지 못하여 죽게 되니 가련하다. 향약을 널리 갖추어 그 사람들을 구
제하고자 하나 경성 내에만 設官救療하여도 오히려 두루 하지 못하니
하물며 먼 곳의 많은 백성들을 어찌 사람마다 구제하겠는가. 그 방어
에 나온 군사들은 고향과 멀리 떨어져 風寒을 무릅써서 쉽게 병이 드
니 구제하지 아니할 수 없다. 그 道의 醫學敎諭는 향약을 채취하여
치료할 수 있는지의 여부를 헤아려 정하여 상계하라.32)

또한 각처의 수령들에게 자기가 담당하고 있는 관할지역에서 나는
향약의 자생 여부와 그 종류를 조사하게 하였다. 그리고 『鄕藥採取月
令』을 배포하여 향약의 보관을 철저히 하고 약재의 약효 변화를 방지하
며 그 효능을 지속시킬 수 있도록 하라고 지시하였다.33) 특히 제주도에
서 생산되는 약재 가운데 하절기에 채취한 것은 잘 보관하여 변질되는
일이 없도록 하여 우기가 지난 후 진상하라고 명하였다.
세종은 한반도에서 자생하는 향약의 효능과 그 진가를 감별하기 위
하여 의학 전문인인 黃子厚를 明에 副使로 파견하기도 하고, 우리 나라

　　　所産藥材 每浦各一名相處立番 船軍有病者 隨證救療 命如啓 并他道行移."
32) 『世宗實錄』卷62, 世宗 15年 10月 辛酉, "傳旨平安咸吉道監司曰 平安道江
　　界閭延慈城 咸吉道慶源鏡城甲山等處居民 如遇疾病 不得藥餌 以至殞命 誠
　　可憐閔 思欲廣備鄕藥 以救其生 然京城之內 專委設官救療 猶且未周 況僻
　　遠之地 衆多之民 安得人 人而濟之 其赴防軍士 遠離鄕土 觸冒風寒 易致於
　　病 不可不救 以其道醫學敎諭 採取鄕藥 可以療治與否 商搉以啓."
33) 『世宗實錄』卷37, 世宗 9年 7月 癸巳, "傳旨 各道各官所産藥材 令敎諭 母傷
　　花葉莖根蔡送."

의 의료기관인 典醫監·惠民局·濟生院으로부터 요구가 있을 때마다 필요한 약재를 수입하였다.[34] 동왕 30년(1448)에는 各道의 監司에게 명하여 향약의 채취를 적기에 하고, 약재를 채취한 인명·월·일·장소를 기록하여 진상하도록 하였다.[35] 이는 채취기일에 따른 자국산 약재의 효능을 唐藥과 비교하고 약효를 조사하여 투약하기 위해서였다.[36] 또한 각 지방의 수령들에게 명하여 우리 나라에서도 외국산 약재의 생산이 가능한지를 시험하여 그 가부를 戶曹에 보고하게 하였다. 예를 들면 전라도와 경상도 일대에 柚子·柑子 등을 시험재배하게 하고, 동왕 10년(1428)에는 上林園에 磠松·柑子·柚子 등을 이식하기도 했다. 동왕 30년(1448)에는 전라도와 함길도에 倭人들이 진상한 甘草를 심어 시험하게 했다.[37]

세종은 국내의 약재 개발에 큰 공헌을 세운 경상도 敎諭 朴洪 등에게 의복을 하사하기도 하였다. 朴洪은 唐麻黃의 재배에 성공하여 약재 증산에 큰 역할을 한 인물이다. 세종은 향약의 자급책으로서 일본이나 중국산 약재를 모아 풍토가 적당한 곳을 골라 시험재배하는 방식으로 약재의 자립정책에 박차를 가하였다. 이는 일본산 약재나 唐藥 등 희귀한 약재가 일반 서민에게 쓰여질 수 없는 안타까움을 보충하기 위한 국왕의 愛民·恤民政策의 발로였다.

세종의 향약의 자급자족 노력은 향약의 力書인 『鄕藥集成方』과 『鄕藥採取月令』에서도 찾아볼 수 있다.[38] 『鄕藥集成方』은 질병의 종류를 959종으로 세분하여 총 1만 706종의 약재를 제시하고 그 밖에 鍼灸法

---

34) 『世宗實錄』 卷29, 世宗 5년 3월 癸卯 ; 卷30, 世宗 5年 5月 丙辰 ; 卷48, 世宗 12年 4月 庚寅.

35) 『世宗實錄』 卷119, 世宗 30年 8月 乙未 ; 卷48, 世宗 12年 4月 庚寅.

36) 『世宗實錄』 卷31, 世宗 8年 2月 戊辰.

37) 『世宗實錄』 卷119, 世宗 20年 2月 乙酉.

38) 『世宗實錄』 卷80, 世宗 20年 3月 戊申.

1,476條와 鄕藥本草, 炮製法을 삽입하여 강원도와 전라도에서 간행하였다. 조선 초기에 민생에 지대한 공헌을 한 이 책은 成宗 19년(1488)에 국역, 간행 반포되었다.

『鄕藥採取月令』은 세종 13년(1431) 兪孝通·盧重禮가 중심이 되어 1권 1책으로 편집된 책으로, 우리 나라 최초로 약용식물을 정리한 의학서적이다. 한글로 기술된 이 책은 평소 일반 서민이 알고 있는 식물과 이를 약으로 애용할 수 있도록 채집의 適期를 기록하고 있다. 또한 약초의 種別로 주산지를 부기하여 필요한 사람은 누구나 능히 채집하도록 하고 있다. 이 책은 당시 약초의 통용어나 한글의 古文 상태도 보여주고 있어 크게 주목된다. 예컨대 黃耆=甘板麻(돈녀삼), 桔更=都乙羅比(도랏), 麥門冬=冬沙伊(겨사리), 雲母=石鱗(돈비늘), 細卒=級(싀, 시금치) 등으로 적혀 있다.39)

세종의 鄕藥政策을 명확히 표명한 것으로는 權採가 지은 『鄕藥集成方』 서문이 있다.

유명한 의사가 병을 진찰하고 약을 쓰는 데는 모두 기질에 따라 방문을 내는 것이요, 처음부터 한 방문에만 구애되는 것은 아니다. 대개 백 리나 천 리쯤 서로 떨어져 있으면 풍속이 다르고, 초목이 생장하는 것도 각각 적당한 곳이 있고, 사람의 좋아하는 음식도 또한 습성에 달린 것이다. 그러므로 옛 聖人이 많은 초목의 맛을 보고 각 지방의 성질에 순응하여 병을 고친 것이다. 오직 우리 나라는 하늘이 한 구역을 만들어 대동을 점거하고, 산과 바다에는 무진장한 보화가 있고 풀과 나무에는 약재를 생산하여 무릇 민생을 기르고 병을 치료할 만한 것이 구비되지 아니한 것이 없다. 다만 옛날부터 의학이 발달되지 못하여 약을 시기에 맞추어 채취하지 못하고, 가까운 것을 소홀히 하고 먼 것을 구하여, 사람이 병들면 반드시 중국의 얻기 어려운 약을 구하니,

---

39) 洪以燮, 『世宗大王』, 世宗大王紀念事業會, 1973, 246쪽.

이는 7년 병에 3년 묵은 쑥을 구하는 것과 같을 뿐만 아니라, 약은 구하지 못하고 병은 이미 어떻게 할 수 없게 되는 것이다. 민간의 옛 늙은이가 한 가지 약초로 하나의 병을 치료하여 신통한 효력을 보는 것은, 그 땅의 성질에 적당한 약과 병이 서로 맞아서 그런 것이 아닐까. 천 리를 멀다 하지 아니하고 펴지 못하는 무명지를 펴려고 하는 것은 사람의 상정인데, 하물며 나라 안에서 나가지 아니하고 병을 치료할 수 있는 것이랴. 알지 못하는 것을 걱정할 뿐이다.40)

예컨대 名醫란 병을 진료하고 투약하는 데 氣質(체질)에 준하여 약방문을 내리는 것이지 처음부터 고정된 약방문에 구애받는 것이 아니다. 이러한 방법은 그 지역의 사람과 약초와 土宜性이 있음이다. 우리 나라 산천에는 무수한 약재가 산출되는데도 사람들이 약재에 무관심하여 이 약재를 적기에 채취하지 못할 뿐 아니라 중국산의 약재만 구하니, 약을 구하다 죽음을 자초하지 않기 위해서라도 자국산 약재를 개발하여 일반 서민의 질병을 치료해야 한다는 것이다.41) 세종은 향약을 개발하고 이를 저렴한 가격으로 지급함으로써 국민을 시급히 치병하고자 했던 것이다.

한편 세종은 우리 나라 사신이 중국에 갈 때마다 명나라의 최고 의료 기관인 大醫院에서 의학의 方書를 구해 오게 하였다. 이러한 의서들을

---

40) 『世宗實錄』 卷60, 世宗 15年 6月 壬辰, "各醫師之 診病用藥 皆隨氣施巧 初非抱以一法 芸百里不同俗 千里不同風 草木之生 各有所宜 人之食飲嗜欲 亦有所習 此古昔聖人 嘗百草之味 順四方性而之也 惟我國天作一區 據有大同 山海寶藏之與 草木藥材之産 凡可以養民生而療民疾者 蓋亦無不備焉 但自古醫學廢 採取不時 忽其近而求也遠 人病則必索中國難得之藥 是奚 如七年之病 求三年之艾而已哉 於時藥不能得 而疾已不可爲也 唯民問故者 能以一草療一病 其效甚神者 豈非宜士之性 藥與病價而然也夫不遠千里 求神無名之指者 人之常情也 況不出國重而可以療疾者乎 人患不如耳."

41) 『世宗實錄』 卷60, 世宗 15年 6月 壬辰.

참조하여 동왕 27년(1445)에 만들기 시작한『醫方類聚』(266권 264책)는 세종의 명을 받은 安平大君과 都承旨 李思哲 등이 감수하였다. 集賢殿 副校理 金福蒙・柳誠源, 司道 閔普和, 直提學 金汶・辛碩祖, 副校理 李芮, 承文院校理 金守溫, 醫官 金循義・崔閏・金有知 등이 총동원되어 중국의 唐・宋・元・明 등의 의학을 총망라한 이 방대한 의학전서는 세조를 거쳐 성종 8년(1477) 5월에 任元濬・권찬・韓繼禧 등에 의하여 간행되었다. 이 책은 임란 때 30책 중 12책이 소실되고 252권이 현재 일본의 宮內省圖書館에 소장 보관되어 있다.

이상으로 살펴본 조선의 醫・藥 자립책은 다음과 같이 정리할 수 있겠다.

① 唐藥과 自國産 藥의 효능 비교 연구
② 외국산 약재의 약효와 半島에 파종한 外國藥을 약재의 비교 연구
③『鄕藥採取月令』제작 반포
④『鄕藥集成方』편집 배포
⑤『醫方類聚』편집 배포
⑥ 溫・冷泉의 개발과 이용
⑦ 元나라 王興이 저술한『無冤錄』을 주해하여『新註無冤錄』2권 개편
⑧『胎産要錄』(2권)을 저술 반포(산부인과 의료 분야 급진적으로 발전)
⑨ 전래된 臨床醫學의 종합서인『鍼灸擇日集解』를 編著하여 황당한 群書 정리[42]

---

42) 盧正祐,「韓國醫學史」,『韓國文化史大系(6)』, 고려대학교 민족문화연구소, 1979, 793~795쪽.

이 외에도 수많은 의학서적을 저술하고 의료인을 배출하여 국민의료 복지를 향상시켰다. 『東醫寶鑑』은 조선시대의 대표적인 서적일 뿐 아니라 동양의학에 선을 그을 수 있는 획기적인 의학서다. 이 책은 국가의 의료사업으로서 선조 29년(1596) 內醫院을 중심으로 侍醫長 楊禮壽·鄭碏·金應澤·李命源·鄭禮男 등이 중심이 되어 저술되기 시작한 것으로, 정유재란으로 중단되었던 것을 許浚이 단독으로 다시 편찬하여 총 25권으로 光海君 5년(1613) 11월에 완간되었다.

세종대의 지리서로는 端宗 2년(1452)에 저술된 『世宗實錄地理志』 8권이 유명한데, 총 163권에 이르는 『世宗實錄』의 일부를 차지하는 대단히 귀중한 저서다. 이 지리서는 세종 6년(1424)부터 당시 大提學이었던 卞季良에게 명하여 각 도·군·읍의 고금의 연혁에서부터 산천의 형세, 풍속, 특산물, 약재의 생산과 종류 등을 상세히 기술하고 있다.[43] 여기에는 자국산 약재가 식물성 243종, 동물성 46종, 광물성 14종으로 구분되고 있다. 식물성 약재 중 199종은 자생약재고, 인공적으로 재배한 種養은 44종이다. 이를 각 도별로 보면 다음과 같다.

<표 4-10> 道別 藥材生産

	경기	충청	경상	전라	황해	강원	평안	함길
自生藥材	120	120	173	169	164	124	85	100
人工終養藥材	21	20	29	8	21	12	9	4
特産藥材	19	55	36	95	37	43	41	56

『世宗實錄地理志』 각 도의 토산공품·생산약재 및 種養藥材를 분석하여 표로 나타내 보면 다음과 같다.

---

43) 『世宗實錄』 卷26, 世宗 6年 11月 丙戌.

<표 4-11> 各道別 生産藥材 種類

① 京畿道

土産貢品	木瓜, 榛實, 栗, 柹, 棗, 眞茸, 鳥足茸, 黃角, 山參, 枯梗, 乾猪, 兎醢, 魚醢, 水魚, 民魚鹽 等.
生産藥材	牛膽黃, 虎脛骨, 熊膽, 猪膽, 類膽, 狷膽, 臘兎頭, 狷皮, 阿膠, 露蜂房, 蜈松, 元蠶蛾, 馬鳴退, 斑猫, 蟬脫皮, 蛇脫皮, 蟾酥, 蝦蚣, 鼇甲, 龜甲, 桑蜈松, 乾鯨魚, 鯉魚膽, 牡蠣, 蠶沙, 五加皮, 黃蘗皮, 桑白皮, 楡白皮, 郁李仁, 桃仁, 杏仁, 枳殼, 槐實, 槐花, 松脂, 蓮子, 川椒, 五倍子, 茯苓(赤白), 茯神, 安息香, 自然銅, 禹餘粮, 天圓子, 兎絲子, 覆盆子, 五味子, 牽牛子(白黑), 車前子, 蕨梨子, 白附子, 白朮, 蒼朮, 菖蒲末, 石菖蒲, 馬兜苓, 馬齒莧, 馬藺, 蒲黃, 澤瀉, 桔梗, 紫莞, 蒯草(大小), 天麻, 赤箭, 白歛, 蜑休, 續斷, 漏蘆, 蔾蘆, 細辛, 葛根, 瞿皮, 地楡, 當歸, 山藥, 括樓根, 大戟, 商陸, 白鮮皮, 京三稜, 鶴風, 百合, 虎杖根, 獨活, 天南星, 牛秦, 獅子足, 蒼艾耳, 紫胡, 升麻, 芍藥(赤白), 藁本, 白芷, 半夏, 玄蔘, 菌陳, 秦芃, 玄胡索, 卷栢, 土瓜根, 黃芩, 黃菩, 木通, 林上夫人, 紹石, 知母, 貫衆, 葳靈仙, 草鳥頭, 放杖草, 藍漆薗茹, 萆鮮狼牙, 旋覆花, 金銀花, 金燈花 等.
種養藥材	白扁栗, 紫蘇, 薄荷, 香薷, 惡實, 芥子, 麻子, 回香, 生地黃, 大黃, 靑木香, 荊芥, 葵子, 蘿蔔子, 蔓菁子, 眞花帶, 鷄冠花(赤白), 甘菊, 紅花, 薏苡.

② 忠淸道

| 土産貢品 | 虎皮, 豹皮, 熊皮, 狐皮, 狸皮, 獐麂, 牛馬山水獺皮, 虎豹尾, 熊毛, 黃毛, 揣毛, 雜羽, 雄猪, 乾鹿, 乾獐, 乾猪, 天鵝脯肉, 牛角肋, 鹿醢, 兎醢, 班猫, 紅魚, 大蝦, 乾水魚, 沙魚, 膠漆, 疊, 朱土, 黃栗, 菱仁, 黃仁, 榛子, 乾蒲萄, 五味子, 川椒, 胡桃, 梨, 仁柿子, 細毛, 黃角, 靑角, 石茸. 眞茸, 鳥足茸, 松烟, 松花, 松脂, 三股繩, 兩股繩, 馬表, 綿花, 苧麻 |
| 生産藥材 | 獺膽, 狷皮, 麗狐肝, 鹿角, 羚羊角, 鹿角膠, 兎頭, 牛膽, 阿膠, 虎脛骨, 牛黃, 狼骨, 鹿茸, 熊膽, 猪膽, 鳥阿, 鳥油, 魚骨, 鼇甲, 龜甲, 蟬脫皮, 蝦膜, 蟾脫, 桑螵蛸, 蝱虫, 水鯉, 鯉膽, 乾鯉魚, 蜈蚣, 桑寄生, 五加皮, 栢子仁, 楮實, 槐花(枳殼), 五倍子, 拘杞子, 茯神, 茯苓(赤白), 地骨皮, 牡丹皮, 覆盆子, 芍藥(赤白), 細辛, 白芷, 玄蔘, 狼牙, 葳靈仙, 紫草, 升麻, 車前子, 牛膝, 大戟, 大小, 蒯草, 紫胡, 蛇床子, 藁本, 木通, 半夏, 蒼朮, 白附子, 藍膝, 黃蓍, 蒲黃, 桔梗, 白朮, 前胡, 馬兜苓, 葛花, 射干, 蕨藜子, 蓮子, 蓮房, 蓮藥, 蓮花藥, 菌陳, 麥門冬澤瀉, 山藥, 草鳥頭, 赤箭. 瞿麥穗, 龍膽, 白 |

生産藥材	歛, 人蔘, 天麻, 當歸, 破古紙, 括樓, 京三稜, 何首烏, 地楡, 白芨, 菖蒲, 天南星, 貫衆, 天門冬, 商陸, 獨虎, 活杖根, 續斷, 黃芩, 草薜, 兎絲子, 贊栗殼, 防風, 芎窮, 絡石, 遠志, 決明子, 紫子, 莞根, 石葦, 芽香, 自然銅, 滑石, 班鳩, 白膠香, 安息香, 旋覆花, 金銀花.
種養藥材	茴香, 棗, 元蠶蛾, 甘菊花, 燕子, 薏苡仁, 木瓜, 豆花, 紅花, 荊芥穗, 香需, 惡實, 生地黃, 薄荷, 白扁豆(黑白), 大黃, 眞瓜蓄, 牽牛子(黑白), 黃菊, 黃葵子 等.

③ 全羅道

土産貢品	蜂蜜, 黃蠟, 虎皮, 豹皮, 熊皮, 牛皮, 馬皮, 熟鹿皮, 熟獐皮, 狐皮, 狸皮, 山獺皮, 水獺皮, 弓絃豹尾, 狐尾, 黃毛, 乾鹿, 乾獐, 丁香脯, 鹿尾, 揩毛, 牛角, 鹿角, 阿膠筋, 雜羽, 班猫, 玳瑁, 天鵝, 沙魚, 乾水魚, 全鮑, 生鮑, 乾仁蛤, 落地, 石花, 甘蛤, 生蛤, 銀口魚, 大蠔, 引鮑, 條鮑, 烏賊魚, 王頭魚, 昆鮑, 魚膠, 漆, 芥子, 黃票, 棗, 乾柿子, 紅柿子, 木瓜, 石榴, 梨, 樓實, 芡仁, 柚子, 柑子, 栖子, 乳柑, 洞庭橘金橘, 靑橘, 山橘, 菱仁, 粉藿, 常藿, 早藿, 海毛, 牛毛, 海角, 黃角, 莓山伊, 海衣, 甘苔, 烏梅子, 松茸, 石茸, 眞茸, 葇藁薑蕨, 芝草, 槐花, 梔子, 雀舌茶, 松花, 松烟, 松脂 等.
生産藥材	牛黃, 牛膽, 虎骨, 蜗皮, 熊膽, 鹿茸, 鹿角霜, 鹿角膠, 兎頭, 鹿角, 獺膽, 羚羊角, 烏阿烏油, 蟾蛛, 桑蝶蛸, 鼈甲, 烏魚骨, 乾鯉, 鯉膽, 蜈蚣, 虻虫, 龜甲, 蟬脫皮, 石決明, 人蔘, 零陵香, 蕾香, 舶上茴香, 鷄頭實, 蓮花栗, 金銀花, 芎藭, 牽牛子, 木通, 天門冬, 麥門冬, 瞿麥穗, 天麻, 澤瀉, 兎絲子, 紫莞, 紫莞根, 蓮子, 貫衆, 破古紙, 蒼朮, 藍漆, 虎杖根, 當歸, 旋覆花, 括樓, 芍菜, 半夏, 蒲黃, 升麻, 桔梗, 馬蘭花, 細辛, 葛花, 大戟, 白鮮皮, 天南星, 牛膝, 射干, 苦蔘, 白芷, 前胡, 草烏頭, 鷄蘇, 防風, 藁本, 商陸, 昆希, 芽香, 忍冬草, 遠志, 蘆根, 莒蘆, 茺蔚, 蔚子, 稀簽, 酸醬, 續斷, 白頭翁, 香附子, 爵金, 赤前子, 蘭香紫草, 玄蔘, 紫胡, 京三稜, 白附子, 澤瀉, 白歛, 白芨, 五味子, 蒼耳, 地楡, 莒蒲, 紫荷藥, 水萍, 甘菊花, 菌陳, 漏蘆, 葳靈仙, 薄荷, 續隨子, 茜草根, 苧蔴子, 黃耆, 苑荊子, 馬兜苓, 薺苨, 大小薊草, 芭蕉, 徐長卿, 益貫草, 決明子, 白灼藥, 苄葉, 石榴, 草皮, 蒴藋, 山藥, 獨活, 蜀有子, 川練子, 石榴皮, 白梅, 烏梅, 枳殼, 拘杞子, 鹽梅實, 茯苓, 牧丹皮, 楮實, 若茹, 地骨皮, 竹瀝, 黃棄皮, 川椒, 白茯苓, 胡桃, 五加皮, 淡竹葉, 躑躅花, 皂莢, 皂角刺, 郁李仁, 亂木瓜, 杏仁, 五倍子, 桃仁, 栢葉, 棠, 梨, 松子仁, 陳皮, 海桐皮, 靑皮, 厚朴, 朴冲, 松實, 八角茯神 等
種養藥材	生地黃, 大黃, 乾薑, 白扁豆, 黑扁豆, 惡實, 深黃, 香需

④ 黃海道

土産貢品	芥子, 栗, 榛實, 橡實, 梨, 棗, 菱仁, 黃仁, 眞茸, 石茸, 鳥足茸, 靑角, 黃角, 吾海子, 乾鹿, 乾獐, 乾猿, 兎醢, 雁醢, 魚醢, 紫蝦醢, 民魚, 沙魚, 水魚, 魚油, 魚膠, 天鵝, 馬皮, 牛皮, 虎皮, 豹皮, 熊皮, 鹿皮, 猪皮, 獐皮, 山水獺皮, 狐皮, 狸皮, 黃乾, 雜羽, 鹿角肋 等.
生産藥材	牛膽, 熊膽, 猫膽, 獺膽, 狽膽, 狽皮, 牛黃, 阿膠, 酥油, 臘兎, 鳥阿鳥油, 班鳩, 露蜂房, 班猫, 蟬脫皮, 原蠶蛾, 蛇脫皮, 蟾酥, 桑蜂蛸, 鼈甲, 龜甲, 蜥蝪, 蝦蟇, 鯉魚膽, 牡蠣, 虻虫, 神蟾, 石膏, 自然銅, 茯神, 茯笭(赤白), 安息香, 楓膏, 五加皮, 黃蘗皮, 桑白皮, 楡白皮, 牧丹皮, 側柏葉, 枳殼蕪薑, 栢子仁, 郁李仁, 杏仁, 桃仁, 桃梟, 槐實, 薊實, 川椒, 諦躙, 栗契, 桑寄生, 酸棗仁, 皂莢, 人蔘, 白朮, 蒼朮, 防風, 天仙子, 決明子, 白附子, 蒺藜子, 車前子, 蛇床子, 兎絲子, 茺蔚子, 蓮子, 黃浦末, 馬兜苓, 馬齒莧, 馬蘭, 蒲黃澤瀉, 桔梗, 紫莞, 大小鯉草, 天麻, 天南星, 赤箭, 白歛, 白芷, 白芨, 白鮮皮, 白頭翁, 王不留行, 續斷, 漏藍, 藜蘆, 括蔞, 葛根, 葛花, 地楡, 細辛, 當歸, 山藥, 大戟, 三稜, 鶴風, 百合, 百節, 虎杖根, 獨活, 麥門冬, 牛膝, 艾葉, 柴胡, 前胡, 外麻, 芍藥(赤白), 藁本, 半夏, 玄蔘, 苦蔘, 菌陳, 秦茸, 黃芩, 黃菁, 木通, 通草, 絡石, 知母, 貫衆, 葳靈仙, 草烏頭, 蔗漆, 蘭茹, 蒐蘚, 狼牙牙子, 赤蘇葉, 羅麻, 律草, 蔭蔞, 草根, 羊蹄, 蘭蒿, 忍冬草, 野葱, 瞿麥眂, 葶藶, 菁蒿, 水萍, 海藻, 野生景天, 酸醬, 稀簽, 龍膽, 徐長卿, 鷄蘇, 木賊, 射干, 遠志, 澤瀉, 石斛, 何首烏, 紫荷藥, 三枝九葉.
種養藥材	薏苡, 麻子, 牽牛子(默白), 白扁豆, 香需, 鶯栗, 紫蘇, 薄荷, 茴香, 惡實, 大黃, 生地黃(乾, 熟), 靑木香, 荊芥, 葵子, 蕪子, 蒐麻子, 眞瓜蓄, 甘菊, 鷄冠花(赤白), 芎藭

⑤ 江原道

土産貢品	蜂蜜, 黃蠟, 松子, 榛子, 柿子, 五倍子, 芥子, 木瓜, 胡桃, 梨, 大棗, 栗, 川椒, 芝草, 紅花, 松花, 槐花, 石茸, 眞茸, 牛皮, 馬皮, 狐皮, 狸皮, 貂皮, 虎皮, 豹皮, 鹿皮, 山水獺皮, 海獺皮, 猪皮, 魚皮, 獐皮, 熊皮, 豹尾, 狐媚, 熊毛, 猪毛, 鹿脯, 乾猪, 文魚, 大口魚, 年魚, 沙魚, 水魚, 魚油, 全鮑, 紅蛤, 鮑甲, 牛角, 班猫, 白檀香, 紫檀香 等.
生産藥材	虎骨, 熊膽, 牛黃, 牛膽, 羚羊角, 猪膽, 蘇油, 酥油, 獺膽, 鹿角膠, 馬鳴退, 鹿角, 虎脛骨, 阿膠, 狐兎頭, 狽皮, 白花蛇, 蟾穌, 蟬脫皮, 射干, 靈蜂房,

生産藥材	蜥蝪, 石決明, 水蛭, 烏魚骨, 虻虫, 空青, 膽腑脂, 五味子, 拘杞子, 栢子仁, 川椒, 枳殼, 牧丹皮, 地骨皮, 桑白皮, 蘗皮, 茯神, 安息香, 白膠香, 乾漆, 白茯苓, 杏仁, 木通, 赤茯苓, 栢藥, 栢栢, 楮葉, 桑寄生, 郁李仁, 桃仁, 人蔘, 苦蔘, 蒼朮, 前胡, 半夏, 黃菁, 括蔞, 續斷, 澤蘭, 當歸, 蛇床子, 葵芄, 葛根, 天麻, 細辛, 牛膝, 藍漆, 葳靈仙, 桔梗, 地楡, 酸醬, 獨活, 草烏頭, 升麻, 徐長卿, 白赤, 芍藥, 海藻, 山藥, 蓮子, 防風, 紫荷葉, 白芨, 白斂, 白鮮皮, 白芷, 白尤, 百合, 嬰栗殼, 虎杖根, 金銀花, 旋覆花, 漏藍, 商陸, 葶藶子, 茅香, 石菖蒲, 菖蒲, 貫衆, 蒿本, 馬兜笭, 大戟, 忍冬草, 紫胡, 京三稜, 昆布, 玄蔘, 赤箭, 何首烏, 芎窮, 木賊, 天南星, 莒茹, 牽牛子, 覆盆子, 決明子, 車嬰子, 藜藍, 石膏, 水泡石, 磁石, 赤石.
種養藥材	惡實, 生地黃, 麻子, 黃葵子, 紫蘇, 黃菊, 白扁豆, 大黃, 黑豆, 栗楔, 荊芥, 薄荷, 等.

⑥ 平安道

土産貢品	牛馬毛, 狗皮, 豹, 鹿, 獐, 狐, 狸, 水獺, 貂, 靑鼠, 猪皮, 乾鹿, 乾猪, 乾鹿, 丁香脯, 水魚, 民魚, 沙魚, 石首魚, 加火魚, 准魚, 廣魚, 烏賊魚, 大蝦, 石花, 黃毛, 羚羊角, 猪膽, 狷膽, 漆芝, 麻油, 蘇子油, 石蜜, 蜂蜜, 黃臘, 芝草, 五味子, 榛實, 松子, 眞茸, 石茸, 烏足茸, 紅花 等.
生産藥材	熊膽, 鹿角腸, 膺香, 虎脛骨, 酥油, 鹿角, 靈蜂房, 蛇脫皮, 鱉甲, 黃精, 甘尤, 當歸, 細辛, 白尤, 草烏頭, 地楡, 白芷, 桔梗, 白附子, 獨活, 貫衆, 藍漆, 天南星, 菖蒲, 菖蘆, 射干, 白頭翁, 苦蔘, 芍藥, 半夏, 車前子, 羊蹄根, 木賊, 葛根, 白鮮皮, 馬兜笭, 蘭茹, 大戟, 茜草根, 澤瀉, 紫菀, 生菴, 藺蒿, 蕾麻, 馬閼膽, 蒼朮, 升麻, 玄胡索, 鷄蘇, 將水, 兎絲子, 忍冬草, 商陸, 牛膽, 徐長卿, 菌陳, 黃菁, 百合, 前胡, 蛇床子, 小柴胡, 芎白菱, 防風, 遠志, 葏草, 虎杖根, 茺蔚子, 沙蔘, 白芝, 葳靈仙, 人蔘, 安息香, 五加皮, 黃蘗皮, 茯苓, 魚體, 角體, 桑白皮, 楡皮, 海東皮, 白斂, 鵝管石, 郁李仁 等.
種養藥材	芎藭, 大黃, 麻子, 荊芥穗, 眞瓜穗, 何首烏, 蓮實, 桃仁, 杏仁.

⑦ 咸鏡道

土産貢品	豹皮, 金熊皮, 阿羊, 鹿皮, 獐皮, 狸皮, 狐皮, 豹尾, 狐尾, 鹿角, 阿羊鹿角, 酥油, 黃蠟, 乾楮, 大口魚, 年魚, 古道魚, 全鮑, 薑多絲, 昆布, 海帶, 綠磻, 紅花, 芝草, 樺皮.

生産藥材	熊膽, 鹿茸, 鹿香, 牛黃, 虎脛骨, 牡蠣, 露蜂房, 松脂, 安息香, 五倍子, 五味子, 栢子仁, 郁李仁, 杏仁, 椒實, 香仁, 五加皮, 牧丹皮, 桑白皮, 淡竹葉, 榛皮, 楡皮, 藁皮, 山藥, 芍藥, 當歸, 獨活, 大戟, 大黃, 蒼朮, 白朮, 白芷, 澤瀉, 桔梗, 蘭茹, 葳漆, 澤漆, 商陸, 貫衆, 葳靈仙, 徐長卿, 防風, 防己, 續斷, 蚤休, 白斂, 百合, 細辛, 半夏, 射干, 括樓, 白蘇皮, 地骨皮, 車前子, 白防子, 覆盆子, 葶藶子, 兎絲子, 芫蔚子, 天麻, 升麻, 菖蒲, 茵陳, 蒲黃, 蓮子, 前胡紫胡, 蒿本, 秦芃, 紫莞, 龍膽, 牛膝, 水萍, 木賊, 藜蘆, 漏蘆, 葛花, 京三稜, 草鳥頭, 葛根, 赤箭, 玄胡索, 白頭翁, 羊蹄, 馬藺, 土瓜, 地楡, 菖茸, 玄蔘, 苦蔘, 人蔘, 茜草, 葦草, 稀簽, 扁蓄, 天花粉, 天南星 等.
種養藥材	甘菊, 惡實, 麻花, 芎藭.

* 이 表는 金斗鍾,『韓國醫學史』, 探救堂, 1979, 209~214쪽 참조.

위의 표에 나타난 약재를 지역별로 그 분포를 정리해 보면 다음과 같
다.

藥材分布圖[44)]

사자발쑥[獅子足艾] : 경기(광주, 수원, 남양, 임강, 부평, 강화, 인천,
통진)

연밥[蓮子] : 경기(여흥, 음죽, 수원, 남양, 안산, 안성), 충청(영춘, 직
산, 남포, 석성, 홍주, 해미), 전라(익산, 나주, 해진), 황해(연안, 해
주), 강원(홍천)

安息香 : 경기(광주, 양근, 지평, 포천, 영평), 경상(장기, 삼가)

검산풀뿌리[續斷] : 경기(적성, 장단, 임강, 마전, 강화), 전라(제주), 황
해(우봉, 강령, 곡산, 봉산, 서흥), 평안(성천, 가산), 함길(함흥)

승검초뿌리[當歸] : 경기(양근, 지평, 철원, 영평, 안협), 충청(단양, 청
풍, 제천, 옥천, 황간, 보은), 황해(우봉, 강령, 곡산, 봉산, 서흥),
강원(강릉, 양양, 정선, 평창, 원주, 영월, 횡성, 홍천, 회양, 금성,

---

44)『世宗實錄地理志』; 三木榮,『朝鮮醫學史及疾病史』, 自家出版, 1927 ; 白允
基,『漢方藥草解說』, 高文社, 1974.

김화, 평강, 이천, 삼척, 평해, 울진, 춘천, 낭천, 양구, 인제, 간성,
고성, 통천, 흡곡), 평안(성천, 순천, 개천, 덕천, 맹산, 은산, 양덕,
철산, 삭주, 영변, 운산, 태천, 여연)

白茯笭 : 경기(지평, 포천, 영평), 충청(보은, 청산), 경상(경주, 밀양,
청도, 언양, 안동, 영해, 순흥, 청송, 예안, 봉화, 의흥, 진보, 상주,
초계, 문경, 군위, 김해), 전라(금산, 용담, 장수, 무주, 진안, 순천,
능성)

茯笭 : 경기(가평, 철원, 안협), 충청(충주, 단양, 청풍, 제천, 영춘, 옥
천, 영동), 경상(예천, 의성), 전라(진산, 금산, 부안, 장성, 순창, 운
봉, 순천), 강원(원주), 평안(삭주, 영변, 벽동, 강계, 희천), 함길
(함흥, 북청, 문천, 안변, 길주)

茯神 : 경기(양근, 가평, 안협), 충청(단양, 청풍, 괴산, 음성, 제천, 진
천), 경상(경주), 전라(진산, 금산, 태안, 용담, 운봉, 장수, 진안),
강원(강릉, 원주)

石菖蒲 : 경기(음죽, 원평, 철원)

五味子 : 경기(삭녕, 영평, 연천), 충청(제천), 경상(밀양, 창녕, 영산,
안동, 금산, 산음), 황해(강령, 서흥), 강원(강릉, 양양, 정선, 평창,
원주, 영월, 횡성, 홍천, 회양, 금성, 김화, 평강, 이천, 삼척, 평해,
울진, 양구, 인제, 간성, 고성, 통천, 흡곡), 평안(삼화, 자산, 철산,
벽동, 운산, 강계, 이산, 여연), 함길(함흥, 북청, 영흥, 안변, 길주,
단천, 갑산)

삿갓나물[虽休] : 경기(안성, 부평, 인천), 전라(제주), 황해(풍천, 우봉,
배천, 평산, 연안, 강령, 해주, 서흥), 함길(함흥, 경원, 단천, 경성,
경원)

속서근풀[黃芩] : 경기(수원, 진위, 양성), 충청(천안, 직산, 평택, 온수,
신창, 아산, 홍주, 보령, 대흥), 경상(안동, 예안), 황해(풍천, 강령,
해주, 곡산, 봉산), 평안(평양, 상원)

白附子 : 경기(남양, 인천), 충청(함주, 천안, 회인), 경상(성주, 선산,
금산, 고령, 용궁, 문경)

玄胡索 : 경기(광주, 임진)

白扁豆 : 경기(금천), 전라(제주)

殺男草 : 경기(고양)

돌고드름[禹節草] : 경기(광주)

소피나무열매[川椒] : 경기(강화), 충청(공주, 대흥)

단너삼뿌리[黃耆] : 경기(강화), 평안(순천), 함길(경원)

人蔘 : 충청(충주, 단양, 청풍, 괴산, 음성, 연풍, 제천, 영춘, 청주, 천안, 옥천, 문의, 죽산, 전의, 연기, 온수, 영동, 보은, 진천, 공주, 은진, 연산, 예산, 보령, 대흥), 경상(언양, 안동, 영천, 의성, 영덕, 예안, 기천, 봉화, 문경, 산음, 의령), 전라(전주, 해진, 영암, 강진, 남원, 임실, 장수, 무주, 진안, 장흥, 순천, 동복), 황해(안악, 서흥), 강원(강릉, 양양, 정선, 원주, 영월, 횡성, 홍천, 회양, 금성, 김화, 평강, 이천, 삼척, 평해, 울진, 춘천, 낭천, 양구, 인제, 고성, 통천, 흡곡), 평안(성천, 순천, 개천, 덕천, 맹산, 은산, 양덕, 철산, 삭주, 영변, 창성, 벽동, 운산, 강계, 이산, 회천, 여연, 위원), 함길(북청, 영흥, 고원, 문천, 예원, 안변, 길주, 경원, 단천, 갑산, 경성, 종성, 삼수)

삼주뿌리[白朮] : 충청(연풍, 청주, 문의, 청안, 전의, 직산, 온수, 신창, 해미, 결성), 함길(길주, 경원)

병풍나물뿌리[防風] : 충청(남포, 비인, 태안, 서산, 결성), 경상(양산, 울산, 흥해, 동래, 기장, 장기, 영일, 청하, 영해, 영덕, 고성, 하동), 전라(옥구, 장흥, 영광), 황해(풍천, 장연), 강원(양양), 평안(증산, 함종, 철산), 함길(함흥, 북청, 영흥, 안변, 용진, 길주, 경원, 단천, 경성, 회령, 온성, 경흥, 부령, 경원)

호라비좆뿌리[天門冬] : 충청(임천, 서천, 홍주), 전라(전주, 익산, 고부, 임피, 옥구, 함열, 용안, 부안, 태인, 해진, 영광, 남평, 무안, 홍덕, 순창, 장흥, 순천, 무진, 보성, 낙안, 화순)

마뿌리[山藥] : 충청(연풍, 청주), 경상(청송, 기천), 전라(제주, 정의)

대왕풀[白芨] : 충청(단양, 제천, 영춘), 황해(강령), 강원(강릉, 양양, 정선, 원주, 영월, 횡성, 홍천, 회양, 금성, 김화, 평강, 이천, 삼척,

평해, 울진, 춘천, 낭천, 양구, 간성, 고성, 통천, 흡곡), 평안(철산,
강계), 함길(함흥, 북청, 영흥, 고원, 문천, 안변, 의천, 길주)

겨우살이풀[麥門冬] : 충청(청산, 서천, 보령), 전라(전주, 진산, 익산,
고부, 김제, 금구, 만경, 임피, 옥구, 함열, 부안, 태안, 여산, 나주,
영광, 강진, 무장, 함평, 남평, 무안, 고창, 홍덕, 장성, 남원, 순창,
용담, 구례, 임실, 장수, 무주, 진안, 곡성, 광양, 장흥, 담양, 순천,
무진, 보성, 낙안, 고흥, 능성, 창평, 화순, 옥과, 진원), 황해(황주)

수자해[天麻] 좃싹[赤箭] : 충청(임천, 진잠), 평안(성천)

茅香 : 경상(현풍, 함안)

장군풀[大黃] : 충청(청산), 전라(남원), 함길(영흥, 의천, 길주, 회령)

쪽[藍] : 충청(해미), 강원(정선), 함길(경흥, 부령)

버들옷[大戟] : 충청(해미), 함길(함흥, 고원, 용진, 갑산, 회령, 홍성, 부
령, 단천)

매재기뿌리[京黑] : 충청(이산)

木黑 : 충청(청안)

木香 : 충청(서천)

멧미나리[紫胡] : 충청(홍주), 함길(회령), 전라(제주)

새박뿌리[阿首烏] : 충청(서천), 황해(수안, 봉산, 황주), 평안(순천)

북나무진[安息香] : 충청(단양, 괴산, 옥천, 온수, 아산, 보은, 임천, 대
홍), 황해(우봉, 신은, 곡산), 강원(강릉, 양양, 정선, 원주, 회양, 삼
척, 인제), 평안(삼등, 순안, 성천, 순천, 영유, 양덕, 영변), 함길(함
홍, 정평, 북청, 고원, 문천, 예원, 안변, 의천, 단천)

自然銅 : 충청(괴산, 음성, 연기, 영동, 공주, 연산, 진삼, 예산, 청양, 결
성)

곱돌[骨石] : 충청(충주, 청풍)

오징어뼈[鳥魚骨] : 충청(서천, 비인, 홍주, 서산), 경상(울산, 동래, 김
해), 전라(옥구, 영광, 함평, 무안, 홍덕, 무주, 순천, 보성, 고흥, 제
주), 강원(간성, 고성)

羚羊角 : 충청(옥천, 황간), 경상(문경), 황해(재령, 수안), 강원(정선,

평창, 회양, 인제), 평안(강계)

녹용[鹿茸] : 충청(남포), 경상(동래, 사천), 함길(경원), 전라(부안, 나
주, 영광, 강진, 무장, 함평, 남평, 무안, 순창, 임실, 광양, 장흥, 순
천, 고흥, 동복, 제주, 정의)

담비쓸개[獺膽] : 충청(제천), 전라(장수), 강원(영월, 횡성, 홍천, 삼척)

곰쓸개[熊膽] : 충청(단양), 경상(순흥, 봉화, 문경), 전라(금산, 남원),
강원(강릉, 양양, 회양, 평강, 이천, 인제), 평안(양덕), 함길(함흥,
북청, 안변, 길주, 단천, 갑산, 경성, 삼수)

나팔꽃씨[牽牛子] : 충청(제천), 전라(능성, 동복), 강원(원주, 영월, 회
양, 삼척, 춘천, 인제, 간성, 고성)

모란뿌리껍질[牧丹皮] : 충청(충주, 옥천), 경상(의성, 하양, 고령, 함
양), 전라(영광, 남원, 장수, 무진), 황해(평산, 안악), 강원(강릉,
양양, 원주, 양구), 함길(정평, 영흥, 고원, 문천, 예원, 안변, 의천)

五倍子 : 전라(운봉), 평안(영변, 강계, 이산), 함길(영흥)

수뒤나물[葳靈仙] : 충청(보은), 전라(동복), 황해(서홍)

애기풀[遠志] : 충청(옥천), 경상(안동, 상주, 용궁), 전라(임피, 동복,
제주, 정의, 대성), 황해(평산, 강령, 곡산, 봉산, 서홍), 평안(철산,
선천, 강계)

담쟁이[洛石] : 충청(제천)

마름[菱仁] : 충청(영춘, 연기)

石葦 : 충청(청산)

잣[栢木] : 충청(연산)

澤瀉 : 충청(이산)

玄蔘 : 충청(옥천)

黃耆 : 충청(보령), 황해(장련, 문화, 풍천, 풍산, 평산, 장연, 곡산, 안
악, 봉산)

紫檀香 : 충청(단양, 청풍, 제천, 영춘)

漆 : 충청(해미), 강원(정선), 함길(경흥, 부령)

두꺼비[蟾酥] : 충청(태안)

모과[木瓜] : 충청(괴산, 청산), 전라(무주, 곡성, 화순, 제주)

고슴도치가죽[猬皮] : 충청(청산), 전라(금산, 남원, 창평, 옥과), 강원
    (낭천)

五加皮 : 충청(보은), 전라(운봉), 황해(황주), 함길(회령, 종성, 경흥,
    부령)

연꽃술 : 충청(보은), 경상(함양)

백납[白蠟] : 충청(영동)

가시연밤[芡仁] : 충청(청주)

麥冬門 : 경상(밀양, 양산, 울산, 대구, 경산, 동래, 창녕, 기장, 현풍, 영
    일, 순흥, 영천, 영덕, 신녕, 선산, 합천, 개령, 함창, 용궁, 고성, 진
    성, 칠원, 의령)

當歸 : 경상(밀양, 대구, 창녕, 예천, 의흥, 비안, 성주, 선산, 합천, 금산,
    문경, 군위, 산음), 전라(진산, 금산, 고산, 남원, 장수, 무주, 진안,
    장흥, 동복)

天門冬 : 경상(경주, 양산, 울산, 대구, 동래, 창녕, 영천, 하동, 칠원)

白芨 : 경상(영해, 순흥, 산음, 안음)

궁궁이[芎藭] : 경상(상주, 창원), 전라(전주), 황해(평산, 강령, 서흥),
    강원(강릉, 양양, 정선, 원주, 춘천, 회양), 평안(순안, 강서, 성천,
    순천, 개천, 의주, 벽동, 운산)

何烏首 : 경상(경주)

續斷 : 경상(의령)

烏梅 : 경상(울산)

鹽梅 : 경상(울산)

山茱萸 : 경상(경주)

吳茱萸 : 경상(경주)

속새[木賊] : 경상(기천, 금산), 황해(강령 ·곡산), 강원(회양, 춘천), 함
    길(경원, 갑산, 경성, 경원)

杜冲 : 경상(양산), 전라(제주, 정의, 대정)

皂休 : 경상(밀양)

厚朴 : 경상(동래), 전라(제주, 정의, 대정)

측백나무씨[栢子仁] : 경상(순흥, 영천), 황해(해주), 강원(원주)

赤伏苓 : 경상(순흥)

乾薑 : 전라(순창, 임실, 장수, 곡성, 광양, 담양, 무진, 보성, 낙안, 능성,
　　화순)

사향채뿌리[前胡] : 전라(진산, 용담, 장수, 진안, 곡성, 동복)

흰바곳[白附子] : 전라(임피, 고산, 용담, 운봉, 장수, 동복), 황해(은율,
　　풍천, 강음, 배천, 평산, 연안, 신천, 강령, 장연, 옹진, 재령, 해주,
　　곡산, 수안, 안악, 봉산), 평안(평양, 중화, 상원, 삼등, 강동, 순안,
　　증산, 함종, 삼화, 성천, 개천, 덕천, 맹산, 양덕, 의주, 정주, 은산,
　　철산, 곽산, 수천, 선천, 가산, 정녕, 운산, 박천, 태천), 함길(함흥,
　　안변, 의천, 단천, 회령, 종성)

蘭香 : 전라(무장, 남평, 순천, 능성, 창평, 진원)

오아조기름[烏阿鳥油] : 전라(만경, 임피, 옥구, 함열, 나주, 영암, 영
　　광), 황해(장련, 배천, 연안, 장연, 해주, 안악), 평안(철산)

파랭이꽃이삭[瞿麥] : 전라(전주, 나주, 남원, 무진)

구리떼뿌리[白芷] : 전라(능성, 진원, 제주), 평안(숙천, 은산), 함길(회
　　령, 온성, 부령)

白芍藥 : 전라(장수, 진안, 능성)

푸른꿀껍질(靑皮) : 전라(제주, 정의, 대정)

석골풀[石蘚] : 전라(제주, 정의, 대정)

엄나무껍질[海桐皮] : 전라(제주, 정의, 대정)

香附子 : 전라(제주, 정의, 대정)

梔子 : 전라(제주, 정의, 대정)

묵은귤껍질[陳皮] : 전라(순천)

흰매화열매[監梅實] : 전라(전주, 나주, 무진)

零陵香 : 전라(제주, 정의, 대정)

끼무릇뿌리[半夏] : 전라(제주, 정의, 대정), 평안(삼화)

梅實 : 전라(장성, 남원)

자주연꽃[紫荷藥] : 전라(무창, 함평, 장성)

深黃 : 전라(남원, 순천, 제주, 정의, 대정)

탱자껍데기[枳實] : 전라(정의, 대정)

바곳[草烏頭] : 전라(동복, 제주), 함길(회령, 온성, 경흥, 부령, 경원)

八角 : 전라(제주, 대정)

초결명씨[決明子] : 전라(곡성, 보성)

茶 : 전라(능성, 동복)

두릅뿌리[獨活] : 전라(동복)

겨우살이꽃[金銀花] : 전라(운봉)

舶上 : 전라(제주)

가위톱[白斂] : 전라(보성), 황해(우봉), 평안(강서, 철산)

매화[梅] : 전라(보성)

흰여[茅香] : 전라(고부)

말오줌나무[蒴藋] : 전라(전주), 평안(자산)

石決明 : 전라(제주), 강원(삼척)

족두리뿌리[細辛] : 전라(동복), 함길(회령, 종성, 온성)

寒菊 : 전라(무안)

연방송이[蓮房] : 전라(남원)

연꽃[蓮花] : 전라(무진)

烏梅實 : 전라(나주)

수자해좆씨[赤前子] : 전라(남평)

雀雪茶 : 전라(고부)

芍藥 : 전라(무주), 함길(고원, 갑산, 회령, 부령)

쥐엄나무열매[皂莢] : 전라(임피), 황해(강령)

소돼나무열매[川練子] : 전라(제주)

골풀[草蘚] : 전라(제주)

임눈미앗씨[荒蔚子] : 전라(곡성)

숭나물[蒿本] : 전라(제주)

누른국화[黃菊] : 전라(제주)

黑扁豆 : 전라(능성)

의향[茴禿] : 전라(제주)

검화뿌리껍질[白蘇皮] : 전라(임피), 평안(의주, 강계, 이산, 희천), 함
    길(온성, 부령)

대추 : 전라(옥구)

生地黃 : 전라(낙안)

鹿角膠 : 전라(태인, 고산, 흥덕, 장성, 곡성, 화순, 옥과), 강원(평창)

鹿角霜 : 전라(금구, 남원, 용담, 장수, 진안, 보성, 능성, 창평), 강원(평
    창)

잉어쓸개[鯉膽] : 전라(김제, 용안, 부안, 여산, 나주, 흥덕)

등에[虻虫] : 전라(임실, 운봉)

산양이뿔[翔羊角] : 전라(금산, 용담)

삵괭이쓸개[狸膽] : 전라(함열)

鷄蘇 : 전라(화순)

속돌[水泡石] : 전라(여산, 낙안, 고흥, 능성), 강원(통천)

산골[自然銅] : 전라(순천)

가뢰[班描] : 전라(임실, 고흥)

흰매화[白梅] : 전라(광양, 장흥, 동복)

순비기나무열매[蔓荊子] : 전라(제주)

달래[野葱] : 황해(신은)

삽주덩이뿌리[蒼求] : 황해(우봉)

쥐꼬리망초뿌리[秦芃] : 황해(강령), 강원(강릉, 양양, 원주, 영월, 횡성,
    회양, 금성, 김화, 평강, 이천, 춘천, 낭천, 양구, 인제)

멧대추 : 황해(연안, 해주, 봉산)

鹿角 : 황해(옹진)

고슴도치쓸개[搨膽] : 황해(평산)

無荑 : 황해(강령)

바다발[海藻] : 황해(풍천, 해주)

산해박[徐長卿] : 황해(강령, 곡산, 서흥)

삼지구엽(三枝九葉) : 황해(배천)

酥油 : 황해(재령, 해주, 신은), 강원(회양)

바다나물뿌리[前胡] : 강원(평창, 원주, 영월, 횡성, 홍천, 회양, 금성, 김화, 평강, 이천, 삼척, 평해, 울진, 춘천, 낭천, 양구, 인제, 간성, 고성, 통천, 흡곡), 평안(성천, 인산, 선천), 함길(길주, 경원)

함박꽃뿌리[芍藥] : 강원(평강, 이천, 낭천, 인제)

망초뿌리[葒蓁] : 강원(강릉, 양양, 원주), 함길(경원)

매자기뿌리[京三稜] : 강원(낭천, 간성, 통천)

입엽초[石韋] : 강원(강릉)

오소리기름[獱油] : 강원(정선, 평창, 영월, 홍천)

산부애범[白花蛇] : 강원(강릉, 양양, 정선, 평창, 삼척, 낭천, 양구, 인제, 간성, 통천)

설달토끼머리[臘兎頭] : 강원(홍천, 김화)

해구신[膃肭臍] : 강원(평해)

다린송진[白膠香] : 강원(강릉, 양양, 정선, 평창, 원주, 횡성, 홍천, 회양, 금성, 김화, 평강, 이천, 춘천, 낭천, 양구, 인제, 간성, 통천, 흡곡)

磁石 : 강원(회양)

石膏 : 강원(강릉)

白石英 : 강원(고성)

부처손[舉白] : 강원(춘천)

空靑 : 강원(회양)

다시마[崑布] : 강원(간성, 고성)

과남풀[龍膽] : 평안(상원, 증산, 삼화, 안주, 성천), 함길(온성)

감흘[白尤] : 평안(삼화, 용강, 용천, 박천)

白合 : 평안(증산, 함종, 자산)

蒿本 : 평안(강동)

川芎 : 평안(박천)

모싯대뿌리[薺苨] : 평안(증산)

柴胡 : 평안(의주)

더덜뿌리[沙蔘] : 평안(강동)

菌蒿 : 평안(순천)

麝香 : 평안(성천, 양덕, 철산, 곽산, 강계, 이산, 희천), 함길(북청, 영
　　　　홍, 고원, 문천, 예원, 길주, 단천, 갑산, 경성)

굴조개[牡蠣] : 평안(용강)

현혹색[玄胡素] : 평안(성천, 영변)

암눈비앗[益母草] : 평안(평양)

鵝官石 : 평안(중화)

끼절가리뿌리[升麻] : 함길(회령, 온성, 부령, 경원)

츩뿌리[葛根] : 함길(회령, 온성, 부령, 경원)

외나물뿌리[地楡] : 함길(회령, 종성, 부령)

오독도기[菌茹] : 함길(회령, 온성, 부령)

도라지[桔梗] : 함길(회령, 온성, 부령, 경원)

할미꽃뿌리[白頭翁] : 함길(회령)

쓴너삼[苦蔘] : 함길(부령)

우엉[惡實] : 함길(부령)

탱알[紫莞] : 함길(온성)

山蔘 : 함길(부령)

牛黃 : 함길(함흥, 안변)

虎脛骨 : 함길(갑산)

느릅나무껍질[楡皮] : 함길(온성, 부령)

황경나무껍질[黃蘗皮] : 함길(회령, 부령)

새삼씨[兎絲子] : 함길(회령)

등대풀싹 : 함길(길주, 경원)

菖蒲 : 함길(회령, 온성)

박새 : 함길(온성, 부령)

댕댕이덩굴[防己] : 함길(갑산)

범부채[射干] : 함길(회령, 온성)

더위지기[茵陳] : 함길(온성)
질병이씨[桔梗種子] : 함길(회령)
두여비조자기 : 함길(경성)

위에서 본 바와 같이 8도에서 생산되는 약재는 자연상태에서 채취하는 自生 약재와 인공적으로 재배하는 種養 약재로 구별할 수 있다. 이러한 약재의 생산은 고려시대부터 실시된 鄕藥 사용의 보편화를 계기로 해서 시작되어 특히 세종의 鄕藥의 民藥化政策에 기인하여 활발해졌다. 이 가운데 충청도와 전라도에는 특수한 약재가 많았고, 함길도의 경우도 이와 유사했다. 인위적으로 種養되는 약재도 상당수에 달하고 있는데, 이는 자연에만 의존하던 종래의 약재 채취 방법에서 탈피하여 재배에 의한 적극적이고도 의도적인 약재 확보를 통해 효과적으로 救療政策을 실시하려 한 의도에서 비롯된 결과라고 볼 수 있다.

『世宗實錄地理志』에 기술된 약재는 식물성이 243종, 동물성이 46종, 광물성이 14종으로 총 303종에 이른다. 이 가운데 124종은 2개 도 이상에서 생산되었는데, 大戟, 虎脛骨, 牛黃, 草烏頭, 魚里膽, 芍藥, 藜蘆, 升麻, 蘭茹, 地楡, 細辛, 桔梗, 白芷, 苦蔘, 葛根, 兎絲子, 菌陳, 惡實, 決明子, 漆, 射干, 徐長卿, 生地黃, 蒿本, 蒼木, 百合, 白斂, 獨活, 川椒, 五加皮, 祝穀, 半夏, 白求, 玄蔘, 紫胡, 藍, 京三稜, 山藥, 茴香, 菖蒲, 白蘇皮, 紫菀, 大黃, 赤箭, 黃蘗皮, 天麻, 車前子, 楡白皮, 白扁豆 등이 여기에 해당한다.

일부 지역에서만 생산된 희귀한 약재로는 麥門冬, 白膠香, 膃肭臍, 獅子足艾, 蔓荊子, 澤漆, 沙蔘, 秦芃, 川練子, 黑扁豆, 黃臘, 藍梅實, 零陵香, 蘭香, 山茱萸, 薺苨, 生奄蘭, 野葱, 三枝九葉, 皂莢, 雀雪茶, 茶蓮房, 梅實, 陳皮, 靑皮, 白芍藥, 吳茱黃, 厚朴, 甘求, 酸棗仁, 川芎, 萹藋, 杜冲, 何首鳥, 白蠟, 木香, 木黑, 皂休, 鳥梅實 등이 있었다.

위도상으로 보아 북방에 속하는 함길도, 황해도, 평안도에서만 산출되는 것으로는 甘求, 川芎, 野葱, 三枝九葉, 空靑, 礜石, 澤漆, 生奄蘭, 薺苨, 酸棗仁, 沙蔘 등이 있었고, 漢水以南에서 주로 생산되는 약재는 蔓荊子, 黃菊, 玉門冬, 麥門冬, 白膠香, 昆布, 香附子, 雀雪茶, 蓮房, 施覆花, 舶上, 茶, 深黃, 梅實, 獅子足艾, 川練子, 黃扁豆, 藍梅實, 零陵香, 蘭香, 陳皮, 靑皮, 白芍藥, 前胡, 赤茯苓, 何首烏, 蘭香, 吳茱黃, 厚朴, 石菖蒲, 白蠟, 木香, 木黑, 烏梅實, 皂休, 杜冲, 藍梅, 烏梅, 生薑 등이 있었다.

당시에도 自然生 鄕藥은 기후에 따라 크게 漢水 이남과 이북으로 구분하여 분포되어 있었음을 알 수 있다. 남부지방에서 자생하는 약재는 도별로 보면 경상도가 66종으로 가장 많고, 전라도가 55종으로 그 다음이었으며, 충청도가 55종, 경기도가 44종이었다. 한편 북부지방에서는 평안도가 47종, 강원도가 24종, 황해도가 24종, 그리고 함길도가 22종으로서 비교적 종류가 많지 않았음을 알 수 있다.

세종은 한반도에서 생산되지 않는 약재는 明에 사신을 보낼 때마다 의료인을 수행시켜 구입해 오게 했다. 세종 3년 10월에는 遣明使臣을 따라 의료인 黃子厚를 副使로 파견했으며, 동 5년(1423) 4월에는 호조에서 典醫監·惠民局·濟生院의 呈啓에 의거하여 啓하기를, "唐藥을 수입하여 치병할 것"을 강조하였다.45) 세종 7년(1425) 11월에는 進賀使 都總制 李順蒙, 戶曹參判 睦進泰, 知敦寧 趙賚 등이 귀환할 때 明의 宣宗으로부터 龍腦(1斤), 蘇合油(1斤), 沈香(5斤), 蘆薈(5斤), 硃砂(5斤), 麝香(5斤), 膽礬(10兩), 附子(5斤), 川烏(5斤), 鎖陽(1斤) 등을 하사품46)으로 받아와 生藥舖에 맡겨 판매하게 했다. 生藥舖는 약재판매기

---

45)『世宗實錄』卷20, 世宗 5年 4月 丙辰, "戶曹據典醫監 惠民局濟生院呈啓 令
　　謝恩使行次 黑麻布五匹入送 唐藥材貿易 自今每入朝行次以爲恒式 從之."
46)『世宗實錄』卷30, 世宗 7年 11月 壬寅, "進賀使都總制李順蒙 戶曹參判睦進

구였다.

세종 14년(1432) 4월과 10월에는 모든 私貿易을 엄금하면서도 중국의 서적과 약재의 수입만은 용인하였다.47) 세종대의 唐藥은 공·사무역을 통하여 수입·수출이 가능했다. 明으로부터 수입된 약재는 胡椒, 龍腦, 蘇合油, 龍眼, 荔枝, 況香, 蘆薈, 膽礬, 附子, 川烏, 鎖陽, 白磻, 龍骨, 乳香, 辰砂, 雄黃, 牛黃 등이 주종을 이루었고, 조선에서 明으로 수출된 약재는 松子, 桂皮, 蘇木, 海衣, 安息香, 白磻, 丹木, 木香, 燒酒, 昆布, 虎骨, 鹿角, 節蘆, 人蔘, 五味子 등이 있었다. 이들 수출품 가운데 丹木, 白磻, 桂皮, 蘇木, 安息香 등은 明에서도 생산되지 않는 약재들로 주목을 끈다.

恭 知敦寧趙賚等 捧欽賜藥材勑書而回 上率世子以下群臣幸慕華檻迎勑 至景福宮行禮如儀其勑 日偵者至 奏請藥材 令付去至可領也 龍腦一斤 蘇合油一斤 沈香五斤 蘆薈五斤 硃砂五斤 麝香五斤 膽礬十兩 附子五斤 川烏五斤鎖陽一斤 上御慶會樓下設慰宴 宗親駙馬領敦寧議政府六曹諸府院君 判府事孟思誠 大提學卞季良 大司憲六代言等侍宴 其從事官從人 亦命饋之 賜順蒙進恭賚鞍具內廏馬各一匹 還宮 命放白云寶."
『世宗實錄』卷45, 世宗 11年 9月 丁未, "禮曹啓生 藥鋪所費唐藥 前此令入朝 從事官買來本人等 不盡心貿易由是藥材未備 無以施與 請依典醫監惠民局濟生院例本鋪官人輸次入送 凡諸藥材 連續買來 從之."
『世宗實錄』卷49, 世宗 12年 8月 戊寅, "禮曹啓 今設禮曹藥房 而無唐藥出處 請依議政府例 每入朝貿易 且六曹員吏數多 其藥價 比政府倍數以送 從之."
47)『世宗實錄』卷56, 世宗 14年 4月 乙巳, "上曰 入中朝禁私貿易 已曾立法 然其弊尙在 予甚軫慮 但國家須賴中國之物 不得己而貿之 其貿之物 依于入朝之行 則固乘於專爲事上之義 若專爲貿易而送 則似有煩瀆之嫌 本朝藥器書冊藥材等物 須賴中國而備之 貿易不可斷絶 如之何而可 卿等商議以啓."
『世宗實錄』卷58, 世宗 14年 10月 己丑, "前此藥材書冊等物 若私自貿易者爲之 亦爲未便 藥材與書 不可不貿也 自今藥材書冊 移咨禮部 公然貿易可也 幷議以啓 孟思誠許稠申商鄭招申檣等以爲 經書藥材咨請貿易爲可 權軫以爲 藥材不得已之物 宜令貿易."

한편 세종은 일본에 통신사가 왕래할 때도 그 때마다 약재와 함께 의료인을 교류시켰다. 일본에 건너간 국산 약재는 燒酒, 淸蜜, 牛黃, 赫, 五味子, 松子, 人蔘 등이 주종을 이루었고, 일본에서 수입된 약재는 蘆香, 阿山藥, 丹木, 白磻, 胡椒, 丁香, 高良美, 藿香, 光明朱, 良薑, 乾梅, 麒麟香(血, 膠), 丁香皮, 丁子香, 紫檀香, 皮香, 況香, 蘇合香, 南木香, 隴香, 疎香, 蘇木, 丹砂, 黑木, 川芎, 柱心, 檳榔, 深黃, 蓽發, 龍腦, 芭豆, 土黃, 蘇香, 甘草, 葛粉, 大黃, 黃耆, 澤寫, 藤木, 草果, 黃芩, 良香, 白芷, 香白芷, 杜冲, 麻黃, 貝母, 巴戟, 內蓯蓉, 靑皮, 烏梅木, 鬱金, 陳皮, 芙蓉木, 楊梅木, 常山, 砂糖, 批杷荒, 附子, 蓮莪木, 銅, 赤白銅, 硫黃, 石硫黃, 明礬, 膽礬, 縮砂, 朱盤, 爐甘石, 朱紅, 唐朱, 鵬砂, 黃蔘, 黃丹, 樟腦, 金剛砂, 穿山甲, 犀角, 水犀角, 白臘, 象牙, 白鷄 등이었다.

일본의 약재는 對馬島의 島主인 宗貞盛과 九州總管인 源義俊에 의해 한반도로 중개 유입되었다. 세종 29년(1447) 5월에는 일본의 승려가 對馬島 島州 宗貞盛의 서간을 지참하고 조선으로 來渡하니 조선에서는 그를 興天寺에 유숙하게 하고, 全循儀·金智·邊漢山 등에게 명하여 일본 승려로부터 의술을 익히게 하고, 또한 환자를 興天寺의 일본 승려에게 보내 진료를 받도록 했다.[48] 일본 승려가 조선에 의술을 전한 것은 端宗 원년(1452) 7월조에도 나타나는데, 일본 승려 喜盆이 조선에 도착하여 의술을 강습하니 內醫院에서는 金吉浩·鄭次良·金智 등을 보내어 醫方과 針灸를 습득하게 했다.

세종은 환자를 구제하는 데 있어 倭人·漢人·國內人을 구별하지 않고 치료의 능력이 있는 의사라면 모두 진료하게 했고, 약재 역시 질병 치료에 도움이 된다면 그 산지를 불문하고 구하여 사용하게 했다.

---

48) 『世宗實錄』 卷116, 世宗 29年 5月 丙申, "僧崇泰亦受貞盛書契而來 精於醫術 上欲試之 館於興天寺 待之甚厚 命醫員全循義金智邊漢山傳習其業 仍令有疾者就見治 之經三時乃還 其術頗驗."

세종이 취한 이러한 鄕藥 자급자족정책은 의약의 대량생산을 가능케
하고 이를 통해 약이 없어 비참히 죽어 가는 사람들을 살리는 데 큰 역
할을 했다.

제5장 朝鮮前期 老人福祉政策

　한민족은 '나'라는 인격체가 모여 '우리'가 된다는 생각보다는 '우리'라는 복합체의 일부로 '나'의 존재를 인식하여 온 역사적인 배경을 가지고 있고, 여기에서 가족이라는 관념이 대단히 중요한 의미를 갖게 되었다. 이러한 가족의 규범은 사상, 제도, 문화, 경제, 신앙, 의례, 사회 등 제 분야에 걸쳐 崇祖나 敬老 現狀으로 표출되었다. 특히 우리 역사에서는 母系보다 父系를 절대적으로 존중하는 가부장적인 성격이 강했다. 『高麗史』의 기록에 父는 가족의 統帥權者다.[1] 父[2]는 祭祀 때 祭主가 되며 가족을 통솔하고 부양하며 자녀를 교육하고 家産을 매매하고 혼인을 규정하는 등 尊長權·親權·家長權 등의 막강한 권한과 의무를 행사하여 왔다. 이것이 가능했던 것은 그 바탕에 '孝' 등의 기본사상이 내재해 있었기 때문이다.

　전통적인 사회에서 孝는 쌍무적인 규정이나 습속이 아니고 자손에게만 일방적으로 의무가 부여되는 편무적인 論理觀이었다. 孝는 "人道之本이요 百行之源"으로서

　　① 대저 효는 덕의 근본이요[3]

---

1) 『高麗史』 刑法志 戶婚 大惡 ; 刑法志 禁令.
2) 여기에서 父는 가족구성원 중 父系의 最年長者를 지칭한다.
3) 『孝經』, "夫孝 德之本也."

② 어버이를 섬기는 것은 섬김의 근본이요[4]
③ 사람의 실질은 어버이를 섬기는 것이요[5]
④ 누구를 섬기는 것이 큰일인가, 어버이를 섬기는 일이 크도다[6]
⑤ 효제라는 것은 인의 근본이요[7]
⑥ 사람의 행실 중 효보다 큰 것은 없다[8]

등으로 나타나고 있다. 이 孝에 따라 자손은 父·母를 시중들고 그들의 안락한 생활을 책임지며 恭順하고 老後를 부양해야 할 의무를 지고 있다. 敬老에 대한 복지정책은 이러한 우리 한민족의 전통적인 습속이자 전통사상에 기반을 두고 발전하였다. 거기에 불교·유교·기독교의 사상 가운데 특히 孝를 강조하는 불교경전이 유입되면서 절대적인 가치를 지닌 개념으로서 優老·尊老·養老·敬老 개념이 우리 민족의 사상과 생활에 깊이 뿌리내리게 되었다. 여기에서 개인의 학력이나 직위 등 다른 분야에서 아무리 뛰어나더라도 효행이 부족한 사람에게는 그 가치를 인정하지 않는 사고가 나왔고, 이는 개인주의와 서구의 물질문화가 범람하는 오늘날에도 한국의 정신사회를 이끌어 가는 큰 흐름을 이루고 있다.

삼국시대 이전부터 유입되기 시작한 한자문화와 함께 전수된 孝行崇尊思想은 삼국시대와 고려시대의 계속된 장려정책으로 우리 한민족의 역사에 정착되어 갔다. 특히 고려시대를 거치면서 효행자를 旌表하거나 褒賞하는 정책이 정착되었고, 그에 뒤이은 조선왕조에서는 성리학에 최고의 가치를 부여하고 사회교화와 지배질서의 강화수단으로 경로정책

---

4) 『孟子』 離婁(上), "事親 事之本也."
5) 『孟子』 離婁(上), "人之實 事親也."
6) 『孟子』 離婁(上), "事孰爲大 事親爲大."
7) 『論語』 學而篇, "孝悌也者 其仁之本也."
8) 『孟子』 離婁(上), "人之行 莫大於孝."

의 일환인 旌表政策을 확대 시행하였다.9)

太祖 李成桂는 등극하면서 노인복지정책에 관해서도 前朝故事에 준거하여 왕도사상의 근간인 仁·德을 구현하는 효행을 국민통치의 의지로 표방하였다.10) 즉 태조 원년(1392) 7월에 忠孝義節을 행하는 자에게는 優加擢用하고 포상하겠다는 의지를 명확히 표명하면서 이를 각 관청에 보고하게 하고 있다.11) 敬老思想은 이처럼 새로운 국가 조선의 개국과 함께 활짝 만개하게 되는데, 이는 무엇보다 구 보수세력의 崇佛 경향에 반대하고 성리학을 이념적 지주로 하는 신진사대부의 사상과 합치되었기 때문이다.

제1절 救恤的 敬老政策

조선 건국의 보필자였던 趙浚(1346~1406)은 태조 7년(1398), 국왕에게 時務策을 건의하면서 경로정책을 강조하면서 80세 이상 중에서 自存이 불가능한 노인은 신분 여하를 불문하고 救恤할 것을 청하였다. 즉,

> 여러 道의 남녀로서 나이 80세 이상이 된 사람과 효자·順孫·義夫·節婦와 빈궁하고 廢疾이 있어 능히 스스로 살아가지 못하는 사람은, 지위의 높고 낮은 것을 묻지 않고 雜役을 면제하고 우대하여 矜恤할 것이며, 효자·順孫·義夫로서 實效가 있어 쓸 만한 사람은 별도로 갖추어 아뢰어 擢用에 憑考하게 할 일입니다.12)

---

9) 朴尙煥,『朝鮮屍臺耆老政策研究』, 단국대학교 박사학위논문, 1986, 35쪽 참조.

10)『太祖實錄』卷1, 太祖 元年 7月 丁未, "儀章法制一依前朝故事……."

11)『太祖實錄』卷1, 太祖 元年 7月 丁未, "忠臣孝子義婦節夫 關係風俗 在所獎勸 令所在官司 詢訪申聞 優加擢用 旌表門閭."

경로정책을 장려하기 위해 경로와 관련하여 탁월한 善行을 행한 자에게는 蠲免과 雜役을 면해 주고 특채할 것을 제안하였다. 이러한 요청의 배경은 易姓革命과 관련이 깊다고 할 수 있다. 태조 이성계가 집권한 시절이 다른 왕에 비해 선정을 자주 베푼 것으로 나와 있는 것은 이와 상통한다.

먼저 경로를 위한 방법으로 각종 역을 면제해 준 경우를 살펴보자. 태조 1년 10월에 역사를 진행함에 있어 鰥寡孤獨은 옛날 선대의 현철한 군주가 仁政을 먼저 베푼 바와 같이 면제하게 하고, 역사를 감독하는 사람이 왕의 말을 제대로 시행하는지를 관원들로 하여금 糾察하게 하였다.13) 동왕 2년에도 鰥寡孤獨과 늙고 쇠약하며 廢疾 등으로 가난하여, 스스로 생존하지 못할 사람은 雜多한 徭役을 면제해 주는 한편으로 구휼하게 하였다.14)

국가에서 요역을 면제하는 한편으로 직접 살 곳을 마련해 주기도 하였다. 定宗 2년(1400) 7월에는 태조가 베푼 善政의 위업을 따라,

> 鰥寡孤獨·老幼·廢疾者 가운데 産業이 있어 스스로 살아갈 수 있는 자를 제외하고, 궁하여 스스로 생존할 수 없는 자는 소재지 관사에서 우대하여 진휼 구제하여 살 곳을 잃지 말게 하라.15)

---

12) 『太祖實錄』 卷15, 太祖 7年 12月 戊申, "諸道男女年八十以上者 及孝子順孫 義夫節婦貧乏廢疾 不能自存者 無問尊卑 蠲免雜役 優加於恤 孝子順孫義夫 有實效可用者 別具以聞 以憑擢用 上曰善."

13) 『太祖實錄』 卷2, 太祖 1年 10月 己未, "鰥寡孤獨 古先哲王 仁政所先 凡有興作役 使坊里 先及此輩 豫甚憫焉須令蠲免."

14) 『太祖實錄』 卷3, 太祖 2年 4月 癸巳, "鰥寡孤獨 老弱癈疾等 貧乏不能自存 者 蠲免雜泛徭役存恤."

15) 『定宗實錄』 卷5, 定宗 2年 7月 乙丑, "鰥寡孤獨 老幼癈疾 除有産業 可以自 養者外 窮而不能自存者 所在官司 優加賑濟 母致失所."

라고 하여 官衙에서 노인으로서 구제할 대상을 철저히 파악하여 살 곳까지 마련해 주라는 엄명을 내리고 있는 것이다. 당시의 이러한 경로와 휼양정신의 배경은 太宗 6년(1406)에 유교의 대성현 孟子의 교화를 인용하여 국정시무책을 건의한 大司憲 韓尙敬(1360~1423) 등의 다음 기록에 잘 나타난다.

> 『孟子』에 이르기를, "사람마다 그 어버이를 친어버이로 여기고, 그 어른을 어른으로 여기게 되면 천하가 태평하여진다"고 하였으니, 원컨대, 경중과 외방의 孝子·順孫·義夫·節婦를 살펴 물어 褒賞함으로써 풍속을 가다듬게 하소서.16)

즉 한상경은 맹자의 말에 따라 어른을 공경하는 것이 천하가 태평해지는 원인이 된다고 보고 노인을 공경하는 효자 등을 포상하도록 청하였던 것이다. "人人親其親 長其長 而天下平"이라 하여 효행을 극도로 강조하고 있음을 볼 수 있다.

당시는 조선을 개창하여 옛 고려왕조의 신하들을 퇴거시키고 새로운 왕조의 기반을 다지는 태동기였으므로 反新王朝의 경향을 띠고 있어 민심을 수습할 필요가 있었다. 이러한 민심의 규합은 조선의 易姓革命을 합리화시킬 뿐만 아니라 태종 자신의 비정상적인 왕위계습을 정당화시킬 수 있는 절대요건이기도 하였다. 경로자 포상책은 민심 규합을 위한 중요한 방법의 하나이자 동시에 국가 초기의 왕권강화정책이기도 하였다.

그리고 효행자에 대하여서는 포상과 함께 죄를 지은 죄인이라도 노약자 등에 대하여서는 속전을 허락하고, 납부의 양도 가볍게 하였다. 태

---

16) 『太宗實錄』 卷12, 太宗 6年 7月 癸亥, "孟子云 人人親其親 長期長 而天下平 願京外孝子順孫義夫節婦 考問褒賞以勵風俗."

종 6년 3월에 "『大明律』 조문을 살펴보면 老弱과 廢疾者에게는 贖錢을 거두도록 허락하고, 그 銅錢 1천 文은 1貫이 되므로 寶鈔 1관에 准한다"[17]라고 하고 있다. 또 國初에는 前朝의 옛 제도로 인하여 동전 1관을 五升布 15필에 준하였고, 刑曹의 受敎에 "杖 1백 대와 徒 3년에 처한 자는 동전 24관을 贖하는 것이 마땅하다"고 하는 규정에 의하면 베 540필을 속하여야 하지만 가난한 사람은 傾家破産하여 수량을 채우지 못할 것이라고 하면서 이에 동전 1관을 오승포 10필에 준하여 납부하도록 하였다.[18] 경로자에게는 속전을 허락하고 감량을 해 줌으로써 국가의 위민정책을 널리 알리고 있는 것이다.

한편으로 의지할 데 없는 노인을 위하여 養民院을 설치하기도 하였다. 京鄕 각지에 養民院을 설치하여 無依無托한 백성을 파악하여 이들을 관공서에 수용하며 孤立無援한 노인도 養民院에 보호하여 米穀과 布帛을 지급하라고 하였다.[19] 단 국가의 상설 구휼기관인 養民院이 구휼한 숫자나 이 양민원이 언제 유명무실해졌고 언제 혁파되었으며 이 관아가 당시 사회에 어떤 영향을 주었는지에 대해서는 자세한 기록이 없다.

태종 5년(1405) 12월에는 의정부에 명하여 무의무탁한 자와 일정한 직업이 없는 백성, 헐벗고 굶주린 자에게도 적극적인 보호책을 마련할 것을 명하고, 漢城府와 留後司·5部에 명하여 이들을 전부 수용하도록 조처를 취하였다.

명하여 의지할 곳 없는 불쌍한 백성들을 濟生院에 모아들여 진휼하

---

17) 『太宗實錄』 卷11, 太宗 6年 3月 丁酉, "啓扱大明律文 老幼癈疾者 許收贖其 銅錢一千文爲貫準寶鈔一貫."

18) 위와 같은 조.

19) 『太宗實錄』 卷8, 太宗 4年 8月 己丑.

게 하였다. 議政府에 下敎하기를, "鰥寡孤獨과 篤疾·廢疾者, 失業한 백성들이 어찌 얼고 주려서 非命에 죽는 자가 없겠느냐? 내가 이를 매우 불쌍히 여긴다. 漢城府와 留後司·五部로 하여금 빠짐 없이 널리 알려서 거두어 진휼하게 하라"고 하였다.[20]

동왕 14년(1414) 4월에는 노인의 진휼을 위하여 戶曹와 各道에 敬差官을 파견하였는데, 그 구휼활동을 실제 수치로 표기하고 있다.

老人을 진휼하였다. 戶曹에서 아뢰기를, "각 도의 敬差官이 추천한 鰥寡孤獨으로서 능히 스스로 살아 가기가 어려운 자 1,156인 가운데 101세의 2인에게는 쌀·콩 각각 7석씩을, 90세 이상의 7인에게는 쌀·콩 각각 5석씩을, 80세 이상에게는 쌀·콩 각각 3석씩을 진휼하는 것이 어떠하겠습니까?"[21]

즉 의탁할 수 없는 노인들을 위하여 국가에서 직접 양민을 지어 구제하는 한편 제생원에서 이들을 구제하게 하고, 전국에 통보하여 이들을 구제하라는 명을 내리게 된 것이다. 그리고 경차관을 파견하여 그 숫자를 직접 파악한 것이다. 이 때 전국적으로 집계된 무의탁자 수는 1,156에 달하는 것으로 나와 있다. 이러한 수치의 집계는 조선 초기에 국가가 경로에 대해 얼마나 관심을 갖고 있었는가를 나타낸 것이라 할 것이다.

세종 역시 즉위년(1418) 11월 교서를 통하여 경로 행위자에게 포상할

---

20) 『太宗實錄』卷10, 太宗 5年 12月 甲子, "命聚無告之民於濟生院以養之 敎議政府曰 鰥寡孤獨篤疾廢疾失業之民 豈無凍餒以非命而亡者歟 子甚閔焉 令漢城府及留後司五部 無遺痛 曉聚而養之."

21) 『太宗實錄』卷27, 太宗 14年 5月 己卯, "賑老人 戶曹啓各道敬差官所推 鰥寡孤獨不能自存者 一千一百五十六人內 一百二歲二人 米豆各七石 九十歲以上七人米豆各五石 八十歲以上米豆各三石式 賑恤何如."

것을 지시하고 있다. 즉 孝子와 順孫者를 조사하여 그 행적을 관원이 직접 방문하여 보고하고 시상하라는 것이다.[22] 국왕의 이러한 정책들은 큰 효과를 거두었다.

경로 행사를 살펴보면, 조선시대 경로행사에서 주종을 이룬 것은 米穀·衣·帛·肉·酒를 下賜하는 設宴으로, 태조 이후 자주 행해졌다. 태조대부터 순종대까지 부단하게 이어진 이 행사는 노인을 위로하고 우대하는 대표적인 행사였다. 따라서 이 경로연에는 尊卑에 상관없이 모두 참여하되, 『耆老志』에 보면 노인을 크게 관직을 가졌던 노인과 일반 庶老로 나누어 設宴하였음을 알 수 있다. 관직을 가졌던 노인이 참석하는 것으로는 耆老宴과 耆英會가 있었고, 일반 서로를 위해서는 養老宴이 베풀어졌다.[23]

조선은 개창과 함께 이러한 경로행사를 제반 국가의 행사에서 최우선시 하였다. 즉 "鰥寡孤獨 王致所先 宜加存恤 所在官司 賑其飢乏"[24]이라 하여 관리의 복무 가운데 제일로 행할 임무로 규정하였다. 말 그대로 경로책을 왕도의 제일 요건으로 간주하였던 것이다.

이러한 행사는 중앙에서만 행해진 것이 아니라 전국적으로 시행되었다. 세종 17년 가을, 국가에서 敬老宴을 마련하면서 각 지방의 州와 郡 및 縣의 수령들에게도 경로행사를 시행하도록 하였다.[25] 이 행사는 세종대의 名臣으로서 예조참의로 재임하고 있던 鄭陟(1390~1475)의 건의로 시작된 것으로, 사대부뿐만 아니라 일반 노인들도 참석시켰다는 데 의의가 크다고 할 것이다.[26] 그리고 같은 해 연초에는 100세 이상의

---

22) 『世宗實錄』 卷2, 世宗 卽位年 11月 己酉, "義夫節婦 孝子順孫 義所表畢 廣加訪問 開具實迹 啓聞旌賞."

23) 『耆老志』 卷9, 戊編4 賜宴, "人君養老有四 一曰養三老五更 二曰子孫死難養父其父祖 三曰養致仕之老 四曰養庶人之老 我朝所行者 惟三四二條而已."

24) 『太祖實錄』 卷1, 太祖 元年 7月 丁未.

25) 『增補文獻備考』 卷83, 禮考30 養老條 世宗 17年.

노인에게는 酒肉을, 80세 이상의 노인에게는 한양과 지방 각지에서 敬老宴을 베풀어 주도록 명하였다.

당시 敬老宴은 慶會樓, 仁政殿, 勤政殿, 大明殿, 崇政殿, 光明殿, 明政殿 등에서 열릴 경우에는 주로 왕이 친임하고 남자노인이 참여하는 가운데 행해졌다. 思政殿과 宣政殿에서는 왕비가 임석하고 여자 노인을 위한 경로연이 베풀어졌다.27) 즉 국왕이 중전과 養老行事를 주관하고 지방의 각 관아에서도 함께 設宴하였던 것이다.

경로연에 참석하는 사람들은 다양하였다. 남녀노인을 함께 참석시키기도 하고, 婦女老人과 男子老人으로 나누어 행하기도 하였으며, 때로는 盲人도 동참시켰다. 그 수는 많을 때는 300명에서 1,000여 명 가까이 되었다.

조선 전기에 베풀어진 경로연의 빈도 수를 보면, 세종대가 3회, 세조대가 16회, 성종대가 17회로서 총 36회에 이르고 있다. 設宴에 참가한 사람들도 國王, 王妃, 王世子, 宗親, 大臣, 庶老, 賤老, 儒生 등 극히 다양한 범위에 걸쳐 있다.

경로연 경비는 공적인 경상비로 충당하여 민폐를 끼침이 없어 지속적으로 이어지게 했다. 국가에 凶事가 있거나 농사가 凶荒일 때는 일시적으로 停罷되기도 했으나 국왕의 賜物이나 加資, 供饋 등은 계속되었다.

세종은 경로사상을 진작시키기 위해 단순히 이러한 경로연의 개최에만 그치지 않고, 더 나아가 국민이 이를 습득할 수 있도록 『三綱行實圖』·『孝行錄』·『國朝五禮儀』 등을 편찬하여 보급하였다. 이것은 국가가 성리학을 근본이념으로 하면서 효행을 최우선시하였음을 보여주는 것이다.

---

26) 『世宗實錄』 卷57, 世宗 14年 8月 庚子.

27) 朴尙煥, 앞의 논문, 43쪽.

제2절 法制的 敬老政策

조선 통치의 기본적인 통치질서를 규정한 법은 『經國大典』이다. 그리고 源流가 된 것은 중국 明나라의 법률인 『大明律』이다. 조선 개국 초기에 高士聚 등은 이 『大明律』을 이두문으로 直解하여 『大明律直解』[28]를 펴내어 조선의 각종 법률 규정을 만들 때 긴요한 참고서로서 사용하였다. 이 같은 방침은 태조 원년(1392) 7월, 태조가 교서를 발표하면서 "自今京外刑決官 凡公私罪犯 必該大明律"[29]이라 하여 『大明律』을 準用하겠다고 밝힌 데서도 이미 명확히 드러난다. 주자학을 국가 이념으로 삼은 조선이 동양 최대 강국으로서 선진문물과 제도를 소유한 明나라 법률을 치국의 근본법으로 삼고자 한 것은 당연한 일이었을 것이다.[30]

이러한 법적인 배경 하에 조선에서는 가부장권이 극대화되어 부모나 가장을 고소하는 패륜아는 그 진위를 불문하고 교수형이라는 극형으로 다스렸다.[31] "邂逅致死及過失殺者各勿論"이라는 한 구절은 바로 조선 사회가 효행의 무조건성과 가부장권의 무한한 경지를 인정하는 사회였음을 단적으로 보여주는 예라 하겠다. 이를 구체적으로 살펴보면 이하와 같다.

우선 『經國大典』에서는 자손이 祖父母, 父母, 夫, 近親, 外祖父母 등을 고소하는 것에 대해 고소 내용의 眞假를 막론하고 엄격히 처벌할 것

---

28) 『大明律直解』는 明의 法律을 해석한 책으로 총 30卷 4冊으로 되어 있다. 개국초 高士褧・金祗가 直解하고 鄭道傳 등이 潤色하여 태조 4년(1395)에 書籍院에서 간행하였다. 『경국대전』 등 조선 법전의 기본자료로서 우리 사회에 지대한 영향을 주었다.

29) 『太祖實錄』 卷1, 太祖 元年 7月 丁未.

30) 李玟洙, 『朝鮮世宗朝의 福祉政策研究』, 단국대학교 박사학위논문, 1989, 7쪽.

31) 徐臺敎, 『朝鮮王朝 刑事制度의 研究』, 博英社, 1974, 7쪽.

을 규정하고 있다. 이는『大明律』을 그대로 계승한 것으로서 그 규정에 따르면 다음과 같다.

무릇 자손이 조부모·부모를 고소한 경우나, 처첩이 남편을 고소한 경우, 아들이 조부모를 고소한 것에 대하여 장 100대에 도 3년에 처한다. 단 무고한 자는 교수형에 처하고, 만약 親尊長이나 조부모를 고소할 경우에는 오직 득실에 따라 장 100, 大功은 장 90, 小功은 80, 緦麻는 장 70에 처한다.32)

『大明律』의 이러한 도덕정신은 조선왕조의 법전인『經國大典』,『大典通編』,『大典會通』,『續大典』에 철저히 계승되었다. 조선의 여러 법전이 범죄를 인지하고도 고발하지 않는 자와 가해자를 철저히 규제한 반면 특별히 尊長인 조부모나 부모를 고발하는 자만은 도리어 혹독한 처벌의 대상으로 삼았다는 것은 국가의 정책이 효행과 경로에 얼마나 막대한 비중을 두고 있었는가를 보여준다.

또한 조부모나 부모를 구타·치사하거나, 夫의 祖·父나 夫의 父母를 치사하게 할 경우, 이것이 계획적이었을 때는 斬하거나 '杖一百에 流三千里'에 처하고 傷하게 하는 者는 '杖一百에 徒三年'에 처하였다.『大明律』에 따르면,

무릇 자손이 조부모·부모, 처첩이 남편의 조부모·부모를 구타한 것은 모두 참형에 다스리고, 살해한 자는 모두 凌遲處死로 다스리고, 실수로 인한 살인자는 장 100에 流 3,000리에 처하고, 상해를 입힌 자는 장 100에 도 3년에 처한다.33)

---

32)『大明律直解』卷22 刑律訴訟 于名氾義, "凡子孫告祖父母父母 妻妾告夫及 夫之祖父母者 杖一百 徒三年 但誣告者絞 若告期親尊長 外祖父母 雖得實 杖一百 大功杖九十 小功杖八十 緦麻杖七十."

라고 하였다.

이처럼 자식이 부모에게 해를 입히거나 살해한 경우 강력한 처벌을 내리고 있는 반면, 반대로 敎令을 위반한 자손을 징계하다가 우연히 과실로 致死케 한 尊丈은 벌하지 않고 불문에 부쳤다. 뿐만 아니라 조부모나 부모의 살해자는 그 즉시 범인을 살해하더라도 불문에 부쳤다.[34]

이는 罵人에 대해서도 마찬가지로 적용되었다. 예컨대 사람을 罵詈하는 자는 笞 10에, 相互罵詈하는 자 또한 이와 동일하게 취급하였다.[35] 그러나 『大明律』 罵祖父女父母條에 보면, 조부모나 부모를 모독하거나 처첩으로서 시부모에게 罵詈한 자는 親告罪에 해당하지만 絞首刑을 적용하고 있다.[36] 또한 개가한 후 前夫의 父母를 罵詈할 때도 동일한 범죄로 간주하고 엄격히 定罪하고 있다.[37]

경로제일주의, 절대경로주의는 『經國大典』에 90세 이상인 자는 死刑에 해당하는 죄를 범해도 반역죄가 아니면 책임을 묻지 않는다는 대목에서 더욱 명확히 나타난다.[38] 70세 이상인 자가 범법할 시에도 流刑以下는 벌금형을 부과하는 것으로 하였다.[39] 『大明律』에 따르면, 80세 이상인 자가 모반죄를 범했거나 사람을 사망하게 하였을 경우에는 반드

---

33) 『大明律直解』 卷20, 刑律鬪毆 毆祖父母 父母, "凡子孫毆祖父母父母 及妻妾毆夫之祖父母父母者皆斬 殺者皆凌遲處死 溫失殺者杖一百流三千里 傷者杖一百徒三年."

34) 『大明律直解』 卷20, 刑律 鬪毆 父祖被毆, "…… 若祖父母父母爲人所殺 …… 其卽時殺死者勿論."

35) 『大明律直解』 卷21, 刑律罵詈 罵人, "凡罵人者笞一十 互相罵者各笞一十."

36) 『大明律直解』 卷21, 刑律罵詈 罵祖父母父母, "凡罵祖父母 及妻妾罵夫之祖父母父母者 並絞 親告乃坐."

37) 『大明律直解』 卷21, 刑律罵詈 妻妾罵姑夫父母, "凡妻妾夫亡改嫁 罵故夫之祖父母父母者 並與罵舅姑罪同."

38) 『經國大典』 卷3, 禮典 五服, "九十歲以上 …… 雖有死罪 不可刑."

39) 『經國大典』 卷3, 禮典 五服, "凡年七十以上 …… 及癈疾 犯流罪以下收贖."

시 국왕에게 주청한 후 재가를 얻어 처결하여야 하고, 책임을 면할 수 없는 죄상이 있는 자도 收贖을 가능하게 하였다.[40) 범죄 발생 당시에 老疾者가 아니었더라도 徒役 기간 내에 老疾者로 분류되면 老疾者의 대우를 받고 受刑할 수도 있었다. 또한 "凡犯罪時 雖未老疾 而事發時 老疾者 依老疾論 若在徒年限內老疾亦如之"[41)라 하여 老人受刑의 한계를 명확히 하고 있다.

근대국가 이전에 흔히 행해진 緣坐制도 연장자에 대해서는 예외규정이 두어졌다. 『大明律直解』에 따르면,

남편이 (나이) 80세에 위독한 병(독질)에, 부인 (나이) 60세에 폐질이 있어 아울러 연좌의 죄를 사면하였다. 백숙부 형제의 아들은 호적이 같거나 다르거나 함계를 두지 말고 모두 유 3,000리에 안치하였다. 연좌의 사람은 동거하지는 않는 자의 재산도 해당된다.[42)

남자 80세 이상, 여자 60세 이상의 廢疾者에게는 연좌제를 적용하지 못하도록 규정하고 있음을 볼 수 있따.

이러한 경로의 법률은 死者에게까지도 적용되고 있다. 『經國大典』에 보면, 徒刑이나 流刑에 처할 죄인의 행위가 그 행해진 것이 喪前이고 발각된 것이 喪後면, 喪人으로 인정하여 범인의 행위가 喪前에 발각되어 刑執行中일 때도 喪人으로 우대했다.[43) 당시 喪人은 十惡의 죄를

---

40) 『大明律直解』 卷1, 名例律 老小癈疾收贖條, "八十以上 …… 篤疾犯反逆 殺
   人應死者 議擬奏聞 取自上裁盜及傷人者亦收贖."
41) 『大明律直解』 卷1, 名例律 犯罪時未老疾.
42) 『大明律直解』 卷18, 刑律 盜賊 謀反大逆, "男夫年八十及篤疾 婦人年六十及
   癈疾 並免緣坐之罪 伯叔父兄弟之子 不限籍之同異 皆流三千里安置 緣坐之
   人非同居者財産."
43) 『經國大典』 卷5, 刑典 推斷, "喪前所犯徒流以下之罪 發於喪後者除十惡外
   收贖自願受罪者百日後決罰."

제외하고는 수속할 수 있었다. 수속할 수 있는 범죄자가 스스로 身贖을 요구할 때는 100일 후에(喪後) 형 집행이 가능하였다. 이러한 喪人滅은 『續大典』刑典에 "徒流以下之罪 喪前所犯 而喪後發覺者 喪前發覺而 喪後勘斷者 並從勘斷時收贖"[44]이라 하여 지극한 경로의 예로서 규정 되고 있다.

한편 주지하는 바와 같이 조선은 철저한 신분제 사회다. 그럼에도 불 구하고 100세 이상의 노인에게는 평민일지라도 老人職을 제수하고 있 다.『世宗實錄』의 다음 기록은 이러한 사실은 보여준다.

예조 판서 許誠이 아뢰기를, "通訓 이하의 노인은 모두 封爵의 恩 數가 있사오나, 通政 이상만은 우대하고 높이는 은전이 없습니다" 하 니, 임금이 곧 예조에 전지하여 1품 이하 통정 이상의 사람과 90세 이 상의 아내에게는 각각 옷감의 겉감과 속감을 네 벌씩 주고, 백 세 이 상은 각각 옷감의 겉감과 속감을 여덟 벌씩 주게 하였다.[45]

동왕 17년에는 90세 이상의 노인에게도 封爵을 하고 있다.[46]『세조실 록』에 따르면, 경향 각지의 90세 이상자로서 老人職을 제수받은 사람은 남녀 합하여 566명이나 되고 있다.[47] 노인직을 제수할 때는 前職의 品 階에서 통상적으로 1계품씩 올렸는데 이를 陞資 또는 加資라 한다.[48]

---

44)『續大典』卷5, 刑典 推斷.

45)『世宗實錄』卷68, 世宗 17年 6月 癸亥, "禮曹判書許誠啓 通訓以下老人 皆 有封爵之恩 通政以上獨無優崇之典 上卽傳旨禮曹 一品二下通政以上人及 妻九十以上 各賜四表裏 百歲以上 各賜八表裏."

46)『世宗實錄』卷69, 世宗 17年 7月 丁酉, "傳旨于禮曹 予以敬老之義 裁稽古 制年九十歲者 已授官爵."

47)『世宗實錄』卷69, 世宗 17年 8月 乙巳, "京外九十以上老各日除授 男婦共五 百六十六人."

48)『世宗實錄』卷69, 世宗 17年 6月 壬戌.

세종 17년에는 노비라도 90세 이상인 奴에게는 2石의 米를 주고, 100세 이상의 남녀 노비에게는 免賤을 허락하며 남녀 노인 7품과 여자노인에게 封爵을 주었다.[49] 세조 5년에는 堂下官으로 加資를 제수받을 자격이 미달한 때에는 子·婿·姪·孫·弟 가운데서 1人을 지명하여 대리로 加資를 받을 수 있다고 하였다.[50] 90세 이상인 경우는 여생이 얼마남지 않았다고 하여 또한 加資하도록 하였다.

경로사상에 바탕한 이러한 노인직 제수는 다른 한편 이를 이용한 신분상승이라는 부작용을 수반하여 문제가 되기도 하였다. 즉,

> 나이가 90세 이상 노인 1백여 명에게 모두 散職을 제수하였는데, 비록 90세가 차지 아니한 자라도 나이를 올려서 벼슬을 받은 자가 심히 많았다.[51]

즉 90세 이상의 노인 100여 인을 加資할 때 연령을 속여 90세 미만인데도 散職을 받는 자가 많았다는 것이다. 이러한 연령 조작을 통한 불법적인 老人職 수수 행위는 종종 보이는데, 노인직의 파행적인 수수와 부당한 가자 행위는 조선왕조가 혼란할 때 더욱 심하였다. 게다가 이 老人職과 加資는 임진왜란·병자호란의 양대 전란 후 국가재정이 궁핍해지면서 국민에게 부담을 주는 형태로 변모하였다. 즉 국가는 경제적인 궁핍에서 탈피하기 위하여 納粟의 방법으로서 老人職과 加資制度를 이용하였던 것이다. 군왕의 선정이라는 차원에서 시작된 경로법제가

---

49)『世宗實錄』卷68, 世宗 17年 6月 辛酉, "賤口九十以上男女 各賜米二石 百歲以上男女 並免賤 仍授男七品 女封爵 以施老老之仁."
50)『世祖實錄』卷17, 世祖 5年 9月 庚寅, "傳旨吏曹曰 赴宴老人等 各加一資 資窮者子婿弟姪孫中一人代加 年九十者超資."
51)『世宗實錄』卷85, 世宗 21年 5月 己巳, "年九十以上老人 百餘人 皆餘散職 雖未滿九十冒年受職者 甚多."

원래의 의도와는 판이하게 달리 운영되면서 오히려 일반 민심이 정부에서 이반하게 되는 중요한 원인으로 변질되어 갔던 것이다.

제3절 耆老所의 役割

고려시대부터 국가의 宰臣과 樞臣의 집합장소로서 宰樞癈事所[52]라는 것이 있었는데, 조선개국 후 세종 10년(1428)에 致仕耆老所가 되고 이를 줄여서 耆老所라 부르게 되었다. 耆老所는 조선의 건국을 즈음하여 중대한 역할을 하면서 강력한 권한을 갖고 있었지만 왕자의 난과 首陽大君의 왕위찬탈 등을 거치면서 그 역할과 임무 및 권한이 크게 변화된 것으로 보인다.[53] 즉 기로소는 2품 이상으로서 70세의 노인이 모이는 장소였고 이는 현 세종로 자리에 있었던 것으로 추정된다.[54] 세종 10년(1428)경의 기록을 참조해 보면, 이 耆老所는 특별한 실권이 없는 전직 고위관리의 消日을 위한 장소 정도로 이해된다.

그 역할과 임무 및 권한의 확대와 축소를 거듭하면서 기로소는 隆熙 3年(1909)까지 존속되는데, 초기에는 禮曹에서 이를 관장하였다. 具滋憲의 說에 따르면 이 기로소는 태조 3년(1394)에 설치되어 매년 춘추로 왕이 친히 향연을 베풀었다고 한다.『高麗史』禑王 13년조에 보면 "宗室耆老臺省六曹"[55]라 하였고, 『增補文獻備考』에서는 "宗室公侯宰樞及耆老侍臣"[56]이라고 하였다. 耆老所는 耆社·耆所·耆府·耆司·耆

---

52) 朴尙煥, 앞의 학위논문, 101~103쪽 참조.
53)『耆老志』卷1, 甲編 館宇.
54) 具滋憲,『社會福祉論』, 韓國社會福祉研究所, 1986, 181쪽.
55)『高麗史』卷136, 辛禑 13年 11月.
56)『增補文獻備考』卷75, 禮考22 嘉禮條 恭愍王 6年 4月.

館·耆老社 등의 다양한 이름으로 불렸고, 『賑恤通報』에 따르면 문관 정2품의 實職을 가지고 70세 이상인 자만 기로소에 入所할 수 있었다고 한다. 혹 70세에 달하는 老臣이 없을 경우에는 종2품 가운데 약간의 사람을 구례에 따라 啓稟하여 기로소 입소를 허락하기도 하였다.

耆老所 조직은, 承文院이나 成均館의 參外 1명씩을 기로소의 守直官으로 차출하였고 醫員 1명을 두었다.[57] 『經國大典』에는 耆老所의 운영을 위하여 과원으로 錄事 1명, 京衙前書吏 3명, 藥房 1명, 庫直 1명, 使令 4명, 軍士 1명을 둔다고 되어 있다. 端宗 3년(1456)에는 錄事 2명을 耆老所에 파견하여 使令 임무를 담당케 하고 별도로 首令官도 두고자 하였다.[58] 이 耆老所에는 정3품인 당상관 이상이 입소하는 경우가 많고 奉朝賀祿을 받고 있었다. 운영자금을 위해 태조 3년에 토지·노비 등 직접적인 재정지원이 있었고, 세종 27년(1445)에는 公廨田 100結, 奴婢 50口, 書題 20명이 지원되었다.

> 예조에서 前銜宰樞所에서 올린 말씀에 의거하여 아뢰기를, …… 우리 태종 공정 대왕이 卽位 초에 衙門을 설립하여 公廨田 1백 結, 奴婢 50명, 書題 20명을 내리시었다.[59]

이는 당시 다른 기구의 재정 규모, 즉 東活人院 25結, 西活人院 30結, 司譯院 80결, 濟生院 30결, 惠民局 20결, 圖畵書 30結 정도였다는 점을 염두에 둔다면 상당한 특혜였다고 하겠다. 실제로 조선의 衙門 가운데 왕의 서랑들의 집합장소인 駙馬所의 田地 250結을 제외한다면 면

---

57) 法制處, 『賑恤通報』, 1971, 9쪽 ; 『耆老志』 卷1, 甲編 職官.
58) 『高麗史』 ; 『賑恤通報』 ; 『增補文獻備考』 卷5, 端宗 3年 3月 戊寅.
59) 『世宗實錄』 卷39, 世宗 10年 2月 壬戌, "禮曹據前銜宰樞所上言啓 …… 惟我 太宗恭定大王卽位之初 設立衙門 賜公廨田一百結 奴婢五十口 書題二十名 ……."

재정 상태가 가장 좋은 것이었다. 조선의 경로정책에 대한 배려 정도를 보여준다 하겠다.

제4절 其他 敬老政策

신라시대부터 실행되던 几杖下賜制度는 조선시대도 계속되었다. 『經國大典』 禮典에는 1품 이상의 고위관직을 역임한 원로와 국가에서 부득이 필요한 인물은 啓聞하여 几杖을 하사하게 했다.[60] 뿐만 아니라 세종대에는 孝靖公 李貞幹이 70세의 나이에 90세 된 그의 노모를 지극정성으로 봉양하므로 資憲大夫 中樞院事로 陞資시켜 几杖을 하사한 일이 있고, 동왕 26년에도 議政府參贊인 吳陞에게 几杖을 하사하였다.[61]

조선시대에 국왕이 궤장을 하사하는 제도는 『經國大典』에 그 법적 배경을 두고 있다. 궤장 하사는 禮曹가 주관하였는데, 궤장을 하사할 때는 거국적으로 성대한 의식을 행하고 宮中과 府中의 다수 관료가 참석하였다. 『大東野乘』에 따르면, 궤장을 하사받는 것은 한 집안의 경사뿐만 아니라 국가적으로도 희귀한 행사였으므로 성대한 집회를 열어 君主와 참석자가 祝詩를 읊게 하고 악기를 연주하였다.[62] 세종 22년에는 几杖을 下賜할 때 安車·用馬도 함께 하사했다.[63] 하사받은 궤장은 주로 왕궁을 출입할 때 사용하였고, 製造는 尙衣院에서 담당하였다.

---

60)『經國大典』卷3, 禮典 惠恤, "官至一品 年七十以上 係國家重輕 不得致仕者 本曹啓聞 賜几杖."

61)『世宗實錄』卷105, 世宗 26年 閏7月 壬午.

62)『大東野乘』卷57, 淸江先生, "……几杖之宴 非但一家私慶 亦國家之稀事 故滿朝宰相皆與焉."

63)『世宗實錄』卷88, 世宗 22年 3月 戊午.

　조선 전기에 해당하는 성종대까지 几杖을 받은 자는 총 20명에 이른다. 이를 각 왕별로 보면 태종대에 1명, 세종대에 7명, 문종대에 1명, 단종대에 1명, 세조대에 1명, 성종대에 7명이다.『耆老志』에는 29명의 명단의 명단이 보여 약간 차이가 있다.

　궤장을 하사받은 老臣의 자손은 관리로 특채될 수 있는 기회를 부여받았고, 几杖下賜 향연 때는 國王으로부터 褒賞으로서 賜物도 수여받았다. 이러한 궤장제도는 조선왕조의 제 군왕이 ① 對國民 敎化策 ② 崇儒로서의 忠君思想으로 昇華 ③ 民心의 收攬 ④ 國家元老 官員의 經驗的 知識의 政策反映 등으로 이용하면서 적극적인 善政의 상징으로서 시행되었다.

結 論

　한국 역사에서 국민통치체제가 형성된 이후 지배자는 국리민복의 필요성을 알고, 피치자들의 안전과 정착만이 국력이자 국가의 기반이라고 생각하여 민생을 중요시해 왔다. 특히 한민족 특유의 지극한 隣保精神과 전통적인 상부상조정신은 수많은 환란을 극복하는 데 지대한 역할을 하였다. 우리의 국민복지정책은 삼국시대를 그 맹아기로 하여 제도적인 정착기인 고려시대를 거쳐 조선시대는 그 발전기였다고 볼 수 있다. 역사적으로 한국사에서의 복지정책은 조건 없는 구호정책으로서 전개되어 왔고, 오늘날 大事時에 전 사회적으로 상호부조를 이룰 수 있는 것도 이 같은 전통을 계승한 것이라 하겠다.

　복지정책으로는 救濟·救難·賑恤·賑濟·輕減·救療·賑給 등이 있었고, 그 형태는 治療·施藥 등 환자의 救療行爲, 窮乏者인 飢民을 위한 說粥所 설치, 口糧의 지급, 布의 지급, 미역·醬鹽 등 부식의 지급, 출산시의 休暇制度, 경로 우대정책 및 실천, 鰥寡孤獨을 위한 생활보호와 慰撫 등 제도적 내지 일시적인 국민복지사업으로 다양하게 전개되었다. 자산을 소유한 자는 복지적 선행을 의무처럼 여겼고, 군왕들은 일시에 재산과 생명을 앗아가는 전란을 방지하기 위해 국방력을 강화하여 국민의 안전한 생활을 보장하는 정책도 국민복지로 여겼다. 또 문자를 창제하여 국민들에게 문자생활을 누릴 수 있도록 제공한 것도 국민복지정책의 일환으로 보았다. 문자 창제의 경우, 무엇보다 이를 통해 국가정책을 홍보하여 숙지시킬 수 있고, 국민의 의사를 상호 소통시키고 상의하달 및 하의상달을 이룸으로써 국리민복을 구현할 수 있다고 보았기 때문이다.

본서에서는 이러한 국민복지정책이 조선 전기에 어떻게 구체적으로 실시되었는지를 살펴보았다. 이하에서는 구명된 사실들을 요약 정리하는 것으로 결론을 대신하고자 한다.

우리의 역사서에 기록된 최초의 疾病과 施藥은 『三國遺事』紀異條에 나오는 檀君神話로부터 시작한다. 이 기록은 신화이므로 신빙성은 의심되나 의학이 자구적인 본능에 따른 치료 단계를 탈피하여 경험의 학으로 진보된 상태였음을 보여준다. 삼국시대에는 일정하게 제도를 정비한 의약 기구가 국민복지의 사례로서 등장하였다. 삼국시대나 통일신라기에는 원초적인 本能治療에서 토속적인 경험으로 熟知된 치료행위에 漢·隋·唐의 발달된 한의학을 흡수한 의료행위가 이루어졌다. 군왕의 일시적인 善治의 예로 등장하는 救療事業은 불교의 慈悲·業報·輪回思想과 한민족 특유의 隣保精神이 융합되어 국민의료복지정책으로 전환하는 계기가 되었다. 그러나 이 시대까지만 해도 의료혜택은 왕족·귀족 등의 특수계층과 극소수의 일반 백성으로 국한되고 일시적이고 局所的인 것으로 한정되었다.

그러다 고려에 들면 醫療에 의한 국민복지정책이 제도적으로 정착되어, 瘟神祭와 불교행사인 般若道場의 개설, 遣醫治療制, 救濟都監의 설치, 發倉賑恤事業 등이 국가적인 복지행정의 일환으로 시행되었다. 특히 삼국에 전승 또는 유입된 의술과 제약기술 위에 宋·元의 발달된 선진의학이 수입되어 의무정책의 발전이 두드러졌다. 그 결정체가 名醫 金永錫의 處方箋인 『濟衆立效方』으로서 이는 조선 초기까지도 일반 서민용 의서로 널리 사용되었다. 국가 차원에서 행해진 의료복지정책이 양질의 醫書와 유명 의료인을 등장시키고 의약의 대중화를 가져왔다.

고려가 문벌귀족국가이면서 일반 대중을 위한 의료복지정책을 활발히 전개할 수 있었던 원인으로는 역시 국교화된 불교사상의 영향을 지적해야 할 것이다.

고려는 외형상 불교왕국이었지만 제도적으로는 유교가 정착되어 가고 있었고, 따라서 노인복지정책도 보다 체계화되고 제도화되었다. 几杖의 下賜와 국왕의 賜物 受授, 老人救恤, 養老宴, 耆老所의 設置運營, 致仕制度 活用 등이 중단없이 계속되었다.

한민족의 역사와 함께 해 온 전통사상인 敬老思想은 이미 부족사회 이전부터 형성되었다고 할 수 있다. 농업을 기반으로 하는 우리 한민족은 집단생활과 경험을 중시하였기 때문에 집단을 통수할 수 있는 경험을 많이 축적한 老人을 우대하는 尊老와 敬老 사상이 저절로 싹텄던 것이다. 여기에서 강력한 가부장권이 확립하고, 가족구성원 개개인에게는 孝行이 절대적인 임무이자 미덕이 되었다. 종교적으로도 불교의 수입과 함께 報恩·輪回·業報思想이 일반 국민을 교화시켜 孝行을 적극 권장하였고, 왕조국가는 孝行을 忠君의 개념으로 확대하여 국가 차원으로 직결되었다. 이러한 배경 하에 우리 나라에서는 일찍부터 국가적 차원에서 老人福祉事業을 추진하였고 유교가 유입된 통일신라시대 이후에는 더욱 적극적인 양상을 띠었다. 그러나 이 때까지는 아직 일시적이고 일과적인 것으로 그치고 있었다.

성리학을 국가이념으로 하는 조선은 국민들을 최우선시하는 민본주의를 기본으로 하고 있다. 이러한 맥락에서 조선 전기의 구휼제도와 구황정책에 대하여 살펴보았다. 특히 세종대의 구황정책은, 고려시대 사료에서는 볼 수 없었던 통계 수치가 산출되고 이를 바탕으로 진휼을 위한 세밀한 계획이 수립되었던 데서 효과적인 시책이 나올 수 있었다고 본다. 세종대의 진휼정책은 크게 賑貸穀의 방출, 구황식물의 비축, 勞役의 중단, 양곡의 절약으로 나눌 수 있다. 세종은 백성의 생계 안정을 위해 양곡을 최대한 절약하여 진휼에 사용함으로써 飢死者를 최소화하고 자 노력했으며, 이는 일관성 있는 정책으로 지속적으로 추진되었다. 또 자연재해를 극복하기 위해 인간이 극한시에 취식할 수 있는 구황식물 을 비축하도록 다양한 조처를 취하였다. 이러한 다양한 진휼정책은 수 많은 백성을 飢死로부터 구제하였으며, 특히 의료의 시혜는 범죄인에게 까지 그 혜택이 미칠 정도로 광범위하고 세세하게 이루어졌다.

조선 전기의 구휼제도로는 사창·의창·상평창 제도 등이 있었다. 社 倉은 행정기구의 말단인 里民들에 의해 자의적으로 이루어진 구제기구 로서, 里民들이 凶荒에 대비하고자 상호협조하여 평상시에 식량을 비 축해 두는 방법을 이용하였다. 社에는 社長과 檢校를 두어 비축미를 관 리하게 하고 자본 또한 里民이 자의적으로 출자하여 대여 이자는 年 20% 정도의 저리였다. 따라서 사창은 당시의 義倉·黑倉·常平倉과는 성격을 전혀 달리하는 것으로서, 도시보다 촌락을 중심으로 그 기반이 형성되었다(그러나 후에 半官半民의 성격을 띠면서 官이 점차 여기에 개입하게 된다). 세종 10년에 戶曹의 건의로 사창제의 전국적인 시행이 논의되기 시작하여 마침내 동왕 30년에 제도적인 출발을 보게 되었다. 同契人을 기초로 하여 社長은 9品의 散官으로 임명하고 매년 감사에게 결산보고를 하게 하였으며, 실적이 우수한 자에게는 특별히 포상을 내 리고 품계를 陞階시켜 주었다. 촌락을 중심으로 한 이 사창은 서민들이 이용하기에 편리하였고 관리자 또한 청렴한 品官者였기 때문에 상당한 효과를 거두었다.

義倉制度는 빈곤한 일반 서민 중 생산에 종사할 수 없는 무능력자를 구호하기 위하여 官에서 무상으로 양식을 지급하거나 대여한 진휼제도 다. 이미 고려시대부터 존재해 오다가 고려 말에 유명무실해진 것을 조 선 전기에 기구를 확대 조직하여 실시하였다. 의창의 源資穀은 수시로 軍資穀에서 지원받았으나 근원은 백성들의 조세였다. 의창은 窮民에 대한 진대를 본래의 임무로 하였기 때문에 飢民을 賑濟하고 窮民에게는 진대하여 생산에 참여하도록 했지만, 이들 궁민은 상환 능력이 없는 경우가 대부분이었기 때문에 국가로서도 무한정 放穀할 수는 없었던 것으로 보인다.

항시 공평하게 일반 서민에게 혜택을 주는 창고라는 의미의 常平倉은 물가조절기관으로서 소비자의 부담을 줄이고 救恤事業과 布穀 및 貯藏穀 교환을 목적으로 하였다. 국가에서는 이 제도를 통해 백성의 曉諭, 유랑민을 방지하여 국민의 생활 안정을 기하고자 하였다.

세종대(1418~1450)에는 前朝나 前王代에서는 찾아볼 수 없는 要救護對象者의 수치를 최초로 산출하고 이에 바탕하여 세밀한 진휼책을 확립하여 賑貸穀 방출, 救荒食物 비축, 노역 중단, 양곡 절약 등을 실천하였다. 조선의 국가 존립에 중추적인 계층은 국가의 租稅와 賦役의 부담자인 '丁'으로서, 이들이 안정되지 않으면 조세수납은 물론 徭役 동원에 치명적인 타격을 받게 되므로 이들의 진휼은 그야말로 국가의 앞날이 걸린 문제였다. 癈疾者·鰥寡孤獨者·노약자의 진휼도 국민을 한데 묶는 화합책으로서 통치자에게 대단히 중요한 의미를 갖고 있었다. 따라서 역대 왕들은 진휼을 군주의 필수적인 책무로 여기고 중앙의 관리를 파견하여 守令·監考·色吏들의 진휼 실적을 부단히 파악하게 하고 원활한 실행을 도모하였다.

진휼의 주요 방법은 春窮期에 絶糧民에게 곡식을 대여해 주었다가 추수기에 상환하게 하는 것이었는데, 특별히 작황이 좋지 못하면 상환을 연기해 주는 조처를 취하였다. 특히 세종은 이러한 기본적인 정책 외에 민의 餓死 방지를 위해 양곡을 방출하고 병고에 허덕이는 자를 위해 널리 施療를 폈으며, 죄인도 輕犯者·重犯者, 남·녀를 분리 수용케 하고 獄內 囚人의 건강과 체력관리까지 철저히 하도록 하는 교지를 내렸다. 이러한 인도주의적인 善治는 우리 역사상 유례를 찾아볼 수 없는 국민복지의 치적으로서, 일시적이고 형식적인 恤民政治가 아니라 실제적이고 현실적인 국민생활의 향상을 위하여 전력을 다한 것이었다.

이어서 語文政策과 國防政策을 살펴보았다. 집현전을 중심으로 창제된 훈민정음은 자주정신의 발로이자 민본사상에 입각한 위민정치의 일환이라고 할 수 있다. 훈민정음의 창제는 첫째, 대부분 문맹 상태에 있던 일반 서민의 의사전달의 편의를 도모하는 愛民精神을 바탕으로 하고 둘째, 불완전한 왕위계승과 계속되는 재해로부터 왕권을 안정적으로 확보하기 위해서도 국왕의 善治를 적극 홍보하고 民議를 수렴할 필요가 있었다. 셋째, 개국 이래 중시해 오던 사대교린정책 차원에서 한자의 정확한 이해와 바른 표기를 위한 表音文字가 필요했다. 넷째, 새로운 법률과 제도의 확립 및 선진문물의 수입을 위해서는 일반 백성 대다수의 지지를 필요로 하였던바, 국민의 교화와 협조를 얻어내기 위하여 대중성 있는 새로운 문자를 필요로 했던 데서 나온 것이었다.

한편 세종대에는 북방이민족에 대해 북진정책을 실시하여 東北·西北方面에서 오랑캐를 물리치고 4郡6鎭을 개척하였다. 이는 통일신라시대·고려시대를 거치면서도 회복하지 못했던 고구려 古土의 일부를 되찾았다는 점에서 매우 중요하다. 또한 북방야인을 축출함으로써 변경지방 주민의 생업을 보장하였다는 점에서도 그 의의가 크다. 남쪽으로는 여말선초에 창궐한 倭人을 소탕하고 특히 그들의 소굴인 對馬島 토벌 등을 통해 下三道를 위시한 전국 해안지방 주민들의 생활을 안정시키고 정령의 전달을 원활히 할 수 있게 되었다.

한편 전쟁수행에 필수불가결한 무기도 새롭게 개발하고, 그 성능을 보아 실전 배치를 결정하였다. 이는 적은 병력으로 많은 적을 물리치기 위한 첩경으로서 백성의 노고를 덜어주어 국방의 부담이 그만큼 줄였다고 할 수 있다. 또한 확보한 지역을 고수하기 위하여 사민정책을 실시하였는데, 개인적으로는 주거 자유에 대한 일정한 제약이었지만 이들에게 특전을 베풀어 보상을 해주고자 했다. 또한 자체적으로 지방을 수비하기 위하여 주민을 방위군으로 활용하고 이 가운데 재간 있는 자들을 선발, 토관으로 삼아 북방지역의 확보와 외적 수비에 만전을 기하였다.

조선이 건국된 후에는 의료제도의 정비, 약재재배의 장려, 신의학 서적의 撰集 등 의료복지정책에서 괄목할 정도의 발전을 이룩하였다. 대국민 의료기관으로서 惠民局과 東西大悲院 制度를 원활히 활용하고, 전국의 의무행정과 정책을 관장한 典醫寺는 典醫監으로 명칭을 고치고 보다 체계화·전문화하였다. 조선 초기에는 의료인 수가 고려시대와 대동소이하였지만 세종대에 들어 의료기구는 대폭 정비되고 전문화되었다. 특히 일반 서민을 위한 醫療施惠 기관으로서 濟生院과 惠民局의 활동을 원활히 하고, 도성에서 멀리 떨어진 지역의 서민들을 위해서는 東大悲院을 운영하였다. 이들 의료기관은 치료 임무에만 국한하지 않고 飢凍者의 救療와 無依無托한 자를 수용하고, 구호하는 사회사업도 겸하였다.

의료복지의 광범위한 시행에 따른 약재 수요를 충당하기 위해 국산 약재를 채집하여 이용하는 다양한 방법이 모색되었다. 세종의 향약 자급자족을 위한 노력은 鄕藥의 方書인『鄕藥集成方』과『鄕藥採取月令』에서 잘 나타난다. 우리 나라에서 구하기 어려운 약재는 다양한 경로를 통해 중국과 일본에서 들여오고, 이를 시험재배하여 국산화를 시도하기도 하였다. 세종은 계층 간에 차별을 두지 않고 이러한 의료정책을 널리 펴는 한편, 향약을 크게 개발하고 질병의 예방·치료에 지대한 공헌을 하여 의료복지정책사에서도 빛나는 업적을 남겼다.

유교를 통치이념으로 삼은 조선은 특히 노인복지정책을 중시하였다. 국가에 대한 忠誠과 완전히 동일시된 敬老를 위한 孝行은 片務的인 것으로서 자손에게만 일방적으로 의무를 요구하였으며, 이 책무를 행하는 자만이 인격자이고 인도주의자며 미덕을 수행하는 자로 간주되었다. 조선사회는 그야말로 孝行에 절대적인 가치를 부여하고 제도적·법률적으로 敬老의 복지형태를 완비한 사회였다고 하겠다.

이상에서 보았듯이 조선은 성리학을 국가이념으로 하는 민본주의 국가로서 국민들을 우선시하는 정책을 추진하고 이를 통해 왕권강화를 도모하였다. 즉 어려움에 처한 국민을 구제하기 위한 구휼제·구황책·의료정책을 제도적으로 확립하고, 국방의 강화, 경로사상의 보급 등을 통해 국가이념을 실현하고 사회복지정책을 강화해 나갔던 것이다.

參考文獻

1. 基本史料

『三峯集』	『萬機要覽』	『牧民心書』
『栗谷集』	『醫方類聚』	『鄕藥集成方』
『鄕藥採取月令』	『東國李相國集』	『隋書』
『唐書』	『大東野乘』	『經國大典』
『朝鮮王朝實錄』(太祖~哲宗)		『大學』
『中庸』	『孟子』	『論語』
『孝經』	『三國史記』	『三國遺事』
『高麗史』	『高麗史節要』	『增補文獻備考』
『練藜室記述』	『明心寶鑑』	『三綱行實圖』
『孝行錄』	『國朝五禮儀』	『大典通編』
『大典會通』	『續大典』	『大明律』
『耆老志』	『大明律直解』	『賑恤通報』
『牧民心書』	『訓民正音解例』	『洪武正韻』

2. 單行本

姜信沆, 『世宗朝 文化研究(2)』, 韓國精神文化研究院, 1984.
具滋憲, 『社會福祉論』, 韓國社會福祉研究所, 1972.
琴章泰, 『世宗時代의 哲學思想』, 韓國精神文化研究院, 1982.
金斗鍾, 『韓國醫學史』, 探求堂, 1979.
金庠基, 『高麗時代史』, 東國文化社, 1961.
金雲泰, 『朝鮮王朝 行政史』, 博英社, 1987.

金宗權, 『國難史槪觀』, 明文堂, 1984.

大塚達雄·井垣章二·澤田健次郎, 『社會福祉』, 京都：ミネルヴァ書房, 1973.

木田徹郎, 『社會福祉事業』, 東京：川島書店, 1975.

朴尙煥, 『朝鮮時代耆老政策硏究』, 檀國大學校博士學位論文, 1986.

朴泰龍, 『老人福祉硏究』, 大邱大學校出判部, 1990.

白允基, 『漢方藥草解說』, 高文社, 1974.

卞廷煥, 『朝鮮時代의 疾病에 관련된 疾病觀과 救療施策에 관한 연구』, 서울대학교 박사학위논문, 1988.

邊太燮, 『韓國史要論』, 三英社, 1977, 266쪽.

三木榮, 『朝鮮醫學史及疾病史』, 自家出版, 1927.

徐臺敎, 『朝鮮王朝 刑事制度의 硏究』, 博英社, 1974.

서울市史編纂委員會, 『서울市史(상)』, 1972.

서정수 외, 『신국어학 개론』, 螢雪出版社, 1982.

孫弘烈, 『韓國中世의 醫療制度硏究』, 修書院, 1988.

申鼎言, 『救恤國史』, 啓蒙俱樂部, 1946.

柳永烈 외, 『韓國史大系 - 朝鮮時代前期篇 -』, 三珍社, 1978.

兪昌均, 『新稿國語學史』, 螢雪出版社, 1976.

李基白, 『韓國史新論』, 一潮閣, 1977.

李玟洙, 『朝鮮 世宗朝의 福祉政策硏究』, 檀國大學校 博士學位論文, 1987.

日本社會事業研究會, 『社會福祉事業槪說』, 京都：ミネルヴァ書房, 1968.

井上秀雄 著, 金東旭 외 1명 譯, 『古代 韓國史』, 1977, 42쪽.

朝鮮總督府, 『朝鮮の社會事業』, 1933.

朝鮮總督府, 『朝鮮の災害』(資料調査2), 中樞院, 1933.

池潤, 『社會事業史』, 正信史, 1964.

震檀學會, 『韓國史 - 韓國古代史篇 -』, 乙酉文化社, 1968.

崔益翰, 『朝鮮社會政策史』, 博英社, 1947.

崔益翰, 『韓國社會福祉總攬』, 韓國社會福祉協議會, 1977.

崔在錫, 『韓國人의 社會的 性格』, 開文社, 1980.

浦邊史 外3人, 『社會福祉要論』, 京都：ミネルヴァ書房, 1973.

河相洛, 『韓國社會福祉史論』, 博英社, 1995.
韓永愚, 『朝鮮前期 社會經濟硏究』, 乙酉文化史, 1983.
洪以燮, 『世宗大王』, 세종대왕기념사업회, 1973.
洪以燮, 『訓民正音』, 세종대왕기념사업회, 1975.

　3. 論文

權在善, 「御製東國正韻과 申叔舟 等의 反切」, 『人文科學硏究』 3, 大邱大
　　　學校 人文科學硏究所, 1985.
金斗鍾, 「漢城府 創設期에 設置된 醫療制度와 그 任務」, 『鄕土서울』 4,
　　　1958.
金斗鍾, 「近世朝鮮의 醫療制度의 變革과 醫療保護事業의 追憶」, 『鄕土서
　　　울』 8, 1960.
金斗鍾, 「近世朝鮮의 醫女制度에 關한 硏究」, 『亞細亞女性硏究』 1, 1962.
金正坤, 「羅末麗初의 賑恤策에 대하여」, 『晋州敎大論文集』 3, 1969.
金正坤, 「高麗前期의 구휼정책에 관한 연구」, 『晋州敎大論文集』 19, 1979.
金宗鎭, 「世宗代의 語文政策에 대한 硏究」, 『省谷論叢』 3, 1984.
金鎭鳳, 「朝鮮前期의 賑恤制度」, 『서울 六百年史(1)』, 1977.
金鎭鳳, 「朝鮮世宗朝의 賑恤政策에 관한 硏究 (1) -特別對策을 中心으
　　　로-」, 『忠北大學校論文集(人文・社會科學篇)』 17, 1979.
金鎭鳳, 「朝鮮世宗朝의 賑恤政策에 관한 硏究 (2) 一般對策을 中心으
　　　로-」, 『忠北大學校論文集(人文・社會科學篇)』 19, 1980.
朴杰淳, 「고려 전기의 진휼정책」(1・2), 『湖西史學』 12・13, 1984・1985.
朴興秀, 「世宗朝의 科學思想 -특히 科學思想과 그 成果를 중심하여-」,
　　　『世宗朝 文化硏究(1)』, 博英社, 1982.
徐基澤, 「고려시대의 구빈제도에 대한 史的考察」, 서울대학교 석사학위논
　　　문, 1966.
孫弘烈, 「麗末鮮初 醫書의 編纂과 刊行」, 『한국과학사학회지』 11-1,
　　　1989.
宋炳基, 「世宗朝의 兩界行城築造에 대하여」, 『史學硏究』 18, 1964.
오종록, 「15세기 자연재해의 특성과 대책」, 『역사와 현실』 5, 1991.
柳永博, 「世宗과 社會政策 -救荒과 Socialpolitik의 接近可能性 檢討-」,

　　　　『震壇學報』29・30, 1966.
尹相烈,「高麗 寺院經濟組織과 農村의 社會構造原理」,『李徽載博士華甲
　　　　紀念論文集』, 1964.
李建衡,「朝鮮王朝의 醫療機構와 그 政策」,『大邱敎育大學論文集』9,
　　　　1975.
李玟洙,「社會保障制度에 對한 歷史的 一考察」,『韓社大 社會福祉研究』
　　　　7, 1978.
李玟洙,「世宗의 福祉政策에 關한 研究(1) - 賑恤問題를 中心으로 - 」,『大
　　　　丘史學』26, 1984.
李玟洙,「朝鮮王朝의 福祉政策에 관한 研究(2)」,『慶州史學』3, 東國大學
　　　　校 國史學科, 1984.
李玟洙,「世宗의 福祉政策에 관한 研究」,『東峰金成俊先生停年紀念史學
　　　　論叢』, 1985.
李玟洙,「世宗朝 國防政策과 國民福祉」,『歷史敎育論集』13・14, 1990.
李玟洙,「朝鮮王朝 前期의 老人福祉政策」,『素軒南都泳博士古稀年紀念
　　　　歷史學論叢』, 1993.
李玟洙,「韓國福祉史의 序說的 研究(1)」,『九谷黃鍾東敎授停年紀念史學
　　　　論叢』, 1993.
李玟洙,「醫療福祉史 研究」,『芝邨金甲周敎授華甲紀念史學論叢』, 1994.
이성연,「훈민정음 창제에 관한 몇가지 문제」,『한국언어문학학술대회자
　　　　료』, 1984.
이성연,「훈민정음 창제에 관한 몇가지 문제」,『한국언어학 문화학술대회
　　　　발표문』, 1987.
李樹煥,「嶺南地方 書院의 經濟的 基盤(2)」,『大丘史學』26, 1984.
李崇寧,「世宗大王의 個性의 考察」,『大同文化研究』3, 성균관대학교,
　　　　1966.
李載襲,「朝鮮初期의 士官에 對하여」,『震壇學報』29・30合輯, 1966.
李泰鎭,「14～16世紀 韓國의 人口增加와 新儒學의 영향」,『震壇學報』76,
　　　　1993.
林基形,「朝鮮前期 救恤制度 研究」,『歷史學研究』3, 전남대학교, 1967.
鄭德基,「朝鮮王朝時代 戶口變遷의 社會經濟的 研究」,『湖西史學』2,

1973.

車勇杰, 「世宗朝 下三道淵海邑城築造에 對하여」, 『史學研究』 27, 1977.

崔根茂, 「災害小考(中)」, 『全州敎大 論文集』 4, 1969.

崔承熙, 「世宗朝 政治支配層의 對民意識과 對民政策」, 『震壇學報』 76, 1993.

崔峻憲, 「李朝後期에 있어서 糶糴制度의 經濟的 位置」, 『靑丘大學論文集』 5, 1962.

河相洛, 「우리나라 救貧事業의 變遷과 그 社會的 背景 – 朝鮮時代를 中心으로 – 」, 『文敎部研究報告』, 1970.

周藤吉之, 「高麗朝より朝鮮初期にて至る田制の改革」, 『東亞學』 3, 1940.

深谷敏鐵, 「朝鮮世宗における東北邊疆人の第一次の徒民入居について」, 『朝鮮學報』 14, 1968.

찾아보기